CONTENTS

Preface   xi

1 • LA MODA   1

Vocabulario temático   1

  A. El cuerpo

  B. Prendas de vestir

  C. Telas y materiales

TEMA: La moda   3

Apuntes escogidos   5

  I. Agreement of Noun and Adjective   5

  II. **Ser de** + Noun   5

  III. **Ser** vs. **estar** with Adjectives   6

DIÁLOGO: La madre de Felicia no aprueba su vestido   8

2 • COMPRAS Y VENTAS   12

Vocabulario temático   13

  A. Alhajas (joyas)

  B. Términos de compras y ventas

TEMA: Compras y ventas 16

Apuntes escogidos 18

    I. **Hacer** with Expressions of Time 18

    II. **Lo** + Adjective 19

    III. Commands and True Imperatives 20

DIÁLOGO: Felicia se compra un coche usado 23

Vocabulario temático 25

    El coche (automóvil) y el automovilismo

3•CÓMO HACERSE RICO 28

Vocabulario temático 30

    A. Profesiones

    B. Oficios

TEMA: Cómo hacerse rico 32

Apuntes escogidos 33

    I. *To Become* 33

    II. Relative Pronouns 35

        A. **El que, el cual**, and **quien** as Relative Pronouns

        B. **Lo cual** and **lo que**

    III. The Subjunctive: A General View 37

DIÁLOGO: ¡Gane una fortuna en inmuebles sin tener dinero! 39

4•COMIDAS ÉTNICAS 44

Vocabulario temático 46

    Los alimentos

TEMA: Comidas étnicas 49

Apuntes escogidos 51

   I. **Gustar** and Other Verbs Treated like **gustar** 51

   II. The Preterite and the Imperfect 52

   III. Comparatives: **más que, más de, más del que**, etc., and **más de lo que** 53

DIÁLOGO: En un restaurante 55

5•ARTES Y COSTUMBRES HISPÁNICAS 60

Vocabulario temático 62

   Las artes, los oficios y otros intereses

TEMA: Artes y costumbres hispánicas 63

Apuntes escogidos 65

   I. The Definite Article to Make Generalizations 65

   II. The Infinitive as a Verbal Noun 65

   III. **Ser** + Past Participle to Express the Passive Voice 66

DIÁLOGO: ¿Ya no existe la música regional? 68

Vocabulario temático 70

   Instrumentos de música y aparatos relacionados

6•EL AMOR Y EL MATRIMONIO 72

Vocabulario temático 73

   Tentativa hacia un vocabulario del amor

TEMA: El amor y el matrimonio 75

Apuntes escogidos   77

    I.   **Estar** + Past Participle   77

    II.   The Future Tense to Express Wonderment or Probability   79

    III.   Probability in the Past   80

DIÁLOGO: Un escándalo   82

7·LAS DROGAS Y EL ALCOHOL   86

Vocabulario temático   87

    Los órganos del cuerpo humano

TEMA: Las drogas y el alcohol   89

Apuntes escogidos   90

    I.   Simple Tenses of the Subjunctive   90

      A.   The Present Subjunctive

      B.   The Imperfect Subjunctive

    II.   Compound Tenses of the Subjunctive   92

      A.   The Present Perfect Subjunctive

      B.   The Pluperfect Subjunctive

DIÁLOGO: Una visita al hospital   95

8·EJERCICIOS Y DEPORTES   98

Vocabulario temático   99

    Los deportes y ejercicios

TEMA: Ejercicios y deportes   101

Apuntes escogidos   103

    I.   Sequence of Tenses   103

    II.   **Como si**—*as if*   105

    III.   If-clauses   106

DIÁLOGO: No te preocupes por mí.
Yo soy hombre.   109

9·INTERESES Y PASATIEMPOS   112

Vocabulario temático   112

     A.   Actividades solitarias

     B.   Animales domésticos

     C.   Juegos

     D.   Sitios a donde ir

     E.   Tareas

     F.   Prestar servicio voluntario

TEMA: Intereses y pasatiempos   116

Apuntes escogidos   117

     I.   Comparisons of Inequality   117

         A.   Comparatives and Superlatives

         B.   The Absolute Superlative

     II.   Comparisons of Equality   119

     III.   More about **tal, tan,** and **tanto**   121

     IV.   **Nada, nadie,** and **nunca** after Comparatives and the Preposition **sin**   122

DIÁLOGO: Al salir del cine   124

Vocabulario temático   126

     La industria cinematográfica

10·LOS VIAJES Y EL TERRORISMO INTERNACIONAL   130

Vocabulario temático   131

     Actividades y artículos de viaje

TEMA: Los viajes y el terrorismo internacional   133

Apuntes escogidos 134

   I. **Para** and **por** 134

   II. Uses of **se** 136

      A. **Se** in Impersonal Expressions

      B. **Se** + Conjugated Verb to Espress the Passive Voice

   III. The Present Participle 138

      A. Formation and Uses

      B. **Llevar** + Present Participle

DIÁLOGO: Al cruzar la frontera 140

11 • LA INMIGRACIÓN 144

Vocabulario temático 146

      La ciudadanía

TEMA: La inmigración 147

Apuntes escogidos 150

   I. The Use of **haber** to Denote Existence 150

   II. **Pero, sino**, and **sino que** 151

   III. **Cuyo** = *whose* 152

DIÁLOGO: Ana y el estudiante indocumentado 154

12 • LA HISPANIZACIÓN DE LOS ESTADOS UNIDOS 158

Vocabulario temático 160

      A. Palabras parecidas pero no sinónimas

      B. El *Spanglish*

TEMA: La hispanización de los Estados Unidos 162

Apuntes escogidos 164

I. Prepositions 164

II. Common Verbs Used with Prepositions 165

III. **Pensar en, pensar de,** and **pensar** + infinitive 166

DIÁLOGO: Ana tiene que estar en casa a medianoche 168

13·LA EVOLUCIÓN 172

Vocabulario temático 174

Las especies

TEMA: La evolución 176

Apuntes escogidos 178

I. The Definite Article as a Pronoun 178

II. Possessive Pronouns 178

III. Reflexive and Indirect Object Pronouns Combined 179

DIÁLOGO: ¿De dónde venimos? 182

14·EL FUTURO: ¿ADÓNDE VAMOS? 186

Vocabulario temático 188

El horóscopo—signos del zodíaco

TEMA: El futuro: ¿Adónde vamos? 189

Apuntes escogidos 192

I. Position of Adjectives 192

II. **Ni** and **tampoco** 194

II. Past Participles Used as Nouns 195

DIÁLOGO: «... nada hay verdad ni mentira: todo es según el color del cristal con que se mira.» 197

Appendix A   201

Appendix B   The Verb System   205

Appendix C   Numbers and Measure-
ments: The Metric System and Its
Equivalents   221

Spanish-English Vocabulary   224

English-Spanish Vocabulary   250

PREFACE

TO THE INSTRUCTOR

About the Text

Temas y diálogos is an intermediate level text which has been used successfully in colleges and high schools throughout this country and abroad since the publication of the first edition in 1970. It is designed primarily to help the instructor develop the student's ability to communicate orally in Spanish by providing stimulating topics and a broad range of suggested activities that motivate the students to speak of their experiences and to express their ideas. It also gives good, concise grammar explanations appropriate for a grammar review course, followed by drills which practice the reviewed structures and open-ended exercises which encourage students to use those forms creatively and freely.

One of the outstanding features of the text is its versatility, for it can be adapted to most levels of student proficiency established in the ACTFL guidelines. It contains materials appropriate for those who have completed one year of college Spanish or three years of the language in high school. The materials have proved to be linguistically and intellectually challenging.

About the 5th Edition

The new edition of *Temas y diálogos* lends itself to the development of reading and speaking skills in real-life contexts, and, more than previous editions, provides insight into customs and attitudes prevalent in the Hispanic world. The activities suggested at the end of each chapter, including the new *Pequeñas escenas*, are communicative and interactive. The specific innovations are as follows:

Photographs Each chapter opens with a photograph depicting a scene from the Hispanic world relating to the theme of the lesson. The photograph is followed by questions relating to it. The reviewers have uniformly praised this addition to the text, both for its value in stimulating conversation, and for the glimpse of the culture presented to the student.

Vocabulario temático This section now precedes the essay of the lesson, so that there can be some drill of the new vocabulary before the reading is begun.

Temas Of the fourteen essays corresponding to the themes of the chapters, eight are completely new. There are three new themes: Chapter 9 – *Intereses y pasatiempos*, Chapter 12 – *La hispanización de los Estados Unidos*, and Chapter 13 – *La evolución*. Those *temas* deemed by reviewers to be most popular with the students have been retained, but many of them have been rewritten to reflect more current interests.

Diálogos There are six new dialogues, three that correspond to the new themes, and three updated ones.

English to Spanish Vocabulary For the convenience of the student, an English to Spanish vocabulary has been added. This should be of great assistance in the writing of compositions, or even in answering many of the questions included in the open-ended exercises. The words found in this vocabulary correspond to those given in the **Spanish—English** vocabulary and relate to the theme of each lesson.

Suggestions

The aim of this text is to develop the students' conversational ability. While there is some gradation of difficulty in the text, the earlier lessons dealing with matters more closely related to student experience and the vocabulary being simpler, there is no need to follow the sequence I have given the chapters. If the teacher and the students would prefer to begin the course by speaking about *comidas étnicas*, they are, by all means, free to do so. If the class prefers to continue their discussion of *amor y matrimonio* for more than one week, all the better. Nothing will be lost if the class does not get to the later chapters as long as class time is spent speaking Spanish. That is, after all, the main goal.

The same can be said of the *apuntes escogidos*. These need not be covered one by one. It is assumed that the student has already been taught the foundation of the language in elementary courses. This is not to say that we can expect the student to know all that has been taught. When an instructor sees that an individual student is having difficulty with the use of a particular tense, or that he or she does not understand a particular concept, the student should be referred to the lesson in which the explanation is given, or to the Appendix of Verbs or Pronouns in the back of the book. Sometimes, if a class is weak in its command of basic structures, a preliminary lesson can be devoted to the Appendix. Often, I have found that by the middle of the term, students are eager to enter into the discussion of the new *tema* immediately, and feel little need for grammar review. In such cases, the *apuntes escogidos* can be disregarded.

The exercises that follow the photographs and the *vocabulario temático* are self-explanatory, but perhaps a word should be said about the essay. There are a number of ways this can be presented, depending, of course, upon the methodology preferred by the instructor. The essay can be assigned for outside reading, with the questions to be answered by the students in class. The essay can also be used as an aural comprehension exercise, the instructor reading it, and then asking questions of the class. Individual students may be asked to read parts of the essay aloud. The essay can also be used as material for dictation, another excellent exercise for improving aural comprehension and writing skills. Still another exercise that can be made of the essay is to ask the students to translate it, a useful skill often neglected nowadays.

The dialog in each lesson is given as a sample of the kind of discussion that can evolve from the theme in question. It can be acted out, or used as a guide to the improvisation of similar dialogs. The directed dialog technique is a useful method of achieving this.

One aspect of teaching conversation that I can not stress too strongly is the need for composition of written materials before class. All too often, students expect to speak a language as if all they had to do were to select the proper menu selection on their mental computer. They forget about the programming that must go into the memory bank. No matter how advanced and motivated a class may be, conversation flows best only when the students have given the subject of the *tema* some thought. The act of writing down their thoughts, and, in so doing, looking up the words they need to express them, is a considerable factor in the development of fluency in conversation.

TO THE STUDENT

This book has been written for you, to help you develop fluency in Spanish, and to encourage you to express yourself freely in the language. Do not attempt to translate your thoughts as they occur to you in English; learn to simplify them in terms of what you know how to say in Spanish. Remember, much can be said in simple terms, once the thoughts are clear. Greater fluency and complexity of speech will develop as you go along. Try not to be intimidated by the idea of speaking a foreign language. You need not memorize a vast vocabulary or master every little detail of the grammar in order to begin to speak it. The more accustomed you become to using the language, the easier it will flow. Thousands of Americans have learned to speak Spanish, a good number of them through the study of previous editions of this book; you can do it, too. *Temas y diálogos* is dedicated to you.

Acknowledgments

To my colleagues, family, and friends, I say thank you for your encouragement, valuable suggestions, and most of all your patience in seeing me through another edition of *Temas y diálogos*. At Holt, Rinehart and Winston, I am especially grateful to Kathy Ossip for all her help in the development of the manuscript, to Paula Kmetz for bringing it to its final form, to Anthony Scaravilli and Nicolette Harlan for obtaining the photographs, and to the editors and staff whose names I shall never know, all of whom have contributed in one way or another to the production of this book.

A special word of thanks is also due the following reviewers, whose favorable comments encouraged me to write and whose corrections stimulated me to write better: Carla Buck, The College of William and Mary in Virginia; Will Corral, University of Massachusetts at Amherst; Joseph DeAnda, California State University, Northridge; Joseph J. Donatelli, The University of Akron; Howard Fraser, The College of William and Mary in Virginia; Nina Galvin, University of Massachusetts at Amherst; Sergio D. Guillén, Anderson College; James Pellicer, Hunter College; Cecelia Pino, New Mexico State University; Jaime Quiroga, York College.

D.F.A.

Temas y diálogos

Quinta edición

1

LOS PUNTOS FUERTES DE MODA

Punto nº 2

LAS PRENDAS

Este Otoño el Punto tiene más importancia que nunca. Por eso las prendas son más amplias, más cálidas, más variadas.

Los abrigos
Amplios, sueltos, con grandes botones.
En dibujos jacquard o en tono liso.
Desde 12.950 Pts. hasta 18.950 Pts.

Los sueters
De gran volumen, con hombreras, formas ablusadas, amplios elásticos. Y a veces, con bellas estampaciones y aplicaciones de cuero, piedras, etc.
Más de 250 modelos distintos, desde 1.950 hasta 23.950 Pts.

Las chaquetas y los cárdigans
A veces, a juego con los sueters. Este año, más amplios y largos, con grandes elásticos en el bajo.
Más de 120 modelos, desde 2.250 Pts. hasta 26.550 Pts.

Los vestidos
En colores vivos —fucsia, verde, azulón...— o en tonos crudos. Las lanas suaves y cálidas. Las líneas muy sueltas y con hombreras.
Desde 4.550 Pts. hasta 15.550 Pts.

Los pantalones
Los de tipo ski, con bridas en los bajos, son la gran novedad del Otoño. En colores lisos, vivos y en negro.
Más de 20 modelos, desde 1.950 Pts. hasta 4.950 Pts.

El Corte Inglés

ARMONIAS EN PUNTO
En las primeras marcas nacionales y de importación.

La moda

¿QUÉ HAY EN LA FOTOGRAFÍA?

1. ¿Qué lleva la chica en la fotografía? ¿Qué lleva en la cabeza? ¿en las manos?
2. Según el anuncio, ¿cómo van a ser las prendas (de vestir) este otoño?
3. ¿De qué colores van a ser los vestidos?
4. ¿Cómo van a ser los suéteres? ¿los pantalones?
5. ¿Cuál es su opinión de la corbata que lleva la chica?
6. Si el valor de la moneda española está a 125 pesetas por un dólar americano, es decir que la peseta vale $,008*, ¿cuál sería el rango (*range*) de los precios en moneda americana por un suéter? ¿una chaqueta? ¿un vestido? ¿un par de pantalones?
7. ¿Le gusta a Vd. la moda presentada en la fotografía? ¿Para qué ocasión se vestiría así?

VOCABULARIO TEMÁTICO

A. EL CUERPO (THE BODY)

la **barba** *chin; beard*
el **bigote** *mustache*
la **boca** *mouth*

el **brazo** *arm*
la **cadera** *hip*
la **cara** *face*

---

*Note that in Spanish a comma is used, where in English we use a decimal point. Also, the decimal point is used to set off thousands and millions. (See the advertisement for additional examples.)

1

la **cintura** *waist*
el **codo** *elbow*
el **cuello** *neck*
el **dedo** *finger; toe*
el **diente** *tooth*
la **espalda** *back*
el **estómago** *stomach*
la **garganta** *throat*
el **hombro** *shoulder*
la **lengua** *tongue*
la **mano** *hand*
la **muñeca** *wrist*
el **muslo** *thigh*

la **nariz** *nose*
el **oído** *ear (the organ of hearing)*
el **ojo** *eye*
la **oreja** *ear (the visible ear)*
la **pantorrilla** *calf of the leg*
el **pecho** *chest*
el **pelo** *hair*
el **pie** *foot*
la **pierna** *leg*
la **rodilla** *knee*
el **tobillo** *ankle*
la **uña** *fingernail ; toenail*

B. PRENDAS DE VESTIR (ARTICLES OF CLOTHING)

The terms listed below are those generally used throughout the Spanish-speaking world. Dialectal differences, however, are quite common in the designation of some articles of clothing.

el **abrigo** *overcoat*
la **blusa** *blouse*
las **botas** *boots*
la **bufanda** *scarf*
los **calcetines** *socks*
la **camisa** *shirt*
la **cartera** *pocketbook ; wallet*
el **cinturón** *belt*
la **corbata** *tie*
el **chaleco** *vest*
la **chaqueta** *jacket*
la **falda** *skirt*
las **gafas (de sol)** *(sun)glasses*
los **guantes** *gloves*

el **impermeable** *raincoat*
los **lentes** *eyeglasses*
las **medias** *stockings*
los **overoles** *overalls*
los **pantalones** *pants*
el **paraguas** *umbrella*
la **ropa interior** *underwear*
el **sombrero** *hat*
el **suéter** *sweater*
el **traje** *suit*; **traje de baño** *bathing suit*
el **vestido** *dress*
los **zapatos** *shoes*

C. TELAS Y MATERIALES (FABRICS AND MATERIALS)

el **algodón** *cotton*
el **cuero** *leather*
el **dacrón** *dacron*
la **fibra sintética** *synthetic fiber*
la **lana** *wool*
el **lino** *linen*
el **nilón** *nylon*

el **papel** *paper*
la **piel** *fur*
el **plástico** *plastic*
el **raso** *satin*
el **rayón** *rayon*
la **seda** *silk*
el **terciopelo** *velvet*

———— **Ejercicio** ————

Conteste Vd. en español.

1. ¿Qué prendas de vestir usamos cuando hace frío? ¿cuando hace calor? ¿cuando llueve? ¿cuando cae nieve?
2. ¿Qué lleva Vd. para la escuela? ¿Qué lleva su amigo? ¿su amiga? ¿su profesor/a?
3. ¿Qué telas son las más apropiadas para el frío? ¿para el calor? ¿De qué telas se hacen blusas y camisas? ¿De qué materiales se hacen zapatos y botas?
4. ¿Qué se lleva en las manos cuando hace frío? ¿Y en el cuello y en la garganta? ¿En dónde se lleva el dinero? ¿Qué usan los que no pueden ver bien? ¿Y para proteger los ojos del sol?

 # Tema 1 ————

La moda

Les presento algunas noticias sobre la moda sacadas de la revista *Tú.*[1]

« ¡Ahora la moda gira alrededor del suéter! La época en que éstos se usaban sólo en el invierno, ya quedó atrás. Hoy no tienen estación ni horario.... El concepto del suéter ha cambiado considerablemente. Ahora, además de usarlos para protegerte del frío, puedes llevarlos en verano, porque vienen en tejidos ligeros... Los suéteres están tan de moda que ahora también se usan de noche, tanto para salidas formales como informales. La clave está en combinarlos con faldas amplias o pantalones de seda, y con accesorios dorados. » Hablando de accesorios, la revista dice en otro artículo: « Ahora, cuando los accesorios han cobrado tanta importancia dentro del mundo de la moda... ¡las bufandas se imponen! Póntelas de día o de noche en las formas más inverosímiles posibles. »

Según esta publicidad, el individuo ahora tiene más libertad que antes para crear su propio estilo. Ya no es necesario vestirse como los modelos que aparecen en las revistas. Hoy en día importa más la originalidad. La apariencia de uno debe ser una expresión de su « yo ». Representa el estado de ánimo de la persona, sea deportivo o elegante, conservador o sensual. Ya no vivimos sujetos a los dictámenes de los árbitros de la moda.

---

[1]Revista Tú, año 6, núm. 10, octubre 1985.

El genio creador de los diseñadores merece nuestra atención, pero afortunadamente hemos llegado a una época en que cada uno de nosotros puede diseñar lo que va a ponerse. ¡ Qué bueno es ser juzgado por nuestro propio gusto estético, y no por la etiqueta del diseñador cosida a nuestras ropas !

Vocabulario

alrededor (de) *around*

ánimo *spirit*

aparecer *to appear*

árbitro/a *arbiter; judge*

bufanda *scarf*

cobrar *to collect; to gain; to charge*

coser *to sew*

crear *to create*

deportivo adj. *sport*

dictamen m. *judgement*

diseñador / a *designer*

estado de ánimo *mood*

estético *aesthetic*

etiqueta *label*

genio *genius*

girar *to revolve*

horario *hour ; schedule*

hoy en día *nowadays*

imponer(se) *to impose (oneself); to dominate*

inverosímil *unlikely, improbable*

juzgar *to judge*

ligero *light (in weight)*

marca *trademark, brand*

merecer *to deserve*

moda *style, fashion*

poner(se) *to wear, to put on*

propio *one's own*

proteger(se) *to protect (oneself)*

ropa *clothes*

sacar *to take out*

tejido *texture; fabric (from* **tejer** *to weave)*

vestir(se) *to wear; to dress (oneself)*

Preguntas

1. ¿ Qué prenda de vestir está de moda hoy en día ?
2. ¿ Para qué se usaba el suéter tradicionalmente ?
3. ¿ Qué accesorios se usan para hacer el suéter parecer más elegante ?
4. ¿ Qué libertad tenemos ahora más que antes ?
5. ¿ Qué representa la manera de vestirse de una persona ?
6. ¿ Qué lleva Vd. cuando quiere aparecer más elegante ? ¿ más deportivo ? ¿ más sensual ?
7. ¿ Qué miran algunas personas para juzgarle a uno ?
8. Describa Vd. algunos suéteres que tiene. ¿ De qué colores son ? ¿ de qué tejidos ? ¿ Para qué ocasiones los usa ?
9. ¿ Quién en su clase tiene buen gusto estético ? ¿ Qué lleva generalmente ?

Apuntes escogidos

I. *Agreement of Noun and Adjective*

The adjective must agree in gender and number with the noun it describes. It is especially important to keep this in mind when the adjective is separated from the noun.

──────── **Ejercicio** ────────

Haga Vd. cinco frases completas combinando un sustantivo de la primera columna con un verbo de la segunda y un adjetivo de la tercera. Acuérdese Vd. que el adjetivo tiene que corresponder con el sustantivo, y el verbo con el sujeto.

SUSTANTIVOS	VERBOS	ADJETIVOS
La blusa	que voy a comprar es	ancho (*wide*)
Los calcetines	que me gusta es	atractivo
Los guantes	que llevo es	corto (*short*)
Los pantalones	que está de moda es	estrecho (*narrow*)
La camisa	que están vendiendo es	largo
El vestido		ligero
Las botas		lindo
		nuevo
		viejo

MODELO   Los pantalones que me gustan son estrechos.

II. Ser de + *Noun*

The construction **ser de** followed by a noun is used to express **(a)** the material from which the subject is made, **(b)** its owner, or **(c)** its origin.

a. Las botas son de cuero.	*The boots are of leather. (They are leather boots.)*
b. Las botas son de Carmen.	*The boots are Carmen's. (They are Carmen's boots.)*
c. Las botas son de México.	*The boots are from Mexico. (They are Mexican boots.)*

——— Ejercicio ———

Haga Vd. oraciones expresando de qué o de quién o de dónde son las distintas prendas.

1. Esta bufanda...
2. Aquella cartera...
3. Su abrigo...
4. Mis gafas...
5. El suéter...
6. Nuestros pantalones...

III. Ser *vs.* Estar *with Adjectives*

Though both **ser** and **estar** are translated into English by the verb *to be*, they are not synonymous in Spanish. A distinction is made between the *state of being* (**estar**) and the *essence of being* (**ser**). **Ser** tells *what* something is, while **estar** tells *how* it is. **Ser** is used with the predicate nominative; that is, a noun or pronoun that gives information about the subject in terms of a quality it may possess or the category to which it pertains. When an adjective is used as a pronoun, as in the sentence **Juan es joven** (*John is a young man*), it requires the use of the verb **ser**. If one were to say **Juan está joven**, it would imply that although John may not necessarily *be* young in years, he is youthful in appearance or physical condition. In this case **joven** is used as an adjective to describe *how* John is.

Compré el vestido hace cinco años, pero **está** nuevo todavía.	*I bought the dress five years ago, but it is still new (in excellent condition).*
Este vestido **es** nuevo; es la primera vez que lo llevo.	*This dress is new; it is the first time that I am wearing it.*

——— Ejercicios ———

a. *Combine Vd. correctamente las dos columnas.*

1. Tú eres
2. La maestra está
3. El sombrero es
4. Algunas chicas son
5. Los pantalones están
6. Las chicas están
7. Jordache es

a. bien vestida hoy.
b. una compañía que vende jeans.
c. muy conservador en el vestir.
d. contentas con lo que llevan.
e. esclavas de la moda.
f. viejo; lo compré hace cinco años.
g. anchos ahora que he perdido diez libras.

b. *Escoja Vd. entre* **ser** *y* **estar.**

1. Yo (soy / estoy) norteamericano.
2. Estos modelos (son / están) de París.
3. La bufanda que María lleva (es / está) de seda.
4. No puedo ir de compras hoy porque las tiendas (son / están) cerradas.
5. Generalmente, nosotros no (somos / estamos) elegantes, pero hoy (somos / estamos) muy elegantes.

c. *Complete Vd. las siguientes oraciones empleando la forma correcta de* **ser** *o* **estar.**

1. Esta chaqueta _____ vieja ; la tengo desde hace mucho tiempo.
2. _____ importante tener dinero para vestirse bien.
3. Ellas lucen (*look*) bien para su edad ; todavía _____ jóvenes.
4. Yo _____ muy guapa ; _____ alta, delgada y muy elegante.
5. Carmen, tú _____ muy bonita esta noche.

 # *Diálogo* 1 ────────

La madre de Felicia no aprueba su vestido

Felicia entra en la cocina[1] donde su madre está planchando.[2] Felicia lleva en la mano un vestido rojo.

FELICIA   Mamá, por favor, ¿me planchas este vestido? Quiero ponér-
melo esta noche.

MADRE   ¿Es éste el vestido que te vas a poner para la graduación de tu
hermano? ¿Por qué no llevas el blanco?

FELICIA   Es que no voy a la graduación. Voy a salir esta noche.

MADRE   Pero Ramón se gradúa[3] de la escuela secundaria.

FELICIA   Pues, tengo una cita[4] con Eduardo. Vamos a ir a una discoteca después del trabajo.

MADRE   Sabes que no me gustan esos sitios. Además, este vestido es demasiado provocativo.

FELICIA   Mamá, no empieces otra vez con esta discusión.[5] Deberías ver lo que llevan las otras chicas.

MADRE   ¿Qué me importa[6] como se visten las otras? Una señorita decente debe vestirse con más modestia.

FELICIA   El corte de un vestido no tiene nada que ver con el carácter de una persona.

MADRE   En muchos casos, no, pero tienes que pensar en la impresión que haces en los hombres cuando andas vestida así.

FELICIA   ¡O, mamá! No seas[7] tan anticuada[8] en tus opiniones.

——— **Preguntas** ———

1. ¿Qué está haciendo la madre cuando Felicia entra en la cocina?
2. ¿Qué ocasión piensa celebrar la familia esa noche?
3. ¿Adónde piensa ir Felicia?
4. ¿Qué piensa la madre del vestido de Felicia?
5. ¿Qué argumento presenta Felicia para defender su selección de vestido?
6. Según la madre, ¿cómo debe vestirse una señorita decente?
7. ¿Tiene razón la madre cuando dice que los hombres se forman una impresión de una muchacha según su manera de vestirse?
8. ¿Qué factores contribuyen a hacernos pensar que un vestido es provocativo?
9. ¿Son anticuadas las opiniones de la madre de Felicia? ¿Por qué?
10. ¿Son comunes hoy en día tales discusiones entre madre e hija? Relate Vd. a la clase una discusión similar que Vd. haya tenido con su madre o su padre.

Actividades para la clase

A. Complete Vd. las siguientes oraciones.

1. Para la escuela, generalmente me pongo...
2. Cuando voy a una discoteca, yo llevo...
3. A mi novio/a le gusta cuando me visto...

---

[1]**cocina** kitchen [2]**planchar** to iron [3]**graduarse de** to graduate [4]**cita** date, appointment [5]**discusión** discussion; argument [6]**importarle a uno** to matter to someone [7]**no seas** don't be [8]**anticuado** antiquated, old-fashioned

4. Un aspecto de la moda corriente que no me gusta es...
5. Mi madre y yo siempre tenemos una discusión cuando...

B. Encuesta (*survey*) de las opiniones de los alumnos de la clase. Los alumnos contestan las siguientes preguntas, y luego entregan (*hand over*) sus contestaciones a un grupo de alumnos que hace una tabulación de ellas y reporta a la clase.

ENCUESTA

1. (a una alumna) ¿Qué prefieres llevar para un baile?
   a. Prefiero llevar jeans porque son cómodos.
   b. Prefiero llevar blusa de tela metálica porque atrae a los muchachos.
   c. Prefiero ponerme un vestido negro y estrecho porque es elegante.
   d. ...

2. (a un alumno) ¿Cómo te vistes para ir a un baile?
   a. Llevo chaqueta y corbata porque hace buena impresión.
   b. Me pongo suéter con cuello tortuga (*turtle*) y cadenas de oro porque me veo más macho así.
   c. Me gusta llevar una camisa de seda abierta hasta la cintura, porque soy un hombre de pelo en pecho.
   d. ...

3. ¿Qué piensas de los nuevos estilos para la mujer?
   a. Creo que los colores son demasiado (vivos, oscuros, claros,...)
   b. Creo que las faldas son muy (largas, cortas, estrechas,...)
   c. (No) me gustan los tejidos que están usando.
   d. ...

4. Una chica tiene sólo doscientos dólares y necesita comprarse ropa para el nuevo semestre. ¿Qué debe hacer?
   a. Debe comprarse un vestido caro para los bailes y un traje de lana para ir a clase.
   b. Debe ir a una tienda que vende ropa barata y comprar pantalones, blusas y suéteres para poder vestirse distintamente todos los días.
   c. Debe ahorrar su dinero y comprar solamente lo que necesita cuando ve que es necesario.
   d. ...

C. Una alumna hace el papel de una madre a quien le importa mucho la moda y el esmero (*neatness*) en el vestir. Otro estudiante hace el papel del hijo o de la hija, quien no da mucha importancia a estas cosas. La madre quiere que el hijo o la hija planche su camisa o su blusa antes de ponérsela y entran en una discusión.

Composición: temas sugeridos

Escriba Vd. un párrafo completando una de las siguientes oraciones.

A. En mi opinión, los suéteres nunca pueden parecer elegantes porque...

B. Yo creo que las muchachas / los muchachos de esta clase deben prestar más atención a su apariencia porque...

C. Yo he tenido que gastar más de... dólares este semestre para comprar...

D. Los cambios de moda (no) son necesarios porque...

E. Las revistas dicen que la moda este año será...

Compras y ventas

¿QUÉ HAY EN LA FOTOGRAFÍA?

1. ¿Qué está leyendo uno de los señores en la fotografía?
2. ¿Qué lleva en los ojos para protegerse del sol?
3. ¿De qué tienda en la foto se puede comprar lo que lleva?
4. ¿Qué vende la tienda Fortis?
5. ¿Qué calle en la ciudad donde Vd. vive se parece a la calle en la foto?
6. ¿Qué diferencias hay entre la calle en la foto y algunas calles de los Estados Unidos? ¿entre las tiendas? ¿entre la gente en la calle?
7. ¿Le gustaría a Vd. dar un paseo por la calle en la foto, mirar en los escaparates (*show windows*) y hacer algunas compras? ¿Qué compraría Vd. en esta calle?

VOCABULARIO TEMÁTICO

A. ALHAJAS (JOYAS) (ARTICLES OF JEWELRY)

el **alfiler** *pin*; el **alfiler de corbata** *tie pin*

el **anillo** *ring*; el **anillo de matrimonio** *wedding ring*

los **aretes** *earrings*

el **brazalete** (la **pulsera**) *bracelet*

el **brillante** *diamond*

el **broche** *brooch*

la **cadena de oro** *gold chain*

el **collar** *necklace*

el **dije** *charm*

el **encendedor** *cigarette lighter*

los **gemelos** *cufflinks*

el **pendiente** *pendant*
el **reloj** *watch*
la **sortija** *ring*; la **sortija de**

compromiso *engagement ring*
la **vajilla de plata** *silverware*

B. TÉRMINOS DE COMPRAS Y VENTAS (TERMS USED IN BUYING AND SELLING)

a plazos *on installments*
al **contado** *(for) cash*
al **por mayor** *wholesale*; el **mayorista** *wholesaler*
al **por menor** *retail*
el **anuncio** *advertisement*
barato *cheap, inexpensive*
caro *dear; expensive*
el/la **cliente** *customer*
cobrar *to charge, to collect*
cotizar *to quote a price*
la **cuenta** *account*
el **cheque** *check*
la **demanda** *demand*
el **descuento** *discount*
la **deuda** *debt*
la **factura** *invoice, bill*
la **feria** *fair*
la **ganga** *bargain*
la **garantía** *guarantee*

garantizar *to guarantee*
el **gasto** *expense*
el **impuesto** *tax*
la **liquidación** *clearance sale*
el **mercado** *market*
la **oferta** *bid; offer; supply*
pagar *to pay*; el **pago** *payment*
el **precio** *price*
el **préstamo** *loan*; **prestar** *to lend*; **pedir prestado** *to borrow*
la **rebaja** *reduction*
el **recibo** *receipt*
la **tarjeta de crédito** *credit card*
valer *to be worth*
el/la **vendedor/a** *salesman/ woman*; el **vendedor ambulante** *travelling salesman*
la **venta** *sale*

————— **EJERCICIOS** —————

a. *Conteste Vd. en español.*

1. ¿Qué alhajas lleva una dama en el cuello? ¿en las orejas? ¿en los dedos? ¿en su blusa o vestido?
2. ¿Qué alhajas lleva un caballero en la camisa? ¿en la corbata? ¿en la muñeca?
3. ¿Qué alhajas están de moda hoy en día para llevar a la oficina? ¿y a una cita?
4. ¿A quiénes les gustan más las joyas, a los hombres o a las mujeres? ¿Por qué dice Vd. eso?

b. *Complete Vd. el párrafo.*

Antes de casarme con mi esposa, decidí comprarle una (*engagement ring*) _____. Los (*prices*) _____ entonces estaban muy altos porque había mucha (*demand*) _____ por brillantes de buena calidad. No podía (*to pay*) _____ los precios (*quoted*) _____ por las joyerías que venden (*jewelry*) _____ (*retail*) _____. (*They were charging*) _____ mucho dinero, y yo necesitaba algo (*cheaper*) _____.

Un amigo me recomendó a un (*wholesaler*) _____ que me daría (*a discount*) _____. Yo tenía poco dinero en mi (*account*) _____ bancaria, y además no tenía (*credit cards*) _____. También, como no aceptaban (*checks*) _____ de un (*customer*) _____ desconocido, tenía que pagar (*cash*) _____. El (*salesman*) _____ nos dio una (*bargain*) _____ porque no nos cobró el (*tax*) _____ en la (*bill*) _____. (*I borrowed*) _____ el dinero del banco, y pagué (*the loan*) _____ (*on installments*) _____. Me tomó un año pagar (*the debt*) _____.

Tema 2

Compras y ventas

Querida Clara:

Hoy hace tres días que estamos de paseo en Nueva York. Esta mañana visitamos una famosa tienda en la calle treinta y cuatro. En este momento no recuerdo el nombre. Es una de las tiendas más grandes del mundo. ¡No te puedes imaginar las cosas que hay en ella! ¡Es una maravilla! Es un edificio de siete pisos que ocupa una cuadra entera, desde la calle treinta y cuatro hasta la treinta y cinco y desde la Séptima Avenida hasta la Avenida de las Américas.

Habíamos oído decir que el departamento de juguetes era un punto de interés turístico en Nueva York, sobre todo en la temporada de Navidad. Así es que subimos a verlo y también a buscar unas cositas para mi nieto. Tomamos la escalera mecánica porque era imposible entrar en los ascensores. ¡Qué gentío! Nunca había visto tantas personas al mismo tiempo en un edificio. En el departamento de juguetes, el estrépito era ensordecedor. Los niños se empeñaban en tocar los timbres de todas las bicicletas y el que no podía alcanzar uno, lloraba. Las madres gritaban balanceando paquetes con una mano y con la otra quitándoles a sus hijos los juguetes que agarraban. Unos niños se habían separado de sus madres y el altoparlante no cesaba de anunciar la descripción de los niños que se buscaba o de los que se acababa de encontrar. Había un joven vendiendo cornetas que insistía en demostrarlas. Bueno, yo no sé si este joven tocaba las cornetas para venderlas o para divertirse, pero el resultado era que todos los que las compraban se ponían también a hacerlas sonar. De los juegos electrónicos, yo no sé qué decirte. ¡Tantos robots y tantos rayos de luz! Se me cegaron los ojos de ver tantas estrellas.

Luego bajamos al departamento de joyas porque quería comprar un reloj para mi hermano Oswaldo. Escogí uno de marca suiza que no me pareció muy caro, pero mi marido insiste en que los relojes electrónicos del Japón son mejores. Indican la hora, el día y la fecha además de servir como despertadores, cronómetros e instrumentos de música. El día 25 de diciembre, por ejemplo, tocan música de Navidad; el día de tu cumpleaños te tocan « Cumpleaños feliz » y en el aniversario de bodas, un vals. Los hay hasta con calculadoras. A mí no me gustaban los estilos, y Enrique y yo comenzamos a discutir. Decía mi marido que el que busca joyas debe comprarse otra clase de prenda, pero si lo que uno desea es un reloj, es mejor tener lo más avanzado en tecnología. Lo magnífico de este departamento es que tienen de todo: perlas de Mallorca, pulseras de India, camafeos de Italia, vajillas de plata de Inglaterra—cosas de todas partes del mundo.

Amiga Clara, ¿qué más te puedo decir? Llegamos a casa tan cansados y con un dolor de cabeza que no te puedes imaginar. Pero valió la pena ver la tienda. Esto pasa cuando uno viaja. Los que buscan descanso deben quedarse en sus casas.

Saludos para toda la familia. Espero volver en dos semanas y entonces te contaré más acerca de esta fabulosa ciudad. Entretanto te abraza desde Nueva York

Tu querida amiga,
Concepción

──── Vocabulario ────

abrazar *to embrace;*
abrazo *embrace, hug*
acabar de + inf. *to have just*
agarrar *to seize*
altoparlante m. *loudspeaker*
ascensor m. *elevator*
buscar *to look for*
camafeo *cameo*
caro *expensive*
cegar *to blind*
corneta *bugle, trumpet*
cuadra *block of houses* (Am.)
despertador *alarm clock*
discutir *to argue*
empeñarse (en) *to persist (in)*
ensordecedor *deafening*
escalera mecánica *escalator*

escoger *to select*
estrella *star*
estrépito *din*
gentío *crowd*
insistir *to insist*
joya *jewel; piece of jewelry*
juguete m. *toy*
marido *husband*
nieto *grandson*
ponerse (a) *to begin to*
quitar *to take away*
temporada *season*
tienda *store*
timbre m. *bell*
tocar *to touch; to play (an
  instrument)*
valer la pena *to be worthwhile*

──── Preguntas ────

1. ¿Cuánto tiempo hace que Concepción está en Nueva York?
2. ¿En qué calle está la tienda que visitó?
3. ¿En qué temporada es interesante visitar el departamento de juguetes?
4. ¿Por qué no tomó el ascensor para subir a este departamento?
5. ¿Qué hacían los niños en el departamento de juguetes? ¿y las madres?
6. ¿Qué hacía un joven para vender cornetas? ¿Qué hacía la gente que las compraba?

7. ¿Qué emiten los nuevos juegos electrónicos? ¿Cómo le afectaron a Concepción?
8. ¿Cuáles son algunas características de los relojes electrónicos? ¿Qué tocan en la fecha del cumpleaños de alguien? ¿en la fecha del aniversario de bodas?
9. ¿Qué prendas se venden en el departamento de joyas?
10. Describa Vd. su reloj. ¿De qué marca es? ¿De dónde viene? ¿Cuánto costó? ¿Dónde lo compró?

Apuntes escogidos

I. Hacer *with Expressions of Time*

Hace (literally, *it makes*) is also used to express the passage of time. This use of **hace** has no exact parallel in English. The Spanish sentence **Hace una semana que estamos en Nueva York,** for example, literally means It *makes a week that we are in New York*. It is more commonly expressed in English, however, by We *have been in New York for a week*.

Hace un año que estudiamos el español.	We *have been studying Spanish for one year.* or (lit.) It *is* [*makes*] *a year that we are studying Spanish.*

NOTE: **Hace** can also be translated by the word *ago* when used with a verb in the preterite tense.

Fueron al mercado **hace** una hora.	*They went to the market an hour* ***ago.***

──── Ejercicios ────

a. *Conteste Vd. las siguientes preguntas según el modelo.*

    MODELO ¿Cuánto tiempo hace que vive Vd. en los Estados Unidos?
              Hace diez años que vivo en los Estados Unidos.

  1. ¿Cuánto tiempo hace que estudias español?
  2. ¿Cuánto tiempo hace que asistes a esta universidad?

3. ¿Cuánto tiempo hace que estás en la sala de clase?
4. ¿Cuánto tiempo hace que conoces a tu mejor amigo/a?
5. ¿Cuánto tiempo hace que trabajas?

b. *Conteste Vd. las siguientes preguntas según el modelo.*

> **MODELO**   ¿Cuándo vendiste el coche que tenías?
> **Lo vendí hace dos meses.**

1. ¿Cuándo compraste esa camisa?
2. ¿Cuándo la pagaste?
3. ¿Cuándo comenzaste a estudiar español?
4. ¿Cuándo fue la última vez que fuiste de compras?
5. ¿Cuándo llegaste a la escuela?

c. *La clase se divide en parejas. Un alumno hace las siguientes preguntas en español y el otro las contesta en español.*

1. How long have you lived where you are now living?
2. How long has it been since you have seen your parents?
3. When did you last speak to your mother?
4. When did you last write to a friend?
5. When did you buy the pants you are wearing?
6. How long have you had them?
7. When did you last go to a concert?
8. How long has it been since you have seen the people you went with?
9. When did you meet your roommate?
10. How long has it been since you have slept well?

II. Lo + *Adjective*

The word **lo** can be considered a neuter form of the definite article. **Lo** is used with the masculine singular form of an adjective to express the idea of *that which is* and is usually translated into English by the phrase *The . . . thing or part.* **Lo** + adjective is, in effect, a shortened form of **lo que es** + adjective.

Lo (que es) magnífico de este departamento es que tienen de todo.	*The magnificent thing (That which is magnificent) about this department is that they have everything.*
Es mejor tener **lo más avanzado** en tecnología.	It *is better to have* **the most advanced thing (that which is most advanced)** *in technology.*

──────── **Ejercicio** ────────

Use Vd. la expresión más apropiada para completar la oración.

1. Lo mejor es...
2. Lo importante es...
3. Lo interesante es...
4. Lo malo es...
5. Lo más lindo es...

a. que no tengo bastante dinero.
b. comprar regalos para los niños.
c. visitar la tienda en la temporada de Navidad.
d. tener una tarjeta de crédito.
e. que mi novia me compró este reloj.
f. ...
g. ...

III. *Commands and True Imperatives*

The present subjunctive is used to form polite commands, affirmative and negative, and familiar commands in the negative. The first-person plural of the present subjunctive is used to express an imperative wish, such as *let us* followed by the verb.

The familiar commands in the affirmative have the same form as the third-person singular of the present indicative, except in a limited number of irregular verbs. The affirmative commands for **vosotros** are formed by dropping the **-r** of the infinitive and replacing it with **-d.** There are no irregular forms for the second-person plural command.

HABLAR		**COMER**	
COMMANDS (Subjunctive Forms)	TRUE IMPERATIVE	COMMANDS (Subjunctive Forms)	TRUE IMPERATIVE
no hables (tú)	habla (tú)	no comas (tú)	come (tú)
(no) hable Vd.		(no) coma Vd.	
(no) hablemos		(no) comamos	
no habléis (vosotros)	hablad (vosotros)	no comáis (vosotros)	comed (vosotros)
(no) hablen Vds.		(no) coman Vds.	

The following verbs have irregular affirmative **tú** commands:

decir	**di**	ir	**ve**
haber	**he**	poner	**pon**
hacer	**haz**	salir	**sal**

ser	**sé**	valer	**val**
tener	**ten**	venir	**ven**

NOTE: **Vamos** is used as the affirmative first-person plural command. The negative form is **no vayamos.**

Direct and indirect object and reflexive pronouns are attached to the end of affirmative commands, familiar and polite. If the command is in the negative, the personal pronoun is placed before the verb form. When the reflexive pronoun **os** is attached to the affirmative **vosotros** command, the **-d** of the verb form is dropped; e.g., **lavaos, vestíos.** The one exception is **idos** (*go away*). The **-s** of the first-person plural affirmative command is dropped before **nos**; e.g., **sentémonos, levantémonos.**

—————— Ejercicios ——————

a. *Cambie al imperativo de* **tú** *los siguientes mandatos en* **Vd.**

1. Dígame la verdad.
2. Tenga cuidado.
3. Vuelva temprano.
4. Llámenos mañana.
5. Salga en seguida.
6. Hágame el favor.
7. Diviértase Vd.
8. Siéntese Vd.
9. Venga acá.
10. Déme el periódico.

b. *Cambie los siguientes imperativos del negativo al afirmativo.*

1. No vendas el coche.
2. No le compres un reloj.
3. No te levantes.
4. No te pongas el sombrero.
5. No lo hagas así.
6. No te vistas ahora.
7. No trates de ahorrar dinero.
8. No escribas más.
9. No te vayas.
10. No le digas el precio.

c. *Dígale a un/a compañero/a que haga las siguientes cosas. Use los mandatos en la forma de* **tú.**

1. to call you tomorrow
2. to wait for you in the library
3. to eat with you tonight
4. to do you a favor
5. to leave you alone
6. not to bother **(molestar)** you
7. not to tell your secret to anyone **(a nadie)**
8. not to come late to your house
9. not to get up late
10. not to be foolish **(tonto)**

d. *Dígale a su maestro/a que haga las siguientes cosas. Use los mandatos en la forma de* **Vd.**

  1. to speak slower
  2. to learn English
  3. to write the words on the chalkboard **(la pizarra)**
  4. to say the sentence in English
  5. to have patience
  6. not to expect much from you
  7. not to be too demanding **(exigente)**
  8. not to make the exams difficult
  9. not to leave the classroom yet
10. not to go to the club meeting **(reunión)**

e. *Haga Vd. exhortaciones de las siguientes frases, prestando atención a donde van los pronombres.*

> **MODELO**   ¿ Lo compramos ahora ?
> **Sí, comprémoslo ahora.**

1. ¿ Lo tomamos con vino ?
2. Tenemos paciencia.
3. No le mandamos el dinero.
4. No nos lavamos las manos.
5. ¿ Nos sentamos cerca del mostrador ?

f. *Haga Vd. exhortaciones de las siguientes frases.*

1. Nos despertamos temprano.
2. Nos desayunamos en el hotel.
3. Nos entendemos bien.
4. Nos divertimos esta noche.
5. Nos vestimos a la última moda.

Diálogo 2 ————————

Felicia se compra un coche usado

VENDEDOR	Buenas tardes, señorita. ¿Está Vd. buscando un coche?
FELICIA	Sí, necesito uno en que yo pueda confiar para ir y venir de mi trabajo. Vi su anuncio en el periódico. Me interesa ver el Aspen que Vds. tienen por mil quinientos dólares.
VENDEDOR	Lo siento, pero lo vendimos esta mañana. Tengo un Chevy del año ochenta y tres por sólo dos mil dólares.
FELICIA	Bueno, déjeme verlo.
VENDEDOR	Venga Vd. conmigo. Está allí atrás a la derecha.
FELICIA	Mmn. Será económico. Un coche tan ligero no consume mucha gasolina.
VENDEDOR	Le aseguro que da veinte y cinco millas por galón. Y mire Vd. ¡qué lindo! ¿No le gusta el azul celeste[1] de la carrocería?
FELICIA	No me importa mucho el color. Abra el capó, por favor.

VENDEDOR ¿Abrir el capó? Cómo no, pero ¿para qué?

FELICIA Quiero examinar el motor.

VENDEDOR Entiende Vd. de[2] automóviles?

FELICIA Pues, algo. Seguí un curso[3] de mecánica hace algunos años.

VENDEDOR ¡No me diga!

FELICIA Siéntese adentro y haga arrancar el motor.

VENDEDOR Fíjese Vd.[4] lo bien que suena.

FELICIA Al contrario. Necesita bujías nuevas. Espero que no sea necesario reemplazar el carburador también.

VENDEDOR Pero, ¡señorita! El coche está en perfectas condiciones. Además le damos garantía de treinta días en los repuestos.

FELICIA Es decir que si hay problema, ¿yo tengo que pagar la mano de obra?[5]

VENDEDOR No tenga cuidado,[6] señorita. Nosotros revisamos bien todo el coche y afinamos el motor[7] antes de entregárselo[8] al cliente. Le garantizo que todo estará en orden.

FELICIA Déjeme conducirlo antes de llegar a una decisión. Quiero ver cómo funcionan los frenos y el engranaje.

VENDEDOR Un momento. Pongo la placa y luego damos una vuelta.

FELICIA Si me gusta, se lo diré, pero tendrá que bajar el precio.

VENDEDOR Ay, señorita. No sea tan exigente. ¡Me está volviendo loco!

——— **Preguntas** ———

1. ¿Qué cualidades busca Felicia en el auto que piensa comprar?
2. ¿Para qué lo necesita?
3. ¿Por qué será económico el Chevy? ¿Dónde está estacionado?
4. ¿Qué hay que abrir para examinar el motor?
5. ¿Cómo es que Felicia entiende de automóviles?
6. Para poner un motor a tono, ¿qué hay que cambiar a veces?
7. Explique Vd. las condiciones de la garantía que el vendedor le ofrece a Felicia.
8. ¿Qué pasa si los frenos de un coche no funcionan bien?
9. ¿Cree Vd. que Felicia va a tener éxito (*to be successful*) en hacerle al vendedor bajar el precio del coche? ¿Por qué dice Vd. eso?
10. Describa Vd. su propio coche. ¿Qué problemas mecánicos ha tenido?

---

[1]**azul celeste** sky blue [2]**entender de** to be a judge of; to know about [3]**seguir un curso** to take a course [4]**fijar(se)** to notice; to pay attention to [5]**mano de obra** labor [6]**No tenga cuidado** Don't worry [7]**afinar el motor** to tune up the engine [8]**entregar** to deliver, to hand over

VOCABULARIO TEMÁTICO

El coche (automóvil) y el automovilismo

afinar el motor *to tune up the engine*

el aire acondicionado *air conditioning*

arrancar *to start*; **el arranque** *starter*

automático *automatic (transmission)*

la autopista *turnpike, freeway*

el baúl *trunk*

la bocina *horn*

la bujía *spark plug*

la calefacción *heat*; **el calefactor** *heater*

el camino *road; way*

el capó *hood*

el carburador *carburetor*

la carretera *highway*

la carrocería *body (of a car)*

el cilindro *cylinder*

conducir (manejar) *to drive*

cupé *coupe*

chocar *to collide, to hit*

dar una vuelta *to take a ride (a spin)*

dirección hidráulica *power steering*

el engranaje *gear, gears*

estacionar *to park*

el faro *headlight*

los frenos *brakes*; **frenos de poder** *power brakes*

el guardabarros (el guardafango) *fender*

lustrar *to polish*

la llanta (la goma) *tire*

la marca *make; trademark*

la mecánica *mechanics; machinery*

el mecánico *mechanic*

el parabrisas *windshield*

el parachoques *bumper*

la placa *license plate*

el radiador *radiator*

el recorrido *mileage*

el repuesto *replacement (part)*

revisar *to inspect*

la rueda *wheel*

el tanque *tank*

la velocidad *speed*

el volante *steering wheel*

Actividades para la clase

A. Componga un anuncio describiendo su coche. Aquí tiene Vd. un ejemplo.

Ford, 1981, automático, frenos de poder, radio AM-FM, aire, excelente estado, poco recorrido, un solo dueño, teléfono 35-31-23.

Luego, otro alumno llama para hacer una cita para ver el coche. Claro, el comprador tendrá muchas preguntas.

B. Traiga a la clase un artículo y véndalo a los alumnos.

Pequeñas escenas

A. Un muchacho y una muchacha entran juntos en una joyería. Él quiere comprarle a ella un regalo. Otro alumno hace el papel del vendedor y les ayuda a escoger una prenda al precio que puedan pagar.

B. Dos alumnas entran en una tienda de ropas y compran un vestido de otra alumna.

C. Uno de los estudiantes necesita un préstamo del banco para comprarse un automóvil u otra cosa. El alumno que hace el papel del banquero le hace toda clase de preguntas sobre el producto y también sobre su estado financiero.

Composición: temas sugeridos

A. Las experiencias que tuve en un día de compras.

B. La influencia de la publicidad en las compras que hacemos.

C. Los peligros de tener una tarjeta de crédito.

D. El machismo de los vendedores de automóviles.

E. La dificultad que tienen los jóvenes en ser respetados por los vendedores.

Cómo hacerse rico

¿QUÉ HAY EN LA FOTOGRAFÍA?

1. ¿Qué tienda vemos en la fotografía? ¿Qué venden en esta tienda?
2. ¿Adónde parece que va la gente? ¿Para qué?
3. ¿Adónde cree Vd. que va la mujer que tiene la mano en la baranda (*banister*)?
4. ¿En qué estación del año fue sacada esta foto? ¿Cómo sabemos eso? ¿Qué lleva la gente?
5. ¿Qué está haciendo el señor del primer plano (*foreground*) de la foto con la cara hacia nosotros?
6. Esta foto es de una calle de Madrid. ¿Cuál es su impresión de la ciudad? ¿de la gente?
7. ¿Quiere Vd. probar su suerte en la lotería? Aquí abajo hay un boleto. La « Lotería Primitiva » permite tres clases de apuestas (*bets*) sencillas:

   a. una apuesta: marcar 6 números en el « bloque 1 ». 25 pesetas.

   b. tres apuestas: marcar 6 números en cada uno de los bloques numerados « 1, 2, 3 ». 75 pesetas.

   c. seis apuestas: marcar 6 números en cada uno de los seis bloques del boleto. Rellenar el boleto completo vale 150 pesetas.

VOCABULARIO TEMÁTICO

A. PROFESIONES

NOTE: The feminine form of the nouns listed below can be derived by changing the final -o to -a, or by adding a to those nouns that end in r. In the case of professions ending in -a, -e, or -ista, the article alone designates the gender.

abogado *lawyer*
agente de seguros *insurance agent*
arquitecto *architect*
banquero *banker*
biólogo *biologist*
catedrático *university professor*
científico *scientist*
cirujano *surgeon*
comerciante *businessman*
contador *accountant*
corredor de bolsa *stockbroker*
dentista *dentist*

enfermero *nurse*
escritor *writer*
escultor *sculptor*
estadístico *statistician*
farmacéutico *pharmacist*
físico *physicist*
gerente *manager;* **gerente de oficina** *office manager*
ingeniero *engineer*
maestro *teacher*
médico *doctor*
músico *musician*
obrero social *social worker*

pintor *painter*
político *politician*
psicólogo *psychologist*
químico *chemist*

sociólogo *sociologist*
tenedor de libros *bookkeeper*
traductor *translator*

B. OFICIOS

agricultor *farmer*
camarero *waiter*
carpintero *carpenter*
cocinero *cook*
costurera *seamstress*
electricista *electrician*
mecánico *mechanic*
mecanógrafo *typist*

panadero *baker*
pintor *painter*
plomero *plumber*
programador *programmer*
sastre *tailor*
secretario *secretary*
zapatero *shoemaker*

——— Ejercicios ———

a. *Conteste Vd. en español.*

1. ¿Quiénes trabajan en una oficina? ¿en una fábrica? ¿en una escuela? ¿en un restaurante? ¿en un taller (*workshop*)?
2. ¿Qué profesión u oficio tiene su padre? ¿su madre? ¿su hermano?
3. ¿Qué profesiones y oficios requieren un título universitario? ¿un entrenamiento especial?
4. ¿Para cuáles oficios es necesario estudiar las ciencias? ¿las artes?
5. ¿En qué profesiones y oficios hay más contacto con el público? ¿menos contacto?

b. *Complete Vd. las siguientes oraciones.*

1. En el laboratorio trabajan ———— y ————.
2. Los hospitales están atendidos por los ————, las ———— y muchos otros ————.
3. Mi hermano/a es ———— porque estudió ————.
4. El ———— repara los zapatos, el ———— hace los trajes y la ———— los vestidos.

# *Tema 3*

Cómo hacerse rico

Muchas personas sueñan con llegar a ser ricas algún día, con ganar la lotería o con heredar una fortuna de un pariente lejano y desconocido. Es natural: ¿a quién no le gustaría tener una vivienda cómoda y elegante, coches de lujo, un yate, ropa de moda y lo mejor que la vida pueda ofrecerle? ¡Qué tranquilidad el no tener que preocuparse por las necesidades cotidianas!

Sin embargo, la riqueza significa mucho más que el mero hecho de tener dinero. En términos muy simples, los que ganan más de lo que necesitan para vivir pueden considerarse ricos. No obstante, si todavía sienten la inseguridad de la vida, si aún desean cosas que no pueden comprar, entonces, no importa cuánto ganen, lamentarán la falta del dinero. Es innegable la verdad contenida en el dicho: « ¿Quién es rico? El que se contenta con su porción en la vida. »

Lo más importante es encontrar satisfacción en lo que uno hace y tratar de hacerlo lo mejor que pueda. ¿Por qué encontramos tantos defectos en los productos que se venden, tanta mediocridad en los servicios? En mi opinión, será porque muchos obreros y hasta profesionales trabajan solamente por el dinero. Lamentablemente, no están verdaderamente dedicados a su oficio.

Por eso, una de las decisiones más importantes de la vida es la selección de una carrera. En esta decisión, influyen mucho las industrias que abundan en la región donde uno vive, lo que hacen los padres, el contacto con distintas disciplinas escolares y las experiencias personales. Sin embargo, no es necesario limitarse a estos factores. Existe hoy más que nunca la posibilidad de ampliar su horizonte, de viajar y de establecerse donde uno pueda emplear mejor sus talentos. Uno debe pensar también en la clase de vida que acompaña la carrera hacia la cual se siente inclinado. Para triunfar, también es muy importante tener fe y confianza en sí mismo.

——— Vocabulario ———

abundar *to abound*
aún *still, yet*
cómodo *comfortable*

cotidiano *daily, everyday*
desconocido *unknown*
escolar *(pertaining to) school*

fe f. *faith*
ganar *to earn; to win*
hacia *towards*
heredar *to inherit*
influir (en) *to influence; to affect*
innegable *undeniable*
lejano *distant*
lujo *luxury*
mero *mere*
no obstante *nevertheless; however*
obrero *worker*

oficio *occupation, trade*
pariente/a *relative*
riqueza *riches; wealth*
sí (reflexive pronoun following a preposition) *herself, himself, itself, oneself, yourself; yourselves, themselves*
sin embargo *however, nevertheless*
tratar de + inf. *to try to*
vivienda *dwelling place, house*
yate m. *yacht*

———— **Preguntas** ————

1. ¿Cuáles son dos maneras de hacerse rico sin esfuerzo (*effort*)?
2. ¿Cuáles son algunas ventajas de tener mucho dinero?
3. ¿Quiénes son verdaderamente ricos?
4. ¿Qué importa aún más que tener mucho dinero?
5. ¿Por qué es común encontrar defectos en los productos y mediocridad en los servicios?
6. ¿Cuál es una de las decisiones más importantes de la vida?
7. ¿Qué factores influyen en esta decisión?
8. ¿Qué puede uno hacer si donde vive no encuentra trabajo que le guste?
9. ¿En qué se debe pensar además de la aptitud que uno tenga para cierto oficio? ¿Qué más se necesita para triunfar en la vida?
10. ¿Ha decidido Vd. qué carrera va a seguir? ¿Cómo ha llegado a esta decisión?

Apuntes escogidos

I. To Become

There are a number of expressions in Spanish that convey the meaning of *to become*. These expressions, however, differ in usage.

hacerse—*to become*, as a result of personal effort.

Juan **se hizo** médico.	Juan **became** *a doctor.*
Pronto **se hará** rico.	*Soon he* **will become** *rich.*

llegar a ser—*to become*, eventually, whether by personal effort or by the action of others.

Él **llegó a ser** gerente de la tienda.	*He* **became** *the manager of the store.*
Si Armando gana la nominación, **llegará a ser** presidente.	*If Armando wins the nomination, he* **will become** *president.*

ponerse—*to become*, when referring to an involuntary physical or mental change.

Eduardo **se va a poner** muy triste si no consigue el trabajo.	*Eduardo* **will become** *very sad if he does not get the job.*
Juan **se ponía** nervioso cuando iba para una entrevista.	*Juan* **would become** *nervous when he would go for an interview.*

volverse—*to become*, when referring to a more violent and complete change.

Casi **me volví** loco tratando de decidir.	*I almost* **went** *crazy trying to decide.*
¡Qué caro **se ha vuelto** el dentista!	*How expensive the dentist* **has become***!*

In many cases, the idea of *to become* may be expressed by making a verb reflexive.

El descubrimiento de petróleo **enriqueció** al país.	The discovery of oil **enriched** the nation.
Pedro **se enriqueció** trabajando en Alaska.	Pedro **became rich** working in Alaska.
La tardanza de la secretaria **irritó** al jefe.	The tardiness of the secretary **irritated** the boss.
El jefe **se irritó**.	The boss **became irritated**.

———— Ejercicios ————

a. Complete Vd. la oración empleando la traducción correcta de **to become**.

1. ¿ Está Vd. estudiando para _____ contador ?
2. Después de muchos años, Felipe _____ vicepresidente de la compañía.
3. La economía del país está _____ peor todos los años.
4. Yo _____ nervioso cuando tengo mucho que hacer.
5. Nosotras no queremos _____ maestras.
6. Los profesores _____ furiosos cuando llegamos tarde.

b. Complete Vd. la oración.

1. Yo quiero hacerme...
2. Mi madre se irrita cuando...
3. Ella se pone brava (angry) cuando...
4. Yo me enfermo cuando...
5. Yo me pongo nervioso cuando...
6. Los niños se aburren (get bored) cuando...
7. Fidel Castro llegó a ser dictador de Cuba después de...
8. Mi amigo piensa hacerse...
9. Una manera de hacerse rico es...
10. Una manera de llegar a ser famoso es...

II. *Relative Pronouns*

A. El *que, el cual,* and *quien* as Relative Pronouns

Relative pronouns "relate" to specific persons or things already mentioned within a sentence or in a previous sentence. The antecedent may even be implied, as in this sentence: *The one who studies, learns.* **El que (La que, Quien) estudia, aprende.** The following is a summary of the uses of the relative pronouns **el que, el cual,** and **quien.**

NOTE: **El cual** cannot be used as the subject of a sentence; **el cual** and **el que** are interchangeable otherwise.

As the subject of a sentence.

El que se contenta con su porción en la vida es rico.	*The one who (He who) is content with his lot in life is rich.*
Los que ganan más de **lo que** necesitan pueden considerarse ricos.	*Those who earn more than what (that which) they need can consider themselves rich.*

As the subject of a nonrestrictive clause. (A nonrestrictive clause gives additional information regarding an antecedent that has already been identified. Such a clause is set off by commas.)

El novio de Marta, **el que (el cual** *or* **quien) quiere ser abogado,** acaba de graduarse.	*Martha's boyfriend, **who wants to be a lawyer,** has just graduated.*

As the object of **por, sin,** or a compound preposition.

No es simplemente monetaria la meta **por la cual** nos sacrificamos.	*The goal **for which** we sacrifice ourselves is not simply monetary.*
No hay que menospreciar el dinero, **sin el cual** nadie puede vivir.	*One should not scorn money, **without which** no one can live.*
Detrás de los que han triunfado en la vida, siempre ha habido una mujer.	*There has always been a woman behind **those (men) who** have succeeded in life.*

B. *Lo cual* and *lo que* = what, which, or that which

The relative pronouns **lo cual** and **lo que** are neuter in concept. They refer to an idea or an action, rather than to a particular person or thing. **Lo que** can stand as the subject of a sentence or clause or as the object of a verb or preposition. **Lo cual** can only be used as the subject of a clause or the object of a preposition.

Lo que hacen los padres influye mucho en la decisión.	**What** *the parents do has much influence upon the decision.*
Él siempre llegaba tarde al trabajo, por **lo cual** lo despidieron al fin.	*He always used to arrive late to work, for* **which** *they finally fired him.*

———— Ejercicios ————

a. *Combine Vd. las dos oraciones empleando un pronombre relativo apropiado.*

MODELO   Juan trabaja mucho. Juan espera tener éxito.
Juan, quien trabaja mucho, espera tener éxito.

1. El novio de Mercedes es ingeniero. Gana mucho dinero.
2. ¿Conoces al Sr. Molina? Él es el gerente de la fábrica.
3. La hermana de Marta se graduó en junio. Ella piensa casarse en diciembre.
4. Matilda ganó un millón de dólares en la lotería. Es mucho dinero.
5. Quiero comprar la computadora que están vendiendo en la librería. Me ayudaría mucho en mis estudios.

b. *Complete Vd. el párrafo, usando la forma apropiada de* **el, la, los, las,** *o* **lo,** *según el sentido de la oración.*

_____ que dicen algunos sobre la originalidad no se limita a las artes. Un científico o un comerciante puede ser tan original como _____ que pinta un cuadro o escribe versos. La diferencia está en _____ que se hace con la capacidad creadora. También _____ que invierten (*invest*) dinero en una empresa, _____ cual podría o no ser comercial, tienen que ser visionarios. El dinero, sin _____ cual no se puede hacer nada, es a veces tan importante como el talento para crear _____ que se considera una obra de arte.

III. *The Subjunctive*: A General View

The subjunctive is not a tense, but a mood of the verb that conveys a sense of uncertain action. It is used in Spanish in every level of speech; thus, we recommend that the student review the formation of the four tenses of the subjunctive indicated in Appendix B—The Verb System, and practice using the subjunctive in written compositions and in conversations. Fundamentally, the subjunctive is required in **(a)** dependent clauses when **(b)** the action of the verb in the dependent clause is uncertain or is introduced by an expression of emotion in the main clause.

MAIN CLAUSE	DEPENDENT CLAUSE
Es posible establecerse	donde uno **pueda** emplear mejor sus talentos.
It is possible to settle	*where one* **may** *better* **employ** *one's talents.*

The present subjunctive of the verb poder **(pueda)** is used because there is no certainty where one will or may be able to employ one's talents.

NOTE: Even though the subjunctive in the above sentence may also be translated by *will be able*, the future tense cannot be used in this case in Spanish. The subjunctive is required because both conditions mentioned above are present. **Pueda** appears in the dependent clause, and the action is uncertain.

———— Ejercicios ————

a. *Haga Vd. oraciones empleando el subjuntivo, siguiendo el modelo.*

> **MODELO**   Carlos estudia mucho. (Es necesario que)
> **Es necesario que Carlos estudie mucho.**

1. Carmen es maestra. (Los padres de Carmen no quieren que)
2. La librería vende libros usados. (Los alumnos esperan que)
3. El candidato para el puesto habla español. (Es importante que)
4. Los empleados vienen temprano a trabajar. (El jefe insiste en que)
5. Su hijo asiste a la universidad. (La madre trabaja para que)

b. *Termine Vd. la oración.*

1. El profesor insiste en que los alumnos...
2. Mis padres quieren que yo...
3. Yo prefiero que ellos...
4. Nosotros esperamos que...
5. Es posible que tú...
6. La compañía está buscando una secretaria que...
7. No voy a dejar mi trabajo hasta que...

 # *Diálogo 3* ─────────

¡Gane una fortuna en inmuebles[1] sin tener dinero!

ROBERTO   Hola Felicia. Pareces desanimada hoy.

FELICIA   Sí, le pedí a mi padre que me prestara dinero, y no me lo quiere dar.

ROBERTO   ¿Cuánto necesitas?

FELICIA   Sólo trescientos dólares. Pero no es para una tontería,[2] sino[3] para una inversión.[4]

ROBERTO   Trescientos dólares no me parece mucho dinero para una inversión. ¿De qué se trata[5]?

FELICIA   Oí en la televisión que es posible ganar una fortuna en bienes inmuebles, y que hay un grupo que está vendiendo un programa que explica cómo se pueden adquirir propiedades sin dinero. Los materiales cuestan sólo trescientos dólares, y con éstos se puede comenzar a hacer una fortuna.

ROBERTO   ¡Comprar propiedades sin dinero! ¿Qué dices?

FELICIA   Sí, es verdad. Esto es lo que anuncian y esto es lo que me interesa aprender. ¿Quieres entrar en el negocio[6] conmigo?

ROBERTO   A mí, la oferta no me inspira confianza. Habrá un truco[7] sin duda.

FELICIA   Pero ¿cómo vamos a saberlo si no probamos? Entretanto[8] podríamos estar perdiendo una buena oportunidad de hacernos ricos.

ROBERTO   Yo no creo en proyectos ilusorios de ganar plata sin esfuerzo. No te dejes engañar.

FELICIA   Bueno, para pescar camarones hay que mojarse hasta los huesos.[9]

ROBERTO   Es verdad, pero este plan que están vendiendo promete la posibilidad de ganar una fortuna sin arriesgar[10] nada. Eso es aprovecharse[11] de los sueños de la gente pobre ofreciendo esperanzas falsas. Es muy posible que los vendedores sean unos estafadores.[12]

FELICIA   ¿Quién sabe? Puede ser que tengas razón. Pero ya verás; algún día voy a ser muy rica.

ROBERTO   Espero que sí. Pero, ¿por qué tienes tanto interés en el dinero?

FELICIA   Yo no quiero tener que depender de nadie. Mis padres quieren que me case. Piensan que así tendré más seguridad, pero el matrimonio hoy en día no es como lo era antes. Veo tantos casos de mujeres abandonadas. Aun cuando los tribunales han decretado que deben recibir sustento de sus ex-maridos, muchos de ellos huyen, y las que no se hayan preparado para ninguna carrera sufren mucho. No, no quiero que esto me pase a mí. Pienso ser independiente. Voy a ganarme la vida yo misma.

—— **Preguntas** ——

1. ¿Para qué necesita Felicia trescientos dólares?
2. ¿Qué oyó Felicia en la televisión?
3. ¿Por qué no tiene Roberto mucha confianza en el proyecto?
4. ¿Por qué le interesa a Felicia ganar mucho dinero?
5. ¿Qué prefieren los padres de Felicia?
6. ¿Qué les pasa a muchas mujeres que no se han preparado para una carrera?

---

[1]**inmuebles** real estate   [2]**tontería** nonsense   [3]**sino** but   [4]**inversión** f. investment   [5]**tratarse de** to deal with   [6]**negocio** business   [7]**truco** trick   [8]**entretanto** in the meanwhile   [9]An adaptation of a Nicaraguan saying meaning literally, "In order to fish for shrimp, one has to get wet to the bone." (Nothing ventured, nothing gained.)   [10]**arriesgar** to risk   [11]**aprovecharse de** to take advantage of   [12]**estafador/a** swindler

7. ¿Qué otras razones puede Vd. presentar sobre la importancia para la mujer de tener una carrera?

Pequeñas escenas

A. El profesor hace el papel de un consejero y le pregunta a un/a estudiante qué planes tiene para el futuro. El estudiante no está decidido y el consejero trata de determinar qué intereses tiene, cuáles son sus aptitudes, qué experiencia ha tenido, qué cursos le gustan, etc.—todo para ayudarle a escoger una carrera. Después, otros alumnos harán el papel (*will play the role*) del consejero y del alumno.

B. Un joven le pide a su padre o a su madre dinero para invertir en un proyecto o para comprar algo que cree que necesita para su carrera, una computadora, por ejemplo. El padre o la madre tendrá muchas preguntas sobre el proyecto, sobre su propósito, etc. Querrá saber los detalles para determinar su validez. El/la joven tendrá que dar buenas razones para explicarle a su padre o madre por qué necesita el dinero, y para convencerle que se lo dé.

C. El profesor entrevistará a un alumno que está buscando trabajo. Luego, dos alumnos harán el papel de entrevistador y candidato—respectivamente—para un empleo. Los alumnos deben preparar un resumen corto indicando:
   a. su nombre
   b. dirección y número de teléfono
   c. estado civil (casado, soltero, divorciado)
   d. educación
   e. experiencia profesional
   f. meta (*goal*)
   g. por qué desea hacer el trabajo en cuestión

Se debe hablar también sobre las horas de trabajo, el pago, los beneficios suplementarios y las demás condiciones de trabajo. La información puede referirse a una situación presente o futura. Todos los datos pueden ser imaginarios.

Composición: temas sugeridos

A. Lo que yo quisiera ser y cómo he llegado a tomar esta decisión.

B. La necesidad de la educación universitaria para tener éxito en la vida.

C. Algunas de las dificultades que experimentan los jóvenes en la selección de una carrera.

D. El valor educativo de las humanidades.

E. Escriba Vd. una carta de solicitud de empleo, mencionando el puesto que le interesa, y dando razones por qué deben considerarle a Vd.

Comidas étnicas

¿QUÉ HAY EN LA FOTOGRAFÍA?

1. ¿Cree Vd. que esta fotografía haya sido sacada en algun país hispánico o en los Estados Unidos? ¿Por qué cree Vd. eso?
2. Mencione Vd. algunas comidas norteamericanas que se venden en la tienda.
3. Entre las comidas latinas, ¿cuál se come con arroz? ¿cuál con plátanos?
4. ¿De qué región del mundo hispánico son los plátanos, los tostones y los guineos? ¿Por qué son más populares allí estos productos que las papas o el arroz?
5. ¿Cómo sabemos que la clientela de esta tienda no sería gente rica?
6. ¿Entraría Vd. a comer en una tienda así? Dé razones por su contestación.
7. Haga una comparación entre esta tienda y McDonald's.

VOCABULARIO TEMÁTICO

Los alimentos (Foods)

A. LAS COMIDAS (MEALS)

el **desayuno** *breakfast*
el **almuerzo** *lunch*
la **cena** *supper, dinner*

la **merienda** *snack*
el **entremés** *appetizer, hors d'oeuvres*

B. EL SERVICIO DE MESA (TABLEWARE)

la **copa** *(wine)glass*
la **cuchara** *spoon*
la **cucharita** *teaspoon*
el **cuchillo** *knife*
el **mantel** *tablecloth*
el **plato** *dish; plate*

la **servilleta** *napkin*
la **taza** y el **platillo** *cup and saucer*
el **tenedor** *fork*
el **vaso** *glass*

C. LOS CONDIMENTOS Y ENTREMESES (SEASONINGS AND APPETIZERS)

el **aceite** *oil*
las **aceitunas** *olives*
el **ajo** *garlic*
el **azúcar** *sugar*
la **canela** *cinnamon*
la **mantequilla** *butter*
la **mayonesa** *mayonnaise*

la **mostaza** *mustard*
el **pepinillo** *pickle*
el **perejil** *parsley*
la **pimienta** *pepper*
la **sal** *salt*
la **salsa** *sauce, gravy*
el **vinagre** *vinegar*

D. LAS LEGUMBRES Y LOS VEGETALES (VEGETABLES)

el **aguacate** *avocado*
el **apio** *celery*
la **batata** *sweet potato*
el **bróculi** *broccoli*
la **calabaza** *pumpkin; squash*
la **cebolla** *onion*
la **col** *cabbage*
la **espinaca** *spinach*
los **frijoles** *beans*
los **guisantes** *peas*
las **habichuelas verdes** *string beans*

el **hongo** *mushroom*
la **lechuga** *lettuce*
las **lentejas** *lentils*
el **maíz** *corn*
las **papas** (las **patatas**) *potatoes*
el **pepino** *cucumber*
el **pimiento** *pepper*
la **remolacha** *beet*
la **zanahoria** *carrot*

E. LAS CARNES (MEATS)

el **biftec** (el **bistec**) *steak*
la **carne de vaca (res)** *beef*
la **carne picada** *chopped meat*

el **cerdo** *pork*
el **cordero** *lamb*
la **costilla** *cutlet*

el **chorizo** *Spanish sausage*
la **chuleta** *chop*
la **hamburguesa** *hamburger*
el **hígado** *liver*
el **jamón** *ham*
el **lomo** *loin*

el **pavo** *turkey*
el **pollo** *chicken*
el **rosbif** *roast beef*
la **salchicha** *sausage*
la **ternera** *veal*
el **tocino** *bacon*

F. LOS PESCADOS (FISH)

la **almeja** *clam*
la **anchoa** *anchovy*
el **arenque** *herring*
el **atún** *tuna*
el **bacalao** *codfish*
los **calamares** *squid*
el **camarón** *shrimp*
el **cangrejo de mar** *crab*

la **langosta** *lobster*
el **lenguado** *sole; flounder*
los **mariscos** *shellfish*
la **merluza** *hake*
la **ostra** *oyster*
el **salmón** *salmon*
la **sardina** *sardine*
la **trucha** *trout*

G. LOS POSTRES (DESSERTS)

el **flan** *custard* (Spanish style)
las **galletas** *cookies, crackers*
el **helado** *ice cream*
la **jalea** *jelly*

el **pastel** *pie*
el **queso** *cheese*
el **sorbete** *sherbet*
la **torta** *cake*

H. LAS FRUTAS FRESCAS Y SECAS (FRESH AND DRIED FRUITS)

el **albaricoque** *apricot*
la **cereza** *cherry*
la **ciruela** *plum*; **ciruela pasa**
  prune
el **dátil** *date*
el **durazno** (el
  melocotón) *peach*
la **frambuesa** *raspberry*
la **fresa** *strawberry*
el **higo** *fig*
el **limón** *lemon*
la **mandarina** *tangerine*

la **manzana** *apple*
el **melón** *melon*
la **mora** *mulberry*
la **naranja** *orange*
las **pasas** *raisins*
la **pera** *pear*
la **piña** *pineapple*
los **plátanos** *bananas*
la **sandía** *watermelon*
la **toronja** *grapefruit*
la **uva** *grape*

I. LAS BEBIDAS (BEVERAGES)

el **agua** *water*
el **aguardiente** *brandy*
el **café** *coffee*
la **cerveza** *beer*
el **jugo** *juice*

la **leche** *milk*
el **licor** *liqueur*
el **té** *tea*
el **vino** *wine*

J. PREPARACIÓN DE COMIDA (COOKING TERMS)

asar *to roast; to broil;* **asar en parrillas** *to grill*
cocer *to cook* (Spain); *to boil; to stew*
cocer al horno *to bake*
cocinar *to cook*

churrasco *barbecue*
churrasquear *to barbecue*
freír *to fry*
guisar *to stew*
hervir *to boil*
hornear *to bake*

K. MISCELÁNEA (MISCELLANEOUS)

el **arroz** *rice*
los **dulces** *candies, sweets*
los **fideos** *noodles*
la **harina** *flour*
el **huevo** *egg;* **huevo duro** *hard-boiled egg;* **pasado por agua** *soft-boiled egg*

los **macarrones** *macaroni; spaghetti*
el **pan** *bread;* el **panecillo** *roll*
la **tortilla** *omelet* (Spain)

—— Ejercicios ——

a. *Conteste Vd. en español.*

1. ¿Qué toma Vd. para el desayuno? ¿el almuerzo? ¿la cena?
2. ¿Qué alimentos le dan más energía? ¿Cuáles le causan problemas digestivos?
3. ¿Cómo son las comidas en la universidad? ¿Venden alimentos nutritivos en la cafetería? ¿Qué preferiría Vd. que vendieran?
4. En su opinión, ¿qué alimentos son buenos para la salud, y cuáles no lo son? ¿Cree Vd. que la mayor parte de sus amigos comen de una manera sensata?

b. *Prepare Vd. un régimen de tres comidas al día por dos días para una persona que:*

1. no come carne
2. es diabética y no puede tomar cosas que contengan azúcar
3. quiere adelgazar (perder peso)
4. quiere aumentar de peso

Tema 4

Comidas étnicas

Gracias a la facultad creadora del genio humano, existen miles de maneras de cocinar un pollo o un pescado que excitan el paladar y hacen fluir los jugos gástricos en anticipación de los sabrosos bocados de la comida. El fin del arte culinario es no sólo satisfacer nuestra hambre, sino también deleitar nuestro gusto estético. ¡ Qué nombres exóticos llevan algunos de estos platos: « arroz con pollo », « coq au vin », « Southern fried chicken », « chicken cacciatore », « chicken chow mein », etc.! Estos nombres indican la manera de preparar el pollo y también el país de origen de la receta: España, Francia, los Estados Unidos, Italia, China, etc. La comida ha llegado a ser representativa de la cultura.

Sería interesante estudiar la historia de la alimentación para entender cómo se originaron las comidas étnicas. A mí me parece que en sumo grado, lo étnico es el resultado de la geografía de la región: es decir, su clima, su proximidad al mar, la fertilidad de su tierra, las frutas y las legumbres que crecen en ella, los peces en las aguas, y los animales que se pueden criar o cazar allí. Por ejemplo, para que haya carne de res, se necesitan grandes extensiones de pasto como las pampas de la Argentina o los llanos del oeste de los Estados Unidos. Donde no existen, como en las islas del Caribe, la gente tiene que contentarse con comer pollo o carne de cerdo. En cambio, en las islas y en las regiones costeñas, abundan los peces y los mariscos. En casi todos los países del Mediterráneo, el aceite de oliva forma la base de muchas comidas y salsas. En Francia y en otras partes del norte de Europa se usa más la mantequilla porque el clima es más templado. Allí no crece bien el olivo como en España, Italia y Grecia.

La refrigeración y los medios rápidos de transporte han hecho posible que podamos comer alimentos de otras regiones y de otros climas. Nuestra dieta moderna es más rica y variada que la de los reyes en épocas pasadas. Métodos modernos de conservar los comestibles como la congelación proveen al consumidor un sinfín de productos en los supermercados. El contacto fácil y abierto entre los distintos grupos étnicos ha despertado el gusto y el aprecio por sus comidas. También hay mucho interés entre hombres y mujeres en aprender a preparar ellos mismos platos típicos de otras culturas. Se acuerda Vd. del eslogan que anunciaba: « No hay que ser judío para comer el pan de centeno Levy's » ? Pues, no hay que ser hispano para cocinar una buena paella.

——— Vocabulario ———

alimentación f. *feeding*
alimento *food*
anunciar *to announce; to advertise*
bocado *mouthful; bite*
cazar *to hunt*
centeno *rye*
comestible m. *food;* adj. *edible*
congelación f. *freezing*
costeño *coastal*
creador *creative*
crecer *to grow*
criar *to raise; to breed*
culinario *culinary, pertaining to cooking*
deleitar *to delight*
dieta *diet*
fluir *to flow*
genio *genius*
grado *degree;* **en sumo grado** *to a great extent*
judío *Jewish*

llano *plain*
medios m. pl. *means*
oeste m. *west*
oliva *olive;* **olivo** *olive tree*
paella *one of the principal dishes of Spanish cuisine, made with rice, chicken, shellfish, and other ingredients*
paladar m. *palate*
pasto *pasture*
pescado *fish* (after it is caught)
pez m. *fish* (in the water)
proveer *to provide*
receta *recipe*
rey m. *king*
sabroso *tasty*
salsa *sauce; gravy*
sinfín m. *endless; an infinite number*
templado *temperate; having a moderate or cool temperature*

——— Preguntas ———

1. ¿Cuál es el fin del arte culinario?
2. ¿Qué ha producido la facultad creadora del genio humano?
3. ¿Qué revelan los nombres de los platos étnicos?
4. ¿Qué ha influenciado el desarrollo (*development*) de las comidas étnicas?
5. ¿Por qué no hay mucha carne de res en las islas del Mar Caribe?
6. ¿Por qué se usa, en los países mediterráneos, el aceite de oliva más que la mantequilla?
7. ¿Qué clase de comestibles son más populares en las regiones costeñas?
8. ¿Por qué es más variada la dieta moderna que la de los reyes en épocas pasadas?
9. ¿Cuál es un método de conservar la comida?
10. ¿Ha probado (*tried*) Vd. la comida de otro grupo étnico? ¿Cuál es su comida favorita? ¿Cuándo fue la primera vez que Vd. probó esta comida?

Apuntes escogidos

I. Gustar *and Other Verbs Treated like* gustar

From your previous study of Spanish, you are, by now, aware that **gustar** means *to please* or *to be pleasing* and that it is used as the equivalent, but not the exact translation, of *to like*. There are a number of other verbs that are treated in the same way as **gustar** in that the person who is the subject of the verb in English appears as the indirect object in Spanish.

Las comidas étnicas **me gustan (me interesan, me molestan, me parecen buenas).**	*Ethnic foods **please me (interest me, bother me, seem good to me).*** or I *like (am interested in, am bothered by, think well of) ethnic foods.*

Here is a partial listing of such verbs:

encantar *to charm, to delight*
faltar *to lack*
gustar *to please*
importar *to matter, to be important*

interesar *to interest, to be interesting*
molestar *to bother*
parecer *to seem*
quedar *to have left, to remain*

———— Ejercicios ————

a. *Empleando el verbo entre paréntesis exprese Vd. el sentido de la oración dada.*

> **MODELO** No tengo bastante azúcar para el café. (faltar)
> **Me falta azúcar para el café.**

1. Sólo tengo media botella de leche en la nevera (*refrigerator*). (quedar)
2. Los vinos franceses son encantadores para mí. (encantar)
3. Los jóvenes de hoy tienen mucho interés en la nutrición. (interesar)

4. Nosotros encontramos mucho placer en cenar a la luz de las velas (*candlelight*). (gustar)
5. Ella sufre de dolor de estómago cuando come comida picante (*spicy*). (doler)
6. ¿Estás contento con este restaurante? (parecer bien)
7. ¿Es importante para ti el ambiente de un restaurante? (importar)

b. *Conteste Vd. en oraciones completas.*

1. ¿Qué comidas les gustan más a sus amigos, las italianas o las mexicanas?
2. ¿Qué bebidas le molestan más el estómago?
3. ¿Qué te parecen las comidas en la cafetería de la universidad?
4. ¿En qué restaurantes te interesaría comer?
5. ¿Qué te importa más, el valor nutritivo de la comida o su sabor?

II. The Preterite and the Imperfect

The difference between these two tenses is basically that of the concept of completion of action in the past. The word "imperfect", in terms of grammar, means "incomplete". The preterite is used for those actions that have been completed. The simple past in English can be used for both types of action; hence the Spanish reveals a distinction not expressed by the English past tense. In telling a story, the *preterite* is used to relate the *action* that took place and the *imperfect* to set the *background*. The preterite is sometimes referred to as the *past of narration*, and the imperfect as the *descriptive past*.

Compare:

Fuimos a cenar en El Prado.	*We went to dine in El Prado. (The action is viewed as having taken place on a particular occasion in the past.)*
Íbamos a cenar en El Prado.	*We used to go to dine in El Prado. We would go to dine in El Prado. We went to dine in El Prado. (The action is viewed as being customary or habitual in the past.)*

─── **Ejercicios** ───

a. *Complete Vd. el párrafo empleando el pretérito o el imperfecto de acuerdo con el significado.*

Hace un mes, yo (*ir*) _____ a cenar en un restaurante español en una sección histórica de la ciudad. El edificio (*ser*) _____ muy viejo y (*tener*) _____ un patio abierto en el interior. Las paredes (*estar*) _____ cubiertas de azulejos (*tiles*). Yo (*entrar*) _____ en la sala y (*sentarse*) _____ en una mesa pequeña y redonda de donde (*poder*) _____ escuchar la música que (*estar*) _____ tocando un grupo de España. El camarero me (*traer*) _____ el menú y yo (*pedir*) _____ arroz con pollo. La comida me (*gustar*) _____ muchísimo y no (*costar*) _____ demasiado.

b. *Complete Vd. cada oración con una acción en el pasado.*

1. Cuando era joven, mi padre...
2. Ayer, al salir de la escuela, yo...
3. Nos gustaba probar comidas étnicas cuando...
4. Me encantó la comida porque...
5. Mi amigo no podía pagar la cuenta porque...
6. No has comido tanto desde que...
7. Mi madre compraba los comestibles de este supermercado hasta que...

III. *Comparatives*: más que, más de, más del que, *etc.*, *and* más de lo que

To form simple comparisons of inequality, such as *more than* or *less than*, the expression in Spanish is **más que** or **menos que**. When *more than* is followed by a numeral, it is expressed by **más de** in affirmative sentences. In the negative, it becomes **no más que**, which can be translated as *only*. When the comparison involves more than one clause, **más de** or **menos de** is followed by **(a) el que, la que**, etc. when what is being compared is the noun object of the first clause, and **(b) lo que** when the comparison refers to an idea, or a previous statement.

La comida mexicana es **más picante que** la española.	*Mexican food is **spicier than** Spanish food.*
La comida costó **más de veinte y cinco** dólares.	*The meal cost **more than twenty-five** dollars.*
La comida **no** costó **más que** veinte dólares.	*The meal **didn't** cost **more than** twenty dollars.*
Nos cobraron **más** dinero **del que** teníamos.	*They charged us **more** money **than** we had.*
La salsa de tomate estaba **más picante de lo que** esperaban.	*The tomato sauce was **spicier than** (**what**) they expected.*

——— Ejercicios ———

a. *Emplee Vd.* **más de, más que, más de lo que** *o* **más del que,** *etc. para completar cada comparación.*

1. El huevo contiene _____ proteína _____ la patata.
2. Los chorizos nos gustaron _____ esperábamos.
3. La mantequilla cuesta _____ un dólar la libra.
4. Los vinos franceses son _____ ligeros _____ los españoles.
5. La cafetería de la universidad sirve _____ comidas en un día _____ se venden en algunos restaurantes en una semana.
6. Una cucharita de azúcar contiene no _____ diez y seis calorías.
7. La cena esta noche está _____ rica _____ serviste anoche.

b. *Complete Vd. la comparación.*

1. Hace cinco años una hamburguesa no costaba más que...
2. Me gustó la comida en tu casa más de lo que...
3. A mi amiga le importa más un régimen sano que...
4. El sábado por la noche yo comí más de...
5. La gente de los Estados Unidos come más carne en una semana de la que...

Diálogo 4 ─────────

En un restaurante

En este capítulo, en vez de presentarles un diálogo, los alumnos mismos lo prepararán. Imagínense Vds. en un restaurante español. Un estudiante hará el papel del camarero, otros los de los clientes, Pedirán la comida y harán preguntas sobre el significado en inglés de algunos platos del menú y cómo se preparan. Entre ellos, los « clientes » hablan de la comida, de los precios, del ambiente del restaurante, del servicio, o de lo que les interese. Abajo tienen el menú.

Menú

Entremeses

Ostras o Almejas Frescas en su Concha   2.50
Coctel de Cangrejo   2.50   Camarones   2.25
Paté de Hígado de Ganso a la Casera   3.25
Apio y Aceitunas   1.50   Anchoas   1.75
Jugo de Tomate   .95   Frutas de Estación   1.75

Sopas

Consomé de Pollo   1.75   Sopa de Ajo con Huevo   2.00
Sopa de Frijoles Negros   2.00   Gazpacho a la Andaluza   2.25

Pescados

Merluza Frita o a la Bilbaína   7.95
Bacalao Guisado a la Riojana o a la Gallega   7.95
Lenguado en Salsa de Mantequilla   8.95
Langosta Fresca Rellena   11.95
Mejillones en Salsa Verde   8.95
Trucha de Río Sauté Meuniere   9.95
Calamares Frescos en su Tinta   10.95

Entradas

Arroz con Pollo   8.95
Riñones de Ternera al Vino Blanco   8.95
Escalopines de Ternera con Pimientos o Setas   9.50
Empanadillas de Pollo a la Chilena   9.50
Bistec con Patatas Fritas   9.95
Lomo de Cerdo Frito a la Criolla   8.95
Costillas de Ternera   10.95

Legumbres

Espinaca Fresca   Berenjena Frita   Guisantes
Patatas a la Orden

Postres

Flan   .95   Fresas en Vino   1.50   Natillas   .95
   Pudín de Frutas   .95
Cascos de Guayaba   1.25   Helado   .95   Quesos Importados
   y del País   1.25

Café, Té o Leche   .75

—————— Aprenda Vd. a leer el menú[1] ——————

El menú francés

Aïoli. Un tipo de mayonesa con ajo que se usa como pasta para comer con galletas (*crackers*) y panecitos (*rolls*), o como salsa para carnes, pescados y verduras.

Bechamel. Una salsa blanca y suave hecha con mantequilla, harina (*flour*) y leche, que se sirve con carnes y verduras.

Bisque. Una sopa cremosa y espesa que se hace con langosta y cangrejo.

Brioche. Un panecito de mantequilla para el desayuno.

Coq au vin. Pollo en salsa de vino tinto.

Crème caramel. Flan de vainilla con azúcar negra.

Crème fraiche. Una crema que se come con las frutas o se usa para salsas y sopas.

Genoise. Una torta esponjosa (*sponge cake*) de mantequilla con mermelada.

Gratin. Un plato horneado cubierto con pan molido y salsa de queso blanco.

Hollandaise. Una salsa de yemas (*yolks*) de huevo y mantequilla que se vierte sobre los pescados, mariscos, verduras y huevos.

Vichyssoise. Sopa de papas y puerros (*leeks*) que se sirve fría y con cebolletas (*chives*).

El menú italiano

Alfredo. Un plato servido con una salsa de queso parmesano, crema espesa y mantequilla.

Amaretti. Unas tortitas tostadas hechas con trocitos (*little slices*) de melocotón.

Bolognese. Una salsa espesa de tomate y carne con ajo, aceite de oliva y albahaca (*sweet basil*) u orégano.

Cannelloni. Unos tubitos de pasta rellenos de carne, espinaca, queso ricota y huevos. Contraria a otras pastas, no lleva salsa de tomate.

Cannoli. También unos tubitos de pasta, pero se rellenan con queso ricota endulzado (*sweetened*) pedacitos de chocolate o frutas enlatadas (*canned*), y se espolvorean (*sprinkle*) con azúcar en polvo (*powdered*).

Carbonara. Una salsa al estilo Alfredo, pero con tocineta (*bacon*) o puerco y huevos crudos (*raw*).

Frittata. Una tortilla en forma de panqué (*pancake*) con verduras.

---

[1]Revista *Tú*, año 6, núm. 10, octubre 1985.

Marinara. Una salsa al estilo bolognese, pero sin carne.

Pesto. Una salsa hecha con ajo, albahaca, queso parmesano, aceite de oliva y nueces. Se mezcla con pasta, carne o pescado.

Risotto. Un plato de arroz y carne, mariscos o verduras.

Zabaglione. Postre hecho con yemas de huevo y vino. Se vierte sobre cerezas frescas, y se puede servir frío o caliente.

El menú mexicano

Buñuelos. Donas (*doughnuts*) envueltas en canela (*cinnamon*) y azúcar.

Chiles rellenos. Pimientos picantes (*spicy*) guisados (*stewed*) con una mezcla (*mixture*) de queso y pollo o frijoles, y cubiertos con una salsa de tomate y queso granulado.

Frijoles refritos. Frijoles pintones o colorados mezclados con especias. Se comen con queso granulado o se usan para rellenar las tortas mexicanas.

Guacamole. Pasta de aguacate majado (*mashed*), tomate, cebolla, pimientos picantes y especias.

Tamales. Harina de maíz rellena con carne o pollo que se envuelve en la hoja (*husk*) del maíz y luego se hierve (*boil*) o se hornea (*bake*).

Tortilla. Una especie de pan mexicano que se hace con harina de maíz o con harina blanca y se rellena con frijoles refritos, carne, lechuga, tomate, queso, salsa agria (*sour*), guacamole, salsa de tomate, pollo o pimientos. Existen ocho variaciones y en cada una se mezclan algunos de estos ingredientes: burritos, chimichangas, enchiladas, flautas, nachos, quesadillas, tacos y tostadas.

Actividades para la clase

A. Prepare Vd. en casa una torta u otro plato y traiga a la clase una cantidad suficiente para que los estudiantes la saboreen. Luego explique cómo la preparó.

B. Busque la receta de un plato étnico que le gustaría preparar y luego explique cómo se prepara.

Composición: temas sugeridos

A. Cuente Vd. sus experiencias en un restaurante étnico. Describa el ambiente y la comida.

B. Analice Vd. la comida básica de un grupo étnico. ¿Qué alimentos proveen el elemento básico para satisfacer el hambre: arroz, pan, patatas o plátanos? ¿Qué alimentos proveen las proteínas necesarias? ¿Hay deficiencias de algunos nutrimentos en la comida diaria de la gente común? ¿Cuáles son algunos de los platos principales?

C. Revisando los productos en su supermercado, haga un informe sobre el número de comidas étnicas congeladas o en lata que se venden. ¿Cuál es el origen de esos productos?

D. Explique Vd. a la clase cómo se puede reducir el costo de la alimentación haciendo uso de algunas recetas étnicas.

E. ¿Cuáles son algunos de los argumentos que presentan los vegetarianos contra el consumo de la carne? ¿Cuál es su opinión?

5

Artes y costumbres hispánicas

¿Qué hay en la fotografía?

1. ¿Qué tiene el señor en la mano?
2. ¿Qué está haciendo con la calabaza (*gourd*)?
3. ¿Para qué podrá servir la calabaza?
4. ¿Se necesita el diseño que él está haciendo en la calabaza? ¿Para qué?
5. ¿Se han fijado Vds. en el diseño que tiene su sombrero? ¿Qué clase de forma vegetal sirve como base del diseño? ¿Qué clase de diseño es el de la calabaza?
6. ¿En qué otros materiales y productos se podría labrar (*carve*) diseños?
7. ¿Ha hecho Vd. algo con algún diseño parecido? Hable de lo que Vd. hizo.

VOCABULARIO TEMÁTICO

Las artes, los oficios y otros intereses (Arts, crafts, and other interests)

la **alfarería** *pottery*
la **arquitectura** *architecture*
la **artesanía** *craftsmanship*

el **baile** *dance*
el **bordado** *embroidery*
la **caligrafía** *calligraphy*

el **canto** *singing*
la **carpintería** *carpentry*
la **cerámica** *ceramics*
la **costura** *dressmaking; needlework*
el **dibujo** *drawing; design*
la **escultura** *sculpture*
la **filatelia** *philately, stamp collecting*
la **fotografía** *photography*
el **grabado** *engraving;* **grabar al aguafuerte** *to etch*

la **lapidaria** *lapidary, gem polishing*
la **música** *music*
la **numismática** *numismatics, coin collecting*
la **pintura** *painting*
el **tejido** *weaving*
la **tipografía** *printing, typesetting*
el **trabajo de puntos** *knitting;* **hacer calceta, tejer a punto** *to knit*
la **vidriería** *glass making*

Preguntas

1. ¿Cuáles son las artes u oficios que figuran en las cosas que se usan dentro de una casa? ¿en las prendas de vestir?
2. ¿En qué artes u oficios se usa la madera? ¿las piedras preciosas? ¿las telas?
3. ¿Cuáles son las artes que se representan en funciones públicas?
4. ¿Cómo se llama el arte de escribir con hermosa letra?
5. ¿Cuál es una de las aplicaciones de la cerámica? Mencione Vd. algunas cosas hechas de cerámica que usamos todos los días.
6. ¿Cómo se llama el estudio y la colección de los sellos o estampillas de correo? ¿de las monedas?
7. ¿Qué artes figuran en la producción de un libro? ¿de una barca?

Tema 5

Artes y costumbres hispánicas

Ha sido muy renombrado el gran florecimiento del arte, de la música y de la literatura en España e Hispanoamérica. Cualquier estudiante de la civilización hispánica conoce las obras de Velázquez, Goya, Picasso, Dalí, Diego Rivera, Orozco y otros artistas de fama mundial, además de las de los escritores más importantes. En el siglo veinte se ha conferido el premio Nóbel de literatura a Echegaray, Benavente, Juan Ramón Jiménez y Vicente Aleixandre, todos españoles, también a Pablo Neruda y Gabriela Mistral, chilenos, a Miguel Ángel Asturias de Guatemala y últimamente a Gabriel García Márquez, colombiano.

Pero, aunque he mencionado a algunos de los personajes más ilustres, mi propósito aquí no es el de dar una lista infinita de los que han contribuido a las artes y las letras. Lo que quisiera señalar es que esta larga tradición artística es un reflejo del genio creador del pueblo hispano, y brota, tal vez, del cultivo de lo que se podrían llamar las artes menores. Las obras geniales no son creadas de la nada, ni son las únicas expresiones de la cultura de un pueblo. Existen otras de menor renombre que contribuyen, quizás de una manera más fundamental, a hacer la vida más rica, más decente y más hermosa. Me refiero a la aplicación del talento y del gusto estético al diseño y a la elaboración de lo cotidiano, las cosas que usamos cada día, como nuestras ropas, nuestros utensilios y nuestras habitaciones.

En el hogar hispano, era común ver a las mujeres cosiendo vestidos y bordando encajes, etc., para, tal vez, el ajuar de una hija, o el bautismo de un niño. Los muchachos y aun los viejos pasaban sus horas de ocio con una navaja en la mano cortando de un pedazo de madera, un juguete para los niños o algún objeto de arte para regalárselo a la madre o a la novia. La familia se reunía alrededor de la mesa de la cocina, cada uno con su trabajo, los niños haciendo su tarea para la escuela, los padres leyendo, o labrando algún artículo de cuero o de tela, o quizás de barro. Reinaba la paz; y el silencio se interrumpía de vez en cuando con una pregunta o una observación sobre la labor, o tal vez, por el relato de algún suceso del día o de un recuerdo del pasado. En algunas habitaciones, se oía el son de un piano o de una guitarra y el cantar de una romanza mientras se preparaba la cena o se fregaban los platos. Fue de estas casas con sus tiestos de flores en los balcones, y las cortinas (hechas en casa, por supuesto) en las ventanas que salieron los grandes genios de la cultura hispánica.

———— Vocabulario ————

ajuar m. *trousseau*
alrededor (de) *around*
barro *clay; earthenware*
bordar *to embroider*
brotar (de) *to stem (from)*
cotidiano *daily, everyday*
creador *creative*
encaje m. *lace*
florecimiento *flourishing*
fregar *to wash (dishes), to scrub*
genio *genius; nature,
    temperament; spirit*

labor f. *work; needlework; design,
    fancywork*
labrar *to work; to elaborate; to
    embroider; to cultivate*
navaja *penknife*
ocio *leisure*
renombrado *famous;*
    renombre m. *fame, renown*
romanza *ballad*
señalar *to indicate, to point out*
tiesto *flowerpot*
único *only, sole*

———— Preguntas ————

1. ¿Quiénes son algunos renombrados artistas españoles? ¿De qué país son Orozco y Diego Rivera?
2. ¿A qué escritores españoles e hispanoamericanos ha leído Vd.? ¿qué obras?
3. ¿Qué es lo que el autor quiere señalar en este ensayo?
4. ¿Cúales son las artes menores? (Consulte Vd., si es necesario, el vocabulario temático en la página 62.) ¿Cómo contribuyen a hacer la vida más rica?
5. ¿Cómo pasaban las mujeres de antaño (*long ago*) sus horas de ocio? ¿los hombres?
6. ¿Dónde se sentaba la familia mientras hacía su labor?
7. ¿Qué se oía en algunas casas?
8. ¿Qué se ponía en los balcones de las casas?
9. El cuadro que el autor nos ha dado del hogar, ¿se limita exclusivamente al ambiente hispánico? ¿Cómo pasaban las noches las familias norteamericanas antes del advenimiento de la televisión?
10. Describa la escena en su propia casa al anochecer.

Apuntes escogidos

I. The Definite Article to Make Generalizations

The definite articles **el, la, los, las** are used with nouns in a general or abstract sense. They are often omitted in English when making a generalization, but not in Spanish.

El hombre es mortal.	*Man is mortal.*
La originalidad no es siempre apreciada.	*Originality is not always appreciated.*
No todos **los** artistas son bohemios.	*Not all artists are Bohemians.*

——— Ejercicio ———

Haga Vd. una generalización acerca de los siguientes:

1. el arte
2. la ciencia
3. los comerciantes
4. los profesores
5. las mujeres
6. los hombres
7. la música
8. los poetas
9. los jóvenes
10. los viejos

II. The Infinitive as a Verbal Noun

The infinitive is used as the verbal noun. Its function in a sentence may be that of: **(a)** the subject; **(b)** the object; or **(c)** the object of a preposition. Note that this contrasts with English usage in which the gerund (ending in *-ing*) is the verbal noun.

Escoger una carrera es a veces difícil.	*Selecting (**to select**) a career is sometimes difficult.*
Me gusta **trabajar** en una oficina.	*I like **working (to work)** in an office.*
Hay que practicar mucho antes de **hacerse** gran pianista.	*One has to practice a lot before **becoming** a great pianist.*

NOTE: When the infinitive is used as the subject of a sentence, it is usually preceded by the definite article.

El no comer la puso enferma.	***Not eating** made her sick.*

——— Ejercicios ———

a. *Complete Vd. la frase empleando el infinitivo de un verbo apropiado.*

1. Hay que trabajar mucho para...
2. Me vestí bien antes de...
3. Los grandes artistas tenían que estudiar muchos años a fin de...
4. El domingo pasado, me senté a leer después de...
5. Mis amigos salieron del teatro sin...

b. *Haga Vd. oraciones empleando los siguientes infinitivos como sujetos.*

1. El comer bien...
2. El hablar sin pensar...
3. El escuchar música...
4. El cantar una canción...
5. El tocar un instrumento...

III. Ser + *Past Participle to Express the Passive Voice*

Contrast the difference in construction in the following sentences:

ACTIVE VOICE	PASSIVE VOICE
Cervantes escribió la primera novela moderna.	La primera novela moderna fue escrita por Cervantes.
Cervantes wrote the first modern novel.	*The first modern novel was written by Cervantes.*

In the active voice, *the first modern novel* is the object; that is, what was acted upon. In the passive voice, it is the subject, *the first modern novel*, that was acted upon. Contrary to the active voice, the subject of a sentence in the passive voice does not perform any action. In English, the passive voice is formed by the verb *to be* followed by the past participle; in Spanish, the verb **ser** in the appropriate tense, and the past participle acting as an adjective agreeing with the subject in gender and number are used. The performer of the action may be expressed by a prepositional phrase beginning with **por.**

Ejercicios

a. *Cambie Vd. las siguientes oraciones de la voz activa a la pasiva.*

1. Los críticos alabaron (*praised*) su obra.
2. Los arquitectos hacen los planes.
3. Mi abogada escribirá la carta.
4. La galería Vanguardia vendió las pinturas de mi amigo Bernardo.
5. Espero que alguno de sus clientes compre el retrato de Elena.
6. ¿A qué hora sirvieron la cena?
7. Siempre rechazan (*reject*) mis manuscritos.

b. *Conteste Vd. las siguientes preguntas empleando la voz pasiva.*

1. ¿Dónde fueron hechos sus zapatos?
2. ¿Qué libro es el mas leído de todos?
3. ¿Qué artistas de « rock and roll » son los más admirados?
4. ¿Cuándo será presentada la próxima función de su universidad?
5. ¿Qué canciones han sido escritas sobre ciudades famosas?

 # *Diálogo 5* _____

¿Ya no existe la música regional?

ANA   Pepe, ¿por qué no vamos este sábado por la noche a un concierto?

PEPE   Bueno, mi amor, si tú quieres.

ANA   Veo que no te está gustando mucho la idea.

PEPE   No es verdad. Si tú tienes ganas de[1] ir, te acompaño; a mí no me importa.

ANA   La última vez que fuimos, te dormiste, pero esta vez vamos a oír a un grupo de chicos hispanos que cantan música moderna.

PEPE   ¿Te refieres a éstos que cantan « rock and roll »?

_____

[1]**tener ganas de** + *infinitive* to have a desire to _____, to feel like _____ing
[2]**complacer** to please   [3]**aburrido** bored   [4]**atreverse a** to dare to   [5]**ambiente** *m*.
atmosphere, environment

ANA Sí, ¿ no te interesaría verlos ?

PEPE Iría para complacerte[2] pero si me lo preguntas en serio, francamente ya estoy aburrido[3] de oír la misma música por todas partes.

ANA ¿ Cómo te atreves a[4] decir eso ?

PEPE Es que ya no existe música típica de ninguna nación. Por toda Europa no se oye más que imitaciones de la música norteamericana sea « rock and roll », « disco », « jazz » o « country western ».

ANA Pero ésta es la música que está de moda hoy en día.

PEPE No es que no me guste esta música ; es que antes había más variedad. ¿ Qué se hicieron el tango argentino, la rumba cubana, el merengue ?

ANA Todavía se oyen, pero los jóvenes de hoy prefieren ritmos más representativos de su época. Cada generación tiene su música distintiva. Lo que se baila, así como lo que se escucha, es un reflejo del ambiente[5] en que vivimos.

PEPE Hablando de bailes, antiguamente cada región de España tenía su propio baile folklórico como el flamenco de Andalucía, o la jota aragonesa.

ANA Como dices, eso pertenece ahora al folklor. Pero aun en el pasado existía la influencia extranjera en la música. En el flamenco que hoy nos suena tan típicamente español, hay influencia de la música árabe del norte de África. No te olvides que los moros habitaron el sur de España por más de siete siglos. Y en la música latina del Caribe también hay una fuerte influencia africana que los negros trajeron consigo cuando fueron esclavizados.

PEPE ¿ Sabes lo que prefiero hacer ? Me gustaría ir a una taberna griega a escuchar la música « bazuki ».

ANA ¿ No será porque te gustan las bailarinas ?

PEPE Bueno, no puedo negar que sus ondulaciones al bailar me fascinan.

ANA Está bien, a mí me encantaría ir también.

———— **Preguntas** ————

1. ¿ Adónde quiere ir Ana el sábado por la noche ?
2. ¿ Por qué no está Pepe muy entusiasmado por ir al concierto ?
3. ¿ Qué pasó la última vez que Pepe fue a un concierto ?
4. ¿ Qué tipo de música se oye por todas partes ?
5. ¿ Qué bailes latinos eran antes muy populares ?
6. ¿ Cuáles son algunos bailes folklóricos de España ? ¿ Qué ritmos manifiestan influencia árabe ?
7. ¿ Qué tipo de música le gusta más a Vd. ? ¿ Va Vd. frecuentemente a conciertos ? ¿ Qué grupo u orquesta vio Vd. la última vez que fue ?

VOCABULARIO TEMÁTICO

Instrumentos de música y aparatos relacionados

A. INSTRUMENTOS DE PERCUSIÓN (PERCUSSION INSTRUMENTS)

las **campanillas** *bells*
la **pandereta** *tambourine*
el **piano** *piano*

el **tambor** *drum*
el **timbal (el tímpano)** *kettledrum*

B. INSTRUMENTOS DE CUERDA (STRING INSTRUMENTS)

el **contrabajo** *bass*
la **guitarra** *guitar*

el **violín** *violin*
el **violoncelo** *cello*

C. INSTRUMENTOS DE VIENTO (WIND INSTRUMENTS)

el **clarín** *bugle, trumpet*
el **clarinete** *clarinet*
la **corneta** *trumpet*
la **flauta** *flute*

la **gaita** *bagpipes*
el **saxófono** *saxophone*
el **trombón** *trombone*

D. APARATOS RELACIONADOS (RELATED EQUIPMENT)

el **altoparlante** *loudspeaker*
la **cinta magnética** *tape*
el **disco** *record*
la **grabadora** *tape recorder*

el **micrófono** *microphone*
el **plato giratorio** *turntable*
el **tocadiscos** *record player*

———— Preguntas ————

1. ¿Toca Vd. un instrumento? ¿Cuál? ¿Cuándo aprendió Vd. a tocarlo? ¿Qué o quién le estimuló a aprenderlo?
2. ¿Qué instrumento le gusta más escuchar? ¿Qué tipo de música le suena bien en este instrumento?
3. ¿Qué instrumento le parece el más apropiado para la música romántica? ¿para la música marcial? ¿Qué instrumento es el más popular hoy en día?

Actividades para la clase

A. Traiga Vd. a la clase una canción en español y enséñesela a los alumnos.

B. Traiga Vd. a la clase un disco o una cinta / caseta de música latina y tóquela para los alumnos. Si es de música instrumental, puede servir bien como música de fondo para la discusión.

C. Traiga Vd. a la clase alguna cosa que Vd. haya hecho con sus propias manos, sea un suéter o una escultura y explique cuándo y cómo la comenzó a hacer y cómo se siente cuando está ocupado/a haciendo tales cosas.

D. (Para una pareja.) Presenten Vds. a la clase un baile latino—la salsa, el merengue, el tango u otro baile que Vds. sepan. Claro, será necesario también traer la música a que van a bailar.

Composición: temas sugeridos

A. ¿Qué factores estimulan la originalidad? ¿Qué factores la reprimen?

B. Discuta Vd. el valor de los cursos de arte, música o teatro como estímulos a la originalidad. ¿Deben tales cursos formar parte integral de los estudios universitarios?

C. Describa Vd. la aplicación de las artes en la industria, sea en el diseño de algún producto, como por ejemplo un automóvil, o en la propaganda.

D. Examine Vd. el arte o la música como reflejo de una época.

E. Hable Vd. de un pintor o escritor hispánico. Lleve a la clase un ejemplo de su obra. Si es una poesía, léasela a los estudiantes.

6

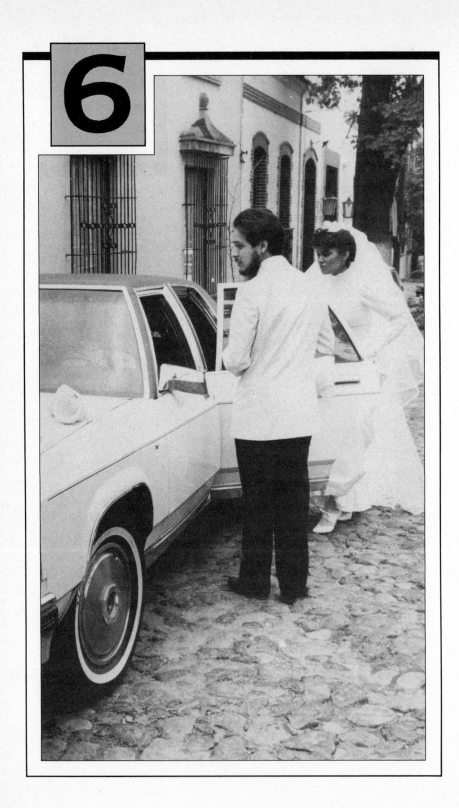

El amor y el matrimonio

¿QUÉ HAY EN LA FOTOGRAFÍA?

1. ¿A quiénes ve Vd. en la fotografía?
2. ¿Qué acaban de hacer?
3. ¿De dónde acabarán de salir?
4. ¿Adónde irán en el coche?
5. ¿Qué indicaciones hay de que no son muy pobres?
6. ¿Qué estarán diciendo?
7. ¿Qué les diría Vd.?

VOCABULARIO TEMÁTICO

Tentativa hacia un vocabulario del amor

abrazar *to embrace, to hug*
el/la **amante** *lover*
amar *to love*
el **amorío** *love affair*
arrepentirse de *to repent*
besar *to kiss*; el **beso** *kiss*
la **boda** *wedding*

la **cita** *date*
comprometerse con *to become engaged to*; el **compromiso** *engagement*
la **coqueta** *flirt*; **coquetear** *to flirt*

el **corazón** heart (also used as
term of endearment)
la **emoción** emotion
enamorarse de to fall in love
with
engañar to deceive
estar embarazada to be
pregnant
estar enamorado to be in love
estar enojado to be angry
la **felicidad** happiness; **feliz**
happy
la **lágrima** tear
lamentar to lament, to be sorry
lastimar to hurt
la **luna de miel** honeymoon
llorar to cry

el **marido** husband
el **matrimonio** marriage; a
married couple
mi amor (mi vida) my darling
la **novia** bride; sweetheart; el
novio groom, boyfriend
la **pareja** couple
querer to want; to love; la
querida mistress; adj. beloved
reñir to fight; to quarrel
sentir to feel
la **soledad** loneliness
soñar con to dream of; el **sueño**
dream
suspirar to sigh; el **suspiro** the
sigh

Preguntas

1. ¿Le gusta a Vd. coquetear con el sexo opuesto? ¿Qué dice o hace
cuando está coqueteando?
2. ¿Cómo se siente Vd. cuando tiene que despedirse de (to say good-
bye to) su novio/a? ¿Qué le dice? ¿Qué hace? ¿Qué hace después
de la despedida?
3. ¿Con qué tipo de hombre / mujer sueña Vd. casarse?
4. ¿Qué le lastima más, si su novio/a le critica o si sale con otra
persona?
5. ¿Está Vd. enamorado/a en este momento? ¿Cómo se siente?
¿Piensa casarse con esa persona?
6. ¿Qué deben hacer las parejas antes de comprometerse? ¿Deben
presentar su novio/a a sus padres? ¿Por qué?
7. ¿Dónde le gustaría pasar su luna de miel?

 **Tema 6** _____

El amor y el matrimonio[1]

Estimada Doña Vicky:

Soy una estudiante de diecisiete años. Cuando fui el primer día a la universidad, me enamoré de repente de un muchacho en una de mis clases. Me ponía nerviosa cada vez que lo veía, pero trataba de disimular mis verdaderos sentimientos. Fue en vano, porque el muchacho se dio cuenta de mi interés en él y malinterpretó mi verdadero carácter. Desengañada y herida en el corazón decidí dedicarme a mis estudios. Después de algunas semanas, noté que uno de mis profesores me miraba con sincero afecto. Aunque es mucho mayor que yo, acepté su invitación a salir a cenar con él. Volví a casa en un trance. Es un caballero sumamente culto y encantador. Ahora estoy enamorada de verdad, pero tengo miedo. Es la segunda vez que me enamoro en tres meses y temo llegar a ser una mujer ligera y frívola si sigo así. Mis amigas se burlan de mis sentimientos y no me atrevo a hablar a mi mamá de mi nuevo amor. No sé qué hacer. Aconséjeme por favor.

Raquel

Estimada Raquel:

Tu vida empieza en estos tiernos años a florecer y lo que te pasa es algo muy común entre las jóvenes de tu edad. Muchas veces se enamoran de un muchacho que ven sin conocerlo, de un artista, o de un maestro, pero todo ese período pasa cuando de verdad se enamoran. Debes tener mucho cuidado de no dejarte llevar por las pasiones sin pensar en las consecuencias. El catedrático con quien estás saliendo puede estar casado e incluso tener hijos de tu edad. Estoy segura de que no te gustaría ser la causa de la separación de un matrimonio. Por otra parte, si el profesor no tiene ninguna intención seria, estás perdiendo el tiempo y jugando con el fuego.

El verdadero amor es una responsabilidad. Sabrás que estás enamorada de verdad cuando en el fondo de tu alma puedas decir: « Con este

---

[1]Adaptado de « Consultorio sentimental », *El Diario*, Vol. XXIX, 4 de octubre de 1978, pág. 28.

hombre, y con ningún otro, estaría dispuesta a pasar toda mi vida, sea buena o mala. » Tendrás que conocerle lo suficiente para decir: « Acepto sus faltas, así como admiro sus virtudes, porque así es él. » Amar es compartir un sueño con alguien. Es comprender y apreciar las ambiciones de alguien y estar dispuesta a ayudarle en la lucha a realizar su ilusión. Casarse o aun amar profundamente a una persona es uno de los pasos más importantes de la vida. Hay que tener madurez para saber juzgar el carácter de tu pareja y para aceptar la responsabilidad por el corazón que te entregará. Tendrás que conocer bien al hombre, pero casi tan importante es que te conozcas bien a ti misma.

Vicky

——— Vocabulario ———

aconsejar *to advise*
afecto *affection*
alma m. *soul*
amar *to love*
atreverse a *to dare to*
burlarse de *to make fun of*
casado *married;* **casarse**
  (con) *to marry*
cenar *to eat dinner*
compartir *to share*
culto *cultured*
darse cuenta de *to realize, to*
  become aware of
dejarse llevar *to allow oneself to*
  be led
desengañar *to disillusion*
disimular *to conceal, to hide*
dispuesto a *past part. of*
  disponer ; *disposed, ready,*
  willing to
edad f. *age*
enamorarse de *to fall in love*
  with
encantador *charming*
entregar *to surrender, to hand*
  over, to deliver

florecer *to blossom, to flourish*
fondo *bottom, depth*
fuego *fire*
hay que *one must, it is necessary*
herido *hurt, wounded*
incluso *even*
jugar *to play*
juzgar *to judge*
ligera *light; loose* (of morals)
lucha *struggle*
madurez f. *maturity*
malinterpretar *to misinterpret*
mayor *older*
miedo *fear;* **tener miedo de** *to*
  be afraid of
pareja *pair; partner, mate*
paso *step*
realizar *to fulfill; to carry out*
repente *sudden;* **de**
  repente *suddenly*
temer *to fear*
tierno *tender*
trance m. *ecstasy*

─────── **Preguntas** ───────

1. ¿Por qué se sintió Raquel desengañada y herida?
2. ¿Por qué no se atreve a hablarle a su mamá de su nuevo amor?
3. ¿Cómo es su profesor?
4. ¿Cree Vd. que el profesor hizo bien o mal en invitarla a cenar? ¿Por qué?
5. ¿Qué riesgo hay en que una joven se enamore de un hombre mayor?
6. ¿Cuándo se puede saber si uno está enamorado de verdad?
7. ¿Qué es el amor verdadero?
8. ¿Por qué es importante la madurez en las relaciones amorosas?
9. ¿Por qué es necesario conocer bien el carácter de una persona antes de dejarse llevar por lo que uno siente?
10. ¿Por qué es importante conocerse a sí mismo?

Apuntes escogidos

I. Estar + *Past Participle*

Estar is used with the past participle to express a state resulting from an action.

Dolores se divorció de su marido.	*Dolores divorced her husband.*
(*Resultant state*) Dolores **está divorciada.**	*Dolores **is divorced.***

NOTE: The past participle is used as an adjective and must agree with the subject of **estar.**

———— Ejercicio ————

Cambie Vd. las oraciones según el modelo para indicar el resultado de la acción.

MODELO   Juanita se enamoró de Rafael.
Juanita está enamorada de Rafael.

1. Abrieron la carta.
2. Prepararon la cena.
3. Ella lavó los platos.
4. Carmen se avergonzó de ver la película.
5. Rosita se vestirá bien para la cita.
6. ¿Tú te casarás para el año que viene?
7. Nosotros nos comprometemos a casarnos.

Note the difference between the passive voice studied in the last chapter and the use of **estar** + past participle to express the result of an action.

The following examples illustrate the difference.

ACTIVE VOICE

| Bécquer escribió muchas poesías de amor. | *Becquer wrote many love poems.* |

PASSIVE VOICE

| Muchas poesías de amor fueron escritas por Bécquer. | *Many love poems were written by Becquer.* |

RESULTANT STATE

| Las poesías están escritas en español. | *The poems are written in Spanish.* |

——————— **Ejercicio** ———————

Conteste Vd. las preguntas según el modelo.

> **MODELO** ¿Has invitado a tu tía Adelaida a la boda?
> **Sí, tía Adelaida está invitada a la boda.**

1. ¿Han amueblado Vds. el apartamento?
2. ¿Cerramos la puerta al salir de casa?
3. ¿Te convidó tu amigo a cenar con él?
4. ¿Dónde estacionaste tu coche hoy?
5. ¿Quién fue más herido al romper las relaciones con tu último novio? ¿tú o él/ella?
6. ¿Se enojaron Vds. mucho?
7. ¿Te arrepentiste de salir con él/ella?

II. The Future Tense to Express Wonderment or Probability

The future tense often expresses wonderment or surprise in interrogative sentences.

Ese señor me parece interesante. ¿**Estará** casado?	*That gentlemen looks interesting to me.* **I *wonder if he is*** *married.*
Ricardo y Dolores se divorciaron. ¿Quién **tendrá** la culpa?	*Richard and Dolores were divorced. Who* **could be** *to blame?*

The future tense is often used in declarative sentences to express probability in the present.

Lorenzo tiene un Porsche. **Será** rico.	*Lawrence has a Porsche.* **He *must be*** *rich. (He probably is rich).*
Nos **darán** una buena comida en la boda.	*They* **will probably give us** *a good meal at the wedding.*

——————— **Ejercicio** ———————

Empleando el tiempo futuro, exprese Vd. una probabilidad concluída de la información dada.

   MODELO   Juan no puede estarse en pie.
   Juan estará borracho.

   1. Luisa se siente enferma del estómago cuando se levanta por la mañana.
   2. Virginia nunca acepta invitaciones a salir con nosotros.
   3. El profesor siempre llega tarde a la clase.
   4. Tú gastas mucho dinero en las tiendas de ropa.
   5. La cuenta del teléfono nos sale alta cada mes.
   6. Los alumnos no pueden contestar las preguntas.
   7. Yo me enamoro de todas las chicas bonitas.

III. *Probability in the Past*

Probability in the past may be expressed in Spanish by **(a)** the conditional, **(b)** the future perfect, or **(c)** the conditional perfect.

a. Su esposa **sería** una mujer excepcional.	His wife **was probably** an exceptional woman.
b. Alberto y Luisa **habrán tenido** una discusión.	Albert and Louise **must have had** an argument.
c. **Habría sido** difícil comprar una casa en aquella época.	It **must have been** difficult to buy a house in that time.

——————— **Ejercicios** ———————

a. *Cambie Vd. la oración según el modelo para expresar probabilidad en el pasado.*

   MODELO   Es posible que se hayan conocido en un baile.
   Se habrán conocido en un baile.

   1. Es probable que la haya besado al despedirse.
   2. Es probable que hayan tenido muchas dificultades al principio.
   3. Es probable que le haya dicho una mentira.

4. Es posible que hayas cometido un error.
5. Es probable que nos hayamos olvidado de traer el regalo.

b. *Empleando el condicional o el futuro perfecto, exprese Vd. una probabilidad concluída de la información dada.*

MODELO Juan no pudo levantarse esta mañana.
Habrá bebido mucho anoche.

1. Muchos alumnos no vinieron a clase hoy.
2. Carmen ha dejado la escuela.
3. Yo no tenía dinero para pagar la cuenta.
4. Nos gustó mucho el concierto.
5. Hemos salido de casa sin las llaves.

 # Diálogo 6 ⸺⸺⸺⸺

Un escándalo

ROBERTO   Oye, Pepe. ¿ Has oído?

PEPE   No, nada. ¿ Qué pasa?

ROBERTO   Felicia se ha marchado[1] de la casa de sus padres. Algunos dicen que está embarazada.

PEPE   ¡ No me digas! Sus padres le daban mucha libertad. Una noche la vi con un tipo[2] en el Café Azteca, y, tú sabes, allí no va ninguna muchacha decente.

ROBERTO   Sí, pero está bien si tú vas.

PEPE   Pues, es distinto, yo soy hombre. Y Felicia, ¿ cómo se mantiene?

ROBERTO   Trabaja algunas noches sirviendo mesas en un restaurante. Creo que su novio le ayuda también a pagar el alquiler[3] de su apartamento.

PEPE   Si es así, ¿ por qué no se casan?

ROBERTO   Él está dispuesto, pero es ella la que no quiere casarse.

PEPE   ¡ Qué chica más rara ! ¿ Por qué no ?

ROBERTO   Según entiendo, ella dice que aunque está enamorada del supuesto padre de su hijo, no está segura de querer pasar el resto de su vida con él. Prefiere continuar sus estudios y entrar en una carrera.

PEPE   Para la mujer, la carrera no puede ser todo. ¿ Quién se casaría con ella al saber su historia ?

ROBERTO   ¿ Y si se casa y luego se divorcia ? ¿ Qué diferencia hay ? Tú la conoces ; a pesar de lo que ha hecho, tiene muy buenas cualidades.

PEPE   Es verdad. Hay tantos matrimonios rotos[4] hoy en día. Me da pena ver a los hijos.

ROBERTO   Según los psicólogos, no tienen más problemas emocionales que los que se crían[5] en familias tradicionales, sobre todo si los padres no se llevan bien.[6]

PEPE   Quizás, pero yo lo dudo. Para mí, la familia, como nos enseña nuestra religión, es cosa sagrada.

ROBERTO   Es que el concepto de la familia como institución sociológica está cambiando.

PEPE   ¿ Y a eso lo llaman progreso ?

ROBERTO   ¡ Quién sabe !

——— Preguntas ———

1. ¿ Por qué se ha marchado Felicia de casa ?
2. ¿ Dónde la vio Pepe una noche ? ¿ Con quién ?
3. ¿ Por qué no importa, según Pepe, si él va al Café Azteca ? ¿ Cree Vd. que tiene razón ?
4. ¿ Cómo se mantiene Felicia ? ¿ Cuál sería una solución a su problema ?
5. ¿ Por qué no quiere casarse ?
6. ¿ Cree Vd. que la opinión de Pepe acerca del futuro de Felicia es correcta ? ¿ Por qué ?
7. ¿ Qué dicen los psicólogos acerca de los hijos de padres divorciados ?
8. ¿ Qué concepto de la familia tiene Pepe ? ¿ Qué tipo de persona es él ?

---

[1]**marcharse** to leave   [2]**tipo** (*colloq.*) fellow, guy   [3]**el alquiler** the rent   [4]**roto** (*past participle of* romper) broken   [5]**criarse** to be raised   [6]**llevarse bien (mal)** to get along well (badly)

Actividades para la clase

A. Escriba una carta a la redacción de la sección « Consultorio senti-mental », presentando un problema de amor, y léala a la clase. Luego, pídales a los alumnos soluciones al problema.

B. Conteste Vd. la siguiente carta, dando su consejo.

Estimada Doña Sofía,

Tengo veinte años y acabo de recibir el bachillerato. La Facultad de Medicina de la Universidad de... me ha aceptado como alumna, y ahora tendré la oportunidad de realizar mi ambición de ser doc-tora.

Mi novio tiene veinte y dos años y quiere hacerse catedrático. Necesita terminar sus estudios de doctorado, los cuales le tomarán otros tres años.

Hace cuatro años que nos conocemos y quisiéramos casarnos, pero ni él ni yo podemos interrumpir nuestros estudios para salir a ganar el dinero que necesitaríamos. ¿Qué debemos hacer?

Confusa

C. ¿Cuál es su opinión?

1. Muchas personas no piensan casarse nunca porque...
2. Antes de casarme, yo quisiera...
3. Antes de casarse, es muy importante...
4. Para mí el hombre / la mujer ideal tendría que...
5. Si mi consorte saliera con otro/a, yo lo/la...
6. Para el hombre / la mujer, las ventajas de vivir juntos sin casarse son...
7. Para el hombre / la mujer, las desventajas de vivir juntos sin ca-sarse son...

Pequeñas escenas

A. Uno de los estudiantes hace el papel de confidente y le da a otro consejos sobre el problema de amor que tenga.

B. Uno de los estudiantes hace el papel de consejero en asuntos ma-trimoniales y trata de resolver el problema de una pareja.

C. Una chica llama a otra para convencerla de que salga con un amigo suyo que la chica no conoce. La joven ya tiene novio y no quiere salir con otros muchachos.

D. Un joven quiere casarse con su novia y les pide permiso a los padres de ella, representados por dos alumnos de la clase.

Composición: temas sugeridos

A. La mejor edad para casarse.

B. El amor platónico: la amistad entre los sexos sin interés sensual. ¿ Es posible ?

C. Alternativas al matrimonio monógamo: la cohabitación, el matrimonio abierto, etc.

D. Los problemas de la mujer divorciada / el hombre divorciado / los hijos de padres divorciados.

E. Los deberes y los derechos del hombre y los de la mujer en el matrimonio moderno.

Las drogas y el alcohol

¿QUÉ HAY EN LA FOTOGRAFÍA?

1. ¿Qué clase de organización es Alcohólicos anónimos?
2. ¿Por qué asisten algunas personas a reuniones de esta organización?
3. ¿Cree Vd. que los miembros de la organización deben ser anónimos? ¿Por qué?
4. ¿Cuándo tienen lugar las reuniones del grupo?
5. ¿Cuáles son algunos de los primeros síntomas del alcoholismo?
6. ¿Qué peligro hay en ser alcohólico?
7. ¿Cómo puede Vd. estar seguro de que nunca le será necesario pertenecer a Alcohólicos anónimos?

VOCABULARIO TEMÁTICO

Los órganos del cuerpo humano

el **apéndice** *appendix*
la **arteria** *artery*
el **cerebro** *brain*
el **corazón** *heart*
la **costilla** *rib*

la **espina** *spine*
el **estómago** *stomach*
la **garganta** *throat*
los **genitales** *genitals*
la **glándula** *gland*

la **glándula endocrina**
endocrine gland
el **hígado** *liver*
el **hueso** *bone*
el **intestino** *intestine*
la **linfa** *lymph*
la **matriz** *womb*
el **músculo** *muscle*

el **nervio** *nerve*
el **pulmón** *lung*
el **riñón** *kidney*
la **sangre** *blood*
la **tripa** *gut, intestine, bowel*
la **vejiga** *bladder*
la **vena** *vein*
la **vesícula biliar** *gall bladder*

———— Ejercicio ————

Complete Vd. las oraciones, consultando el Vocabulario temático cuando sea necesario.

1. La sangre pasa por las _____ antes de volver al corazón.
2. El _____ controla nuestras acciones voluntarias e involuntarias.
3. Los órganos de la digestión son _____ .
4. Los órganos de la reproducción son _____ .
5. Los órganos de la eliminación son _____ .
6. Hay más de doscientos _____ en el esqueleto humano.
7. Las glándulas _____ producen hormonas que regulan muchas funciones del cuerpo humano.
8. Los _____ transmiten mensajes del cerebro a los músculos.
9. El _____ guarda en reserva el azúcar en forma de glucógeno para cuando el cuerpo lo necesite.
10. El aire que respiramos entra en nuestros _____ .

Tema 7

Las drogas y el alcohol

El siguiente ensayo está dedicado a la memoria de Karen, una ex-alumna mía. Cuando yo la conocí, tenía veinte y dos años; era amable, atlética y atractiva, y de su rostro radiaba un espíritu vivaz. Durante el día asistía a las clases en la universidad, y algunas veces por la tarde enseñaba el catecismo a los niños de su iglesia. Le gustaba mucho bailar, y una noche fue a una discoteca con algunas amigas. Se sentaron a tomar un coctel, y después de un rato un muchacho se acercó a Karen para invitarla a bailar. Bailó con él unos breves minutos y de repente se desmayó en la pista de baile. Llamaron a la ambulancia y trataron de resucitarla, pero todos los esfuerzos fueron inútiles. Karen se había muerto. Se supo después que antes de salir aquella noche, ella había tomado un calmante para los nervios que su doctor le había recetado. Se supone que la combinación del alcohol con la medicina pudo haber sido la causa de su fatalidad.

Fue una tragedia que me conmovió profundamente. ¿Quién podría creer que una chica tan decente llegara a ser víctima de las drogas? Sí, digo drogas, porque aunque sean recetas prescritas por un médico, pueden tener un efecto tóxico, sobre todo cuando se toman en combinación con otras sustancias foráneas al sistema humano.

Cuando veo la popularidad de las drogas entre los jóvenes, me pregunto: « ¿Cómo es posible que ellos sean tan irresponsables con su salud? ¿Cómo es que no se dan cuenta del peligro a que se exponen? ¿Y para qué? ¿Es necesario que usen alucinógenos para ver la belleza de la vida? »

Lo incongruo es que hoy en día muchas personas han dejado de fumar como resultado de la publicidad dada acerca de los efectos dañinos del tabaco. ¿Cómo se explica, entonces, que alguien arriesgue contaminar su cuerpo con narcóticos, sedativos o estimulantes químicos? Se presenta a veces como argumento en favor de la legalización de la marijuana el hecho de que no se ha probado que su efecto sea peor que el del alcohol. Tampoco es bueno el alcohol, sobre todo en cantidades excesivas. ¡Cuántos mueren cada año en accidentes causados por conductores borrachos! Y las víctimas no son solamente las que han consumido el licor, sino también las personas inocentes.

¡Que lástima que tantas vidas se pierdan en vano!

———— Vocabulario ————

acercarse a *to approach*
borracho *drunk*
catecismo *catechism, religious instruction in the Christian faith*
conductor m. *driver*
conmover *to affect, to move*
dañino *harmful*
dejar de *to stop, to cease*
desmayarse *to faint*
exponerse a *to expose oneself to*
foráneo *foreign*

pérdida *loss*
pista de baile *dance floor*
prescrito *prescribed*
radiar *to radiate*
rato *little while*
receta *prescription;* **recetar** *to prescribe*
resucitar *to revive*
rostro *face*
vivaz *lively*

———— Preguntas ————

1. ¿Quién era Karen?
2. ¿Qué tipo de muchacha era?
3. ¿Cómo se murió?
4. ¿Qué peligro hay a veces en tomar ciertas medicinas aunque sean recetadas por un médico?
5. ¿Por qué llama el autor « irresponsables » a los que toman drogas?
6. ¿Por qué han dejado de fumar muchas personas?
7. ¿Quiénes son las víctimas inocentes de accidentes automovilísticos?
8. ¿Cree Vd. que se debe legalizar la marijuana? ¿Por qué?
9. ¿Cree Vd. que las drogas o el alcohol puedan ayudar a algunas personas en ciertos casos a sentirse mejor?
10. ¿Ha probado Vd. alguna vez la marijuana u otra droga? ¿Qué o quién le influenció a probarla?

Apuntes escogidos

I. *Simple Tenses of the Subjunctive*

A. The Present Subjunctive

The present subjunctive is used to express an action that may take place now or in the future. The verb in the main clause that necessitates the present subjunctive in the dependent clause will usually be in the present indicative, the future, the present perfect, or the imperative. The present subjunctive may also be used after implied commands in the past.

Será necesario que **vengan** hoy.	*It will be necessary for them to come today.*
Dígale que **compre** un coche nuevo.	*Tell him to buy a new car.*
Su padre le ha rogado que se **quede** en casa.	*His father has begged him to stay home. (His father has begged that he remain at home.)*

—— Ejercicio ——

Cambie las siguientes oraciones según el modelo.

MODELO   Juanita está enferma. (Es posible que)
Es posible que Juanita *esté* enferma.

1. Nosotros comemos bien. (Él quiere que)
2. No sufro mucho. (Me han dado morfina para que)
3. César hace ejercicios. (El doctor recomienda que)
4. El médico tiene razón. (Es probable que)
5. Su padre se siente mejor. (Espero que)
6. La enfermedad es grave. (Dudamos que)
7. Mi hermano sale del hospital. (No estaremos tranquilos hasta que)

B. The Imperfect Subjunctive

When the verb in the main clause is in the *conditional* or in any of the *past tenses*, the imperfect subjunctive is used in the dependent clause to express an action that might take place at the same time as or subsequent to the action in the main clause.

Mis padres querían que me **hiciera** médico.	*My parents wanted me to become a doctor.*
Yo le diría que **tomara** vitaminas.	*I would tell him to take vitamins.*

──────── **Ejercicio** ────────

Cambie las siguientes oraciones según el modelo.

> **MODELO** El médico recomienda que entre en el hospital. (El médico recomendó)
> **El médico recomendó que *entrara* en el hospital.**

1. Mi esposa insiste en que vaya al médico. (Mi esposa insistió)
2. Es importante que nosotros durmamos más. (Era importante)
3. El médico pide que le paguen antes de la consulta. (El médico pidió)
4. Necesitas un médico que sea especialista. (Necesitabas un médico)
5. Su novia quiere que él deje las drogas. (Su novia quería)
6. Es mejor que no fumes. (Sería mejor)
7. Espero que la ambulancia venga pronto. (Esperaba que)

II. *Compound Tenses of the Subjunctive*

The compound tenses of the subjunctive reflect doubt as to whether an action has taken place or had taken place in the past. If you can insert the word "already" in the dependent clause, you know that the verb must be in the present perfect subjunctive or the pluperfect subjunctive.

A. The Present Perfect Subjunctive

The present perfect subjunctive is made up of the present subjunctive of **haber (haya, hayas, haya, hayamos, hayáis, hayan)** plus a past participle: **...que haya hablado, ...que hayas hablado,** etc.

This tense is used to denote uncertain action that may have taken place prior to the time of the action indicated by the verb in the main clause. The present perfect subjunctive is used when the verb in the main clause is in the present tense or the future.

MAIN CLAUSE		DEPENDENT CLAUSE
Es posible	que	ellos hayan comido ya.
It is possible	*that*	*they may have eaten already.*
Esperaremos	hasta que	ellos hayan comido.
We will wait	*until*	*they have eaten.*

———— **Ejercicio** ————

Escriba nuevas oraciones según el modelo.

MODELO   Dudamos que Marta pase el examen. (de ayer)
Dudamos que Marta *haya pasado* el examen de ayer.

1. Es dudoso que ella sepa la verdad. (antes de casarse)
2. Me alegro de que Vds. coman en ese restaurante. (anoche)
3. Esperamos que tus amigos lleguen bien. (la semana pasada)
4. ¿Crees que Juanita pueda ir sola a la farmacia? (cuando tenía ocho años)
5. Es posible que Roberto tome mucho vino. (antes de la cena)
6. No creo que Ana María sea una mujer ligera. (en su juventud)
7. Es lástima que tantos mueran en accidentes. (el año pasado)

B. The Pluperfect Subjunctive

The pluperfect subjunctive is made up of the imperfect subjunctive of **haber (hubiera** or **hubiese,** etc.) plus a past participle: **...que hubiera (hubiese) comido, ...que hubieras (hubieses) comido,** etc.

The pluperfect subjunctive is used when the uncertain action in the dependent clause might have taken place prior to a past action indicated by the verb in the main clause. The pluperfect subjunctive is used when the verb in the main clause is in the preterite, the imperfect, or the conditional.

MAIN CLAUSE		DEPENDENT CLAUSE
Yo dudaba	que	ellos hubieran comido.
I doubted	*that*	*they had eaten.*
¿Quién creería	que	la comida hubiera salido tan sabrosa?
Who would believe	*that*	*the meal would have turned out so tasty?*

———— **Ejercicio** ————

Escriba oraciones nuevas según el modelo.

> **MODELO** No creía que Elisa tomara drogas. (aquella noche)
> **No creía que Elisa *hubiera tomado* drogas aquella noche.**

1. El profesor esperaba que los alumnos comprendieran la lección. (antes del examen)
2. Era dudoso que Juanita supiera el efecto de la píldora. (antes de tomarla)
3. Su madre tenía miedo de que ella hiciera una tontería. (el sábado pasado)
4. Nos alegrábamos de que el hospital impusiera las nuevas restricciones. (desde la muerte de dos pacientes)
5. Los médicos preferían que yo me durmiera. (antes de la operación)
6. Sus amigos estarían preocupados a menos que viniera la ambulancia. (en aquel instante)
7. ¿Quién sabría que ella tuviera problemas emocionales? (cuando era adolescente)

 **Diálogo 7** _____

Una visita al hospital

Pepe está en el hospital. Vds. vienen a visitarlo. Les presento lo que tal vez diría Pepe. ¿Qué clase de preguntas le harían Vds.? ¿Qué contestarían a sus preguntas? Lean Vds. el diálogo completo antes de comenzar.

PEPE ¡Hola! Me alegro mucho de verlos a Vds. ¿Cómo supieron[1] que estaba aquí?

VDS. ...

PEPE Me siento mucho mejor. Yo no sé por que insisten en que me quede aquí. ¿Me veo enfermo?

VDS. ...

PEPE Pues, lo que pasó fue que el sábado pasado al salir del trabajo, unos amigos y yo fuimos a un bar a tomar una cerveza. Había allí unos tipos fumando marijuana. Luego sacaron un polvo blanco y comenzaron a olerlo.[2] Nos invitaron a probarlo. Mis amigos lo tomaron, pero yo no quise.

---

[1]**supieron** In *the* preterite, **saber** *means* found out.   [2]**oler** to smell   [3]**gallina** chicken (*slang for* coward)   [4]**burlarse de** to make fun of   [5]**estar listo para** to be ready to [6]**desmayarse** to faint   [7]**como si yo fuera** as if I were   [8]**a ver** (*short for* Vamos a ver) Let's see.

VDS. ...

PEPE Después de un rato, mis amigos comenzaron a sentirse muy alegres. Se reían de todo. Luego, se pusieron a reírse de mí, llamándome una gallina[3] porque no había probado el polvo. Y Vds. me conocen; yo no permito que nadie se burle de[4] mí.

VDS. ...

PEPE Ya estaba listo para[5] salir de allí, pero uno de mis amigos, para calmarme, me compró otra cerveza. Sin que yo lo supiera, alguien echó un poco del polvo en la cerveza, y eso fue todo. Me desmayé[6] y tuvieron que llevarme al hospital.

VDS. ...

PEPE Perdónenme, ¿qué hora es?

VDS. ...

PEPE Viene pronto la enfermera. Cada cuatro horas, me examinan la sangre y la orina como si yo fuera[7] un drogadicto. ¡Qué molestia!

VDS. ...

PEPE Ah, Vds. me trajeron un regalo. A ver,[8] ¿qué será? (*Después de abrir el paquete*) Oh, ¡qué bonito! Mil gracias. Se lo agradezco mucho. Vds. son muy amables.

VDS. ...

PEPE Y gracias por la visita. Vds. han sido muy atentos.

VDS. ...

—————— Preguntas ——————

1. ¿Por qué cree Pepe que deberían permitirle ir a casa?
2. ¿Adónde fue Pepe el sábado pasado? ¿Quiénes estaban allí? ¿Qué estaban haciendo?
3. ¿Qué sería el polvo blanco que comenzaron a oler?
4. ¿Por qué se burlaron de Pepe sus amigos?
5. ¿Cómo llegó Pepe a tomar el polvo?
6. En su opinión, ¿cómo hubiera podido Pepe evitar lo que le pasó?
7. ¿Ha tenido Vd. una experiencia parecida en la cual algunos amigos insistieron en que Vd. probara una droga? Hable Vd. de su experiencia.

Pequeñas escenas

A. Uno de sus amigos es un drogadicto. Vd. trata de convencerle de que deje las drogas. Él o ella insiste en que no le hacen ningún daño.

B. Vd. es consejero/a en una clínica para drogadictos. Un paciente sinceramente desea dejar las drogas, pero no puede. ¿Qué consejo le da? ¿Qué diría él?

C. Vd. es voluntario en los servicios telefónicos para emergencias relacionadas a las drogas (*a hotline*). Alguien que ha tomado una dosis muy alta de una droga y se siente muy enfermo/a le llama. No sabe qué hacer, y necesita ayuda inmediata. Vd. trata de calmarle y de aconsejarle a pesar de su estado incoherente.

D. Vd. está en una fiesta y sus amigos le piden que pruebe una droga, pero Vd. la rehusa.

E. Existe una emergencia médica. Un alumno llama al médico, o al hospital, o a la policía para conseguir ayuda. Tendrá que explicar el problema, los síntomas del enfermo, etc. El alumno que contesta el teléfono tratará de conseguir la información necesaria y también de calmar al que llama.

F. Un alumno hace el papel de un enfermo y otro el del doctor o de la enfermera. El médico hará preguntas sobre los síntomas y el régimen del enfermo para determinar la enfermedad y su causa.

Composición: temas sugeridos

A. ¿Debe prohibirse el fumar en sitios públicos? Dé sus razones.

B. Explique Vd. por qué se dice que las drogas son más peligrosas que el alcohol para la salud.

C. La vitamina C y el resfriado común.

D. Examine algunos métodos naturales de curar enfermedades sin el uso de antibióticos o de procedimientos quirúrgicos (*surgical*).

E. ¿Debe prolongarse la vida de los pacientes incurables? ¿Por qué?

8

Ejercicios y deportes

¿QUÉ HAY EN LA FOTOGRAFÍA?

1. ¿A qué deporte está jugando el muchacho en el centro de la fotografía?
2. ¿Qué están haciendo el muchacho y la muchacha detrás de él?
3. ¿Cuántos años tendrá el joven?
4. ¿Dónde vivirá?
5. ¿En qué estación del año habrán sacado esta fotografía?
6. ¿Hay parques en la vecindad de Vd. donde puede jugar a los deportes? ¿Qué deportes se juegan en la vecindad suya?
7. ¿Le gusta a Vd. jugar al vólibol? ¿Dónde? ¿Con quiénes? Hable de la última vez que Vd. participó en un partido de vólibol.

VOCABULARIO TEMÁTICO

Los deportes y ejercicios

el **aerobismo** *aerobics*
el **alpinismo** *mountain climbing*
el **baloncesto** *basketball*

el **básquetbol** *basketball*
la **ballestería** (el **tiro de flechas**) *archery*

el **béisbol** *baseball*
los **bolos** *bowling*; **jugar a los
bolos** *to bowl*
el **boxeo** *boxing*; **boxear** *to box*
el **campeonato** *championship*
la **carrera** *race*; **competir en
una carrera** *to race*
la **caza** *hunt*; **cazar** *to hunt*
el **ciclismo** *bicycling*; la
bicicleta *bicycle*
la **competencia** *competition*
correr *to run*
la **equitación** *horsemanship*;
riding; **montar a caballo** *to
ride a horse*
la **esgrima** *fencing*; **esgrimir** *to
fence*
el **esquí acuático** *water skiing*;
esquiar *to ski*
el **fútbol** *soccer*; **fútbol
americano** *football*
la **gimnasia** *gymnastics*
el **juego de pelota** *handball*
levantar pesas *to lift weights*

la **lucha libre** *wrestling* (free
style)
la **natación** *swimming*; **nadar** *to
swim*
el **partido** *game, match*
el **patinaje** *skating*; **patinar** *to
skate*; **patinar sobre hielo** *to
ice skate*
la **pesca** *fishing*; **pescar** *to fish*
el **remo** *rowing*; **remar** *to row*
el **salto** *jump*; **saltar** *to jump*;
salto de altura *high jump*;
salto mortal (tumbo)
somersault; **salto con
pértiga** *pole vault*
la **serie mundial** World Series
el **tenis** *tennis*; **jugar al
tenis** *to play tennis*
el **torneo** *tournament*
el **vólibol** *volleyball*
el **yoga** *yoga*
la **zambullida** *diving*;
**zambullirse (saltar al
agua)** *to dive*

Preguntas

1. De los deportes arriba mencionados, ¿cuáles son los individuales
   y cuáles son los juegos de competición?
2. ¿En qué deportes se usa la pelota?
3. ¿Qué deportes son de verano y cuáles de invierno?
4. ¿Qué deporte exige más fuerza física? ¿agilidad? ¿gracia?
   ¿destreza? ¿rapidez?
5. ¿Cuáles son los deportes que no se incluyen en los juegos
   olímpicos?
6. Mencione Vd. algunos atletas famosos—mujeres igual que
   hombres—y los deportes en que han ganado fama.
7. ¿En qué deportes hay mucha violencia? ¿Cuáles son los más pe-
   ligrosos aunque no sean violentos?
8. ¿En qué deportes participa Vd.? ¿Qué deportes le gusta a Vd.
   mirar en la televisión?
9. ¿Es Vd. aficionado a algún equipo de béisbol o de otro deporte?
   ¿Cómo se informa Vd. de los resultados de sus partidos?

Tema 8

Ejercicios y deportes

Decían los antiguos romanos: « *Mens sana in corpore sano* » (Mente sana en cuerpo sano), para mostrar que la salud depende de la armonía entre el alma y el cuerpo. Los médicos y los psicólogos modernos han comprobado la veracidad de este dicho clásico porque han visto muchas enfermedades psicosomáticas que tienen efectos físicos, y también problemas psicológicos que han resultado de defectos orgánicos o de insuficiencias bioquímicas.

En las academias de la Grecia antigua, se enseñaba la gimnasia y otros deportes. En los juegos olímpicos, los cuales tenían carácter semi-religioso, los atletas competían en el « pentatlón », el conjunto de las cinco pruebas clásicas: carrera, salto, lucha libre, lanzamiento del disco y de la jabalina. Los antiguos hebreos consideraban la natación tan importante que se menciona en el libro sagrado del Talmud como una de las tres cosas que los padres deben enseñar a sus hijos; las otras dos son la religión y un oficio.

Se refleja en los deportes de las olimpíadas griegas el carácter militar de los ejercicios y su valor en la preparación de los jóvenes para la guerra. La caza también tenía su semejanza con las maniobras de un ejército. Salía un grupo, algunos montados a caballo y otros a pie, como si fuera para una batalla, llevando lanzas, arcos, y redes para atrapar y matar animales. A veces tenían que seguirlos por muchos días a través de bosques y montañas. Así aprendían no sólo la destreza con las armas, sino también la disciplina y la importancia de colaborar con otros para lograr los fines del grupo.

Hoy día vemos a muchos ex-atletas que han triunfado en la política o en el comercio. La experiencia adquirida jugando para un equipo de fútbol o de béisbol les ha servido bien para las actividades que exigen una actitud cooperativa.

Existe una diferencia entre los deportes y los juegos. Generalmente, la meta de un juego es ganar, vencer al adversario. En los deportes más individuales, el participante compite contra sí mismo para mejorarse de alguna manera. Hoy día está en boga el correr larguísimas distancias, y no es raro encontrar a corredores por ciertas calles y parques de la ciudad. Algunos ejercicios ayudan a desarrollar la fuerza muscular, la resistencia, y la agilidad. Otros, que se practican al compás de la música, pueden ser considerados como si fueran una forma de expresión artística. El baile es el mejor ejemplo, pero la gimnasia y el patinaje son otras actividades que requieren flexibilidad y gracia.

Los médicos recomiendan, a veces, ciertos ejercicios para corregir alguna condición del cuerpo. Es cierto que para sentirse bien, el individuo necesita la actividad tanto como el descanso. Aun si no hubiera otras razones, la participación en un deporte o cualquier forma de ejercicio haría la vida más agradable.

———— Vocabulario ————

ambos *both*
aproximarse a *to come close; to approximate*
arco *bow*
atrapar *to trap, to catch*
boga *vogue, fashion*
caza *hunt;* **cazar** *to hunt*
competir *to compete*
comprobar *to verify; to prove*
desarrollar *to develop*
destreza *skill, dexterity*
dicho *saying*
equipo *team*
exigir *to demand; to require*

fin m. *end; aim, purpose*
fuerza *strength*
ganar *to win; to earn*
guerra *war*
lograr *to achieve, to attain*
lucha libre *wrestling*
maniobra *maneuver*
matar *to kill*
mejorarse *to improve oneself*
meta *aim, goal*
red f. *net*
semejanza *similarity*
vencer *to conquer; to overcome*

———— Preguntas ————

1. Cuando los antiguos romanos decían: « *Mens sana in corpore sano* », ¿a qué se referían?
2. ¿En qué país se originaron los juegos olímpicos? ¿Qué carácter tenían?
3. ¿Cuáles son las tres cosas que los padres deben enseñar a los hijos, según el Talmud?
4. ¿Qué semejanza había entre la caza y una campaña militar?
5. ¿A qué se atribuye el éxito de algunos ex-atletas en la política o en el mundo comercial?
6. ¿Cuál es una de las diferencias entre los juegos y algunos deportes?
7. ¿Por qué recomiendan los médicos que uno haga ejercicios?
8. ¿En qué deportes se interesa Vd.? ¿Participa Vd. en estos deportes?

9. ¿ Hace Vd. ejercicios todos los días ? ¿ Por qué no ?, si la respuesta es negativa. Si es afirmativa, ¿ qué clase de ejercicios hace Vd. ?
10. ¿ Qué deportes mira Vd. en la televisión ? ¿ Es Vd. aficionado de algún equipo ? ¿ Cuál ?

Apuntes escogidos

I. *Sequence of Tenses*

To summarize the uses of the four tenses of the subjunctive, the following formula is given. Bear in mind that the selection of the proper tense of the subjunctive depends on **(a)** the tense of the verb in the main clause, and **(b)** whether or not the action in the dependent clause may have taken place prior to the action in the main clause.

A. Primary Sequence

MAIN CLAUSE	DEPENDENT CLAUSE
Present Indicative, Future, Command, or Present Perfect Indicative	1. *Present Subjunctive* (for actions that may take place after or at the same time as the verb in the main clause)
	or
	2. *Present Perfect Subjunctive* (for actions that may have taken place prior to the action in the main clause)

1. Espero	que	Carmen **venga** al partido.
I *hope*	*that*	*Carmen **will come** to the game.*
2. Espero	que	Carmen **haya venido** al partido.
I *hope*	*that*	*Carmen **has come** (or **came**) to the game.*

B. Secondary Sequence

MAIN CLAUSE	DEPENDENT CLAUSE
Past Indicative (Preterite, Imperfect, or Pluperfect) or Conditional	1. *Imperfect Subjunctive* (for actions that may take place after or at the same time as the verb in the main clause)
	or
	2. *Pluperfect Subjunctive* (for actions that may have taken place prior to the action in the main clause)

1. Esperaba	que	Carmen **viniera** al partido.
I was hoping	*that*	*Carmen **would come** to the game.*
2. Esperaba	que	Carmen **hubiera venido** al partido.
I was hoping	*that*	*Carmen **had come** to the game.*

NOTE: There is a growing tendency among speakers of Spanish to use the tenses of the subjunctive as absolute indications of time. The above formula, however, remains an accurate guide to the student of Spanish.

EXAMPLE: *We told him to come today.*

Le dijimos que **venga** hoy. (As it *may be expressed by some speakers.*)

Le dijimos que **viniera** hoy. (As it *would be expressed according to the formula for the sequence of tenses.*)

——— Ejercicios ———

a. *Ponga Vd. en el espacio en blanco el tiempo apropiado del subjuntivo del verbo entre paréntesis.*

1. Esperamos que nuestro equipo (ganar)_____ el campeonato este año.

2. Esperamos que nuestro equipo (ganar) _____ el partido que se jugó anoche.
3. Esperaba que nuestro equipo (ganar) _____ para celebrar la victoria con mis amigos.
4. Esperaba que nuestro equipo (ganar) _____ el partido que no pude ver el domingo pasado.
5. Le habíamos pagado diez dólares al ujier para que nos (dar) _____ buenos asientos.
6. Dígale a Juanita que (dormir) _____ bien antes de la carrera.
7. El entrenador no nos permitiría competir a menos que (saber) _____ el salto de altura.
8. El entrenador no nos permitía competir hasta que (aprender) _____ el salto de altura.
9. Mi doctor me ha dicho que (ir) _____ al gimnasio.
10. Mi novia no volverá a verme hasta que yo (perder) _____ diez libras.

b. *Termine Vd. la frase.*

1. Me han dicho que...
2. Nos habían aconsejado que...
3. Espero que...
4. Esperábamos que...
5. Yo quiero que...
6. Preferíamos que...
7. Me había alegrado de que...
8. Mis padres han insistido en que...
9. Mi madre trabajará para que...
10. Dile a tu amigo que...

II. **Como si—***as if*

The expression **como si** implies a state or condition that is unreal or contrary to fact. If the condition is contrary to fact in the present, or was contrary to fact at the same time as a past action in the main clause, **como si** is followed by the imperfect subjunctive. If **como si** presents a condition that had been contrary to fact prior to the action in the main clause, the pluperfect subjunctive is used.

Los cazadores **salen como si fueran** a una batalla.	The *hunters* **go out as if they were** *going* to a battle.
Los cazadores **salían como si fueran** a una batalla.	The *hunters* **used to go out as if they were going** to a battle.
Volvieron triunfantes **como si hubieran ganado** una batalla.	***They returned*** triumphant **as if they had won** a battle.

——— Ejercicios ———

a. *Combine Vd. las oraciones empleando la expresión* como si *según el modelo.*

> **MODELO** Se dedican a los deportes. Es su religión.
> **Se dedican a los deportes como si fuera su religión.**

1. Juan tiene músculos. Levanta pesas todo el día.
2. Los hombres y las mujeres corren largas distancias. No hay diferencia entre los sexos.
3. Carlos y Raquel juegan al tenis. No tienen otra preocupación.
4. Felipe va al gimnasio todos los días. Su vida depende de los ejercicios.

b. *Cambie Vd. las oraciones siguientes para indicar una situación contraria a la realidad.*

> **MODELO** Se sienten tan felices porque han ganado el juego.
> **Se sienten tan felices como si hubieran ganado el juego.**

1. Está tan contento porque le han dado la medalla de oro.
2. Ella sabe nadar porque ha vivido toda su vida cerca del mar.
3. Ellos lucharon porque habían sido enemigos.
4. Nosotros estamos cansados porque hicimos muchos ejercicios.

III. *If-clauses*

Conditional sentences, i.e., those that contain an *if*-clause and a *result* clause, can be classified into statements involving **(a)** possibility, **(b)** habitual action, and **(c)** conditions contrary to fact.

a. Possibility

CONDITION (Present)	RESULT (Future)
Si Pepe hace ejercicios,	se sentirá mejor.
If Pepe does exercises,	*he will feel better.*

NOTE: The result clause may come before the clause stating the condition. The tenses used in either case are the ones illustrated above.

RESULT (Future)	CONDITION (Present)
Pepe se sentirá mejor	si hace ejercicios.
Pepe will feel better	*if he does exercises.*

b. Habitual Action

1. CONDITION (Present)	RESULT (Present)
Si (cuando) Pepe hace ejercicios,	se siente mejor.
If (when) Pepe does exercises,	*he feels better.*
2. CONDITION (Past)	RESULT (Past)
Si (cuando) Pepe hacía ejercicios,	se sentía mejor.
If (when) Pepe used to do exercises,	*he used to feel better.*

c. Conditions Contrary to Fact

1. CONDITION (Present or unlikely Future)	RESULT (Present or unlikely Future)
Si Pepe hiciera (hiciese) ejercicios,	se sentiría mejor.
If Pepe would do exercises,	*he would feel better.*
2. CONDITION (Past)	RESULT (Past)
Si Pepe hubiera (hubiese) hecho ejercicios,	se habría (hubiera) sentido mejor.
If Pepe had done exercises,	*he would have felt better.*
3. CONDITION (Past)	RESULT (Present)
Si Pepe hubiera (hubiese) hecho ejercicios,	se sentiría mejor ahora.
If Pepe had done exercises,	*he would feel better now.*

——— Ejercicios ———

a. *Cambie Vd. las oraciones siguientes a situaciones contrarias a la realidad.*

MODELO   Si vienen tus amigos, iremos al juego.
Si vinieran tus amigos, iríamos al juego.

1. Si estoy cansado, me acuesto temprano.
2. Si tengo tiempo, hago ejercicios.
3. Si Juan sabe nadar, no tendrá miedo del agua.
4. Si hay un buen partido de fútbol en la televisión, nos quedaremos en casa para mirarlo.

b. *Conteste Vd. las siguientes preguntas.*

1. ¿En qué equipo de la universidad participaría Vd. si pudiera?
2. ¿Qué haría Vd. si tuviera más tiempo libre?
3. ¿A dónde le gustaría a Vd. ir si fuera posible?
4. ¿En qué cursos recibiría Vd. mejores notas si estudiara más?
5. ¿Qué habría hecho si no hubiera podido entrar en esta universidad?
6. ¿Cómo se sentiría Vd. si le hubieran rechazado de un equipo? ¿si su novio o novia le hubiera rechazado?
7. Si encontrara una botella mágica y saliera un genio que le otorgara (*grant*) tres de sus deseos más íntimos, ¿cuáles serían? ¿Qué le hubiera pedido hace un año?

 # *Diálogo* 8

No te preocupes por mí. Yo soy hombre.

ANA   (*Suena el teléfono*) ¡ Hola, Pepe ! ¿ Cómo estás ?

PEPE Me siento de veras muy bien. He empezado a hacer ejercicios como me recomendaron los médicos, y me encuentro mejor que nunca.

ANA   Me alegro mucho. ¿ Quieres ir a jugar al tenis conmigo este domingo ?

PEPE Me gustaría, pero tengo una cita con Roberto para ir a correr en el parque.

ANA   Podemos ir los tres juntos. No te lo había dicho antes, pero desde que decidí tratar de perder peso, yo corro todas la mañanas.

PEPE   Excelente idea. Dicen que el correr es una buena forma de ejercicio. Pero debes saber que nosotros vamos a correr por lo menos cinco kilómetros.[1]

ANA   Yo ya estoy acostumbrada a correr esa distancia, pero tengo miedo por ti. Tú acabas de salir del hospital y no tienes mucha resistencia.

PEPE   No te preocupes por mí. Yo soy hombre.

ANA   No seas tonto. No hay ninguna diferencia entre el hombre y la mujer en cuanto a deportes como el correr y la natación.

PEPE   No me digas que tú crees que la mujer es tan fuerte como el hombre. Esas ideas emancipadoras de las feministas lo están trastornando[2] todo.

ANA   No, yo no digo eso. Los hombres tal vez pueden levantar más peso, y desde la infancia la sociedad les enseña a ser más agresivos, y por consiguiente[3] están más acostumbrados a deportes de contacto físico como el fútbol y el baloncesto, y las artes marciales como el boxeo y la lucha libre. Lo que mantengo es que el hombre no es superior a la mujer en cuanto a su capacidad física. Fíjate en la agilidad de las mujeres gimnastas, y dime, ¿cuántos hombres tendrían el valor de intentar[4] los saltos que ellas hacen?

PEPE   Estás hablando de mujeres excepcionales que han recibido entrenamiento especial, pero la mujer ordinaria no es así.

ANA   Y ¿no hay hombres ordinarios?

PEPE   Sí, los hay, pero todavía son más atléticos que las mujeres.

ANA   Eso es porque la sociedad, y sobre todo la sociedad hispana, que ha puesto mucho valor en el machismo del hombre, ha predicado que la mujer debe ser sumisa, un objeto sexual, o una muñeca.[5]

PEPE   Volvemos otra vez a la misma cuestión. ¡Qué mujer!

———— Preguntas ————

1. ¿Qué le han recomendado a Pepe los médicos?
2. ¿Por qué dice Pepe que no podrá ir a jugar al tenis con Ana?
3. ¿Por qué ha empezado Ana a correr largas distancias todas las mañanas?
4. ¿Por qué no debe Pepe esforzarse demasiado?

---

[1]**un kilómetro** = .621 **millas**   [2]**trastornar** to upset; to turn upside down   [3]**por consiguiente** consequently, therefore   [4]**intentar** to attempt   [5]**muñeca** doll

5. ¿Cómo se manifiesta el machismo de Pepe?
6. ¿Qué actitudes de la sociedad han contribuido a la agresividad del hombre?

Pequeñas escenas

A. (Entre una pareja.) Los dos hacen planes para el sábado o el domingo. Prefieren hacer una forma de ejercicio o participar en un deporte, pero no están decididos y discuten lo que deben hacer.

B. Un muchacho o una muchacha quiere perder peso. Su compañero/a le recomienda ciertos ejercicios para adelgazar el estómago, las caderas, los muslos, etc. y le da una pequeña demostración de ellos.

C. Un estudiante se ha lastimado haciendo ejercicios o participando en algún deporte. Les explica a los demás cómo recibió la herida y qué le dicen que haga para curarse.

D. Un muchacho se siente inferior a los demás porque no es muscular ni atlético. Quiere comenzar un programa de ejercicios para hacerse más fuerte. Otros le hacen recomendaciones. Primero tratan de determinar cuáles son sus capacidades e intereses.

Composición: temas sugeridos

A. ¿Deben ser los cursos de educación física un requisito universitario? ¿Por qué?

B. ¿Deben las universidades dar menos importancia a los equipos de fútbol y de baloncesto? Dé sus razones.

C. ¿Debe el gobierno subvencionar (*subsidize*) a los atletas y los equipos olímpicos?

D. ¿Son merecidos los altos salarios que se les pagan a los atletas profesionales?

E. ¿Deben prohibirse algunos deportes violentos como el boxeo o la corrida de toros?

Intereses y pasatiempos

¿QUÉ HAY EN LA FOTOGRAFÍA?

1. ¿A qué juego están jugando los señores sentados alrededor de la mesa?
2. ¿Cuántos señores están jugando y cuántos están mirando el juego?
3. ¿Son todos los señores de la misma edad? ¿de la misma clase social? ¿Qué indicaciones hay de que no lo son?
4. ¿Qué juego sería de igual popularidad entre norteamericanos?
5. ¿Por qué están jugando en la sombra (*shade*)? ¿Cuánto tiempo más o menos toma un partido de dominó?
6. ¿Ha jugado Vd. alguna vez al dominó? ¿Es un juego difícil? ¿Es un juego de azar (*chance*) o de destreza (*skill*)? ¿Cómo se juega el dominó?
7. ¿Le parece a Vd. agradable esta escena? ¿Por qué?

VOCABULARIO TEMÁTICO

A. ACTIVIDADES SOLITARIAS (SOLITARY ACTIVITIES)

artes y oficios *arts and crafts* (*see Chapter 5*)

completar crucigramas *to do crossword puzzles*

corresponder (con amigos) *to write (to friends)*

dar una vuelta *to take a walk*

dibujar *to draw, sketch*

escribir *to write*
escuchar música *to listen to music*
esculpir *to sculpt*
estudiar *to study*
mirar las estrellas *to gaze at the stars*

observar los pájaros *to watch birds (birdwatching)*
resolver rompecabezas *to solve puzzles*
tocar un instrumento *to play an instrument*

B. ANIMALES DOMÉSTICOS (PETS)

el **canario** *canary*
el **gato** *cat*
el **mono** *monkey*

el **papagayo** *parrot*
el **perico** *parakeet*
el **perro** *dog*

C. JUEGOS (GAMES)

las **adivinanzas** *guessing games; riddles*
el **ajedrez** *chess*
el **chaquete** *backgammon*
los **dados** *dice*

las **damas** *checkers*
el **dominó** *dominoes*
el **monopolio** *monopoly*
los **naipes** *cards*

D. SITIOS A DONDE IR (PLACES TO GO)

el **baile** *dance*
el **cine** *movie theater; the movies*
el **concierto** *concert*
la **conferencia** *lecture*
la **exposición (de arte)** *(art) exhibition*
el **hipódromo** *racetrack*
el **jardín botánico** *botanical garden*

el **(jardín) zoológico** *zoo*
el **museo** *museum*
el **parque** *park*
el **partido (de algún deporte)** *game (of some sport)*
la **playa** *beach*
el **teatro** *theater*

E. TAREAS (CHORES)

barrer *to sweep*
bruñir (dar lustre) *to polish*
construir *to build*

coser *to sew*
limpiar *to clean*
reparar *to repair*

F. PRESTAR SERVICIO VOLUNTARIO A (VOLUNTEER SERVICE TO)

un **club** *a club*
un **hospital** *a hospital*
una **organización** *an organization*
  benéfica *beneficent*
  de caridad *charity*
  política *political*
  religiosa *religious*
  vecinal *neighborhood*

—— **Preguntas** ——

1. ¿Cuáles son algunos de sus intereses favoritos? ¿A qué organiza-
ciones pertenece Vd.? ¿Con quiénes comparte (*share*) Vd. sus
intereses?
2. ¿Es Vd. un buen jugador de ajedrez? ¿de chaquete? ¿Con qué
frecuencia juega Vd.? ¿Dónde juega Vd.?
3. ¿Adónde va Vd. a menudo? ¿Qué animales le gusta ver en el jardín zoológico? ¿Ha ido Vd. jamás a un hipódromo?
4. ¿Sirve Vd. como voluntario en alguna organización? ¿Cuál es?
¿Qué le ha motivado a participar en ella?
5. ¿Qué tareas le distraen a Vd. y le dan satisfacción? ¿Cuáles son
las más tediosas?
6. ¿Qué hace Vd. cuando está solo? ¿Tiene Vd. dificultad a veces en
decidir qué hacer? ¿Por qué?
7. Tiene Vd. ambiciones de participar profesionalmente en alguno de
los intereses mencionados? ¿Ha ganado Vd. dinero como resultado de la experiencia que ha tenido cultivando algún interés?
Cuente a la clase cómo.
8. Mencione Vd. algunos intereses que no figuran en la lista.

Tema 9

Intereses y pasatiempos

Una de las lecciones más importantes de la vida es aprender cómo disfrutar de su tiempo libre. Las noches pueden ser muy largas, especialmente cuando uno vive solo. Los que no tienen intereses que los mantengan ocupados se sienten perdidos.

¿Qué hacen muchas personas cuando no tienen nada que hacer? Algunos van a los bares y se reúnen allí noche tras noche. Puede ser muy agradable, de vez en cuando, el tomar una copa con los amigos, pero el empinar el codo regularmente no es la mejor forma de hacer ejercicios.

Desde su invención, el televisor ha captado la atención de todo el mundo, y ahora, con la adaptación de la grabadora de video, ha adquirido más popularidad que nunca como forma de diversión. Pero uno puede llegar a ser adicto a la televisión. Tal vez las madres fueron las primeras en notar su efecto narcótico. Mientras está puesto el tubo televisor, los niños comen cualquier cosa que se les dé, y no corren por toda la casa rompiendo los muebles y demás cosas.

Algunos encuentran gran placer en escuchar música. No cabe duda que la música tiene sus encantos. Fíjense Vds. en algunos individuos que llevan auriculares para escucharla dondequiera que estén. ¡Qué expresión más ensimismada tienen en la cara! Lo más gracioso es verlos mover el cuerpo al ritmo de una música que no se oye.

Espero que me perdonen la ligereza de mis comentarios. No es mi intención burlarme de la gente. Por supuesto, es de gran valor escuchar la música o mirar la televisión. Todos necesitamos descansar y recibir sensaciones de lo que existe fuera de nosotros. Pero las actividades que dan más satisfacción son las que conducen al desarrollo de nuestras facultades físicas y mentales. El estudiar un instrumento, por ejemplo, aunque uno nunca llegue a tocarlo bien, estimula al cuerpo y al alma. Muchos grandes artistas en su juventud fueron niños solitarios que aprendieron a dibujar para divertirse. Vale la pena saber utilizar el tiempo libre.

Vocabulario

auricular m. *earphone*
captar *to capture*
codo *elbow*

conducir *to lead; to drive*
cualquier cosa *anything*
demás *other*

desarrollo *development*
dibujar *to draw, to sketch*
disfrutar (de) *to enjoy*
divertirse *to amuse oneself*
dondequiera *wherever*
empinar *to raise;* **empinar el
codo** *to bend the elbow, to drink
alcoholic beverages*
encanto *charm*

ensimismado *self-absorbed*
(derived from **en sí mismo**)
fuera (de) *outside (of)*
gozar (de) *to enjoy*
grabadora *recorder*
ligereza *lightness; levity*
reunirse (con) *to meet (with)*
sedante *sedative, soothing*
utilizar *to use*

Preguntas

1. ¿Qué es muy necesario aprender en la vida?
2. ¿Cómo se sienten los que no saben qué hacer durante sus ratos de ocio (*spare time*)?
3. ¿Adónde van muchas personas todas las noches?
4. ¿Qué efecto puede tener la televisión?
5. ¿Cómo reaccionan los niños cuando está puesta la televisión?
6. ¿Cómo parecen algunas personas que llevan auriculares para escuchar música?
7. ¿Por qué nos sentimos atraídos a mirar la televisión o a escuchar música de vez en cuando?
8. ¿Qué nos daría más satisfacción, una actividad activa o pasiva?
9. ¿Cuántas horas por semana mira Vd. la televisión? ¿Qué tipo de programas prefiere Vd.?
10. ¿Tiene Vd. otros pasatiempos más activos? ¿Cuáles son? ¿Cuándo se dedica Vd. a estos intereses?

Apuntes escogidos

I. Comparisons of Inequality

A. Comparatives and Superlatives

Comparatives, such as *more than* or *less than* (**más que** or **menos que**), have the function of comparing two persons or things. The superlative, on the other hand, singles one out of a group or a group out of a larger group with regard to a certain quality. Note the examples below.

POSITIVE DEGREE (a statement of description)

La novela es **romántica**.	*The novel is **romantic**.*

COMPARATIVE DEGREE (a comparison between two)

La novela es **más romántica que** la película.	*The novel is **more romantic than** the film.*

SUPERLATIVE DEGREE (singling one out of a group)

Esta novela es **la más romántica de las (novelas) que** tuvimos que leer.	*This novel is **the most romantic of** those (novels) that we had to read.*

or

Ésta es la novela **más romántica** de todas.	*This is the **most romantic** novel of all.*

Note that the definite article is needed to form the superlative because we are talking about *the most of* whatever quality it is we have in mind. Note, also, the word order in the last example. If the noun is mentioned, it appears before **más**.

B. The Absolute Superlative

The suffix **-ísimo,** when attached to adjectives or adverbs, signifies the absolute degree of a particular quality. It is not used to distinguish one person or thing out of a group as the superlative normally does. It can be translated into English by *most* or *very.*

Don Quijote es una novela **importantísima**.	Don Quijote *is a **very, very important** novel.*
	or
	Don Quijote *is a **most important** novel.*

——— Ejercicios ———

a. *Haga Vd. oraciones nuevas según los modelos.*

MODELO   Esta película es interesante.

Esta película es más interesante que la otra.
Esta película es la más interesante de todas.
Esta película es interesantísima.

1. Esta actriz es simpática.
2. Este cine es elegante.
3. Estas canciones son lindas.

4. Estos actores son guapos.
5. Esta directora es inteligente.

b. *Conteste Vd. las siguientes preguntas.*

1. ¿Quién es el mejor actor del cine hoy en día? ¿Quién es el más guapo? ¿Quién es el más varonil (*manly*)? ¿Quién es el más romántico?
2. ¿Quién es la mejor actriz de Hollywood? ¿Quién es la más linda? ¿Quién es la más famosa? ¿Quién es la más seductiva?
3. ¿Qué película que Vd. ha visto recientemente le ha gustado más que otras?
4. ¿Qué obra que Vd. ha leído recientemente le ha conmovido más que otras?
5. ¿Qué curso le interesa más que otros?

c. *Conteste Vd. las siguientes preguntas siguiendo el modelo.*

MODELO ¿Es grande el estado de Texas?
Sí, es grandísimo.

1. ¿Son altos los Andes?
2. ¿Es largo el río Amazonas?
3. ¿Es Venezuela rica en petróleo?
4. ¿Hay muchos habitantes hispanos en los Estados Unidos?
5. ¿Es bueno su profesor de español?

II. *Comparisons of Equality: as . . . as*

When comparing qualities or quantities that are equal, the construction in Spanish is as follows:

tan + adjective + **como**
tanto/a + singular noun + **como**
tantos/as + plural noun + **como**

Las películas argentinas son **tan buenas como** las mexicanas.	*Argentine films are **as good as** Mexican films.*
En las películas románticas hay a veces **tanta acción como** en las que tratan de guerra.	*In romantic films there is at times **as much action as** in those that deal with war.*
Nadie va al cine **tantas veces** a la semana **como** mi amigo Enrique.	*No one goes to the movies **as many times** a week **as** my friend Henry.*

——— Ejercicios ———

Haga oraciones nuevas según los modelos.

a. MODELO Lola Martínez es guapa. Marisa López es guapa.
Lola es tan guapa como Marisa.

1. Los directores jóvenes son geniales. Los viejos eran geniales.
2. Las artistas son muy capaces. Los actores también son capaces.
3. La música norteamericana es rítmica. La música latina es rítmica.

b. MODELO Roberto gana mucho dinero. Ricardo gana mucho dinero.
Roberto gana tanto dinero como Ricardo.

1. Hay mucho ruido en esta sala. También hay mucho ruido en la otra sala.
2. Tengo interés en ver la película. Tú tienes interés en ver la película.
3. Se oye mucha música en la radio. Se oye mucha música en la televisión.

c. MODELO Esta película recibió tres estrellas en los periódicos. La otra película también recibió tres estrellas.
Esta película recibió tantas estrellas como la otra en los periódicos.

1. Esta película ganó tres premios. La otra también ganó tres premios.
2. Lola tiene tres automóviles. Marisa tiene tres automóviles también.
3. José toca tres instrumentos musicales. Belinda también toca tres instrumentos.

III. *More about* tal, tan, *and* tanto

Tal is an adjective used before a noun to express *such a*; the plural **tales** is translated by *such.*

Tal cosa es imposible.	*Such a thing is impossible.*
No se deben leer **tales** novelas.	*One shouldn't read **such** novels.*

Tan is an adverb meaning *so.* When used to intensify an adjective, it can also be translated by *such a.*

Ese muchacho es **tan** sensible.	*That boy is **so** sensitive.*
Es un muchacho **tan** sensible.	*He is **such a** sensitive boy.*

Tanto (*so much*); **tantos** (*so many*).

El producto nos da **tanto** trabajo.	*The producer gives us **so much** work.*
No puedo leer **tantos** libros.	*I can't read **so many** books.*

———— Ejercicio ————

Complete Vd. las oraciones empleando la forma apropiada de **tal, tales, tan, tanto** *o* **tantos.**

1. Hay mucha violencia en las películas modernas. No me gustan _____ películas.
2. El sábado fuimos al cine y anoche también. Prefiero no ir _____ veces a la semana.
3. Me interesó _____ la película que decidí verla por segunda vez.
4. Las obras del nuevo director son _____ eróticas que se han prohibido en algunas ciudades.
5. Hay algunos artistas _____ simpáticos que todo el mundo se enamora de ellos.

6. Había _____ gente en el cine que decidimos no entrar.
7. No quisimos esperar _____ para ver la película.
8. Yo no pagaría _____ precio por una entrada.
9. _____ personas compraron entradas de antemano (*in advance*) que no quedaba ninguna.
10. Yo creía que habría _____ asientos libres que no compré entrada de antemano.

IV. Nada, nadie, *and* nunca *after Comparatives and the Preposition* sin

In Spanish, the negatives **nada**, **nadie**, and **nunca** are used after comparatives to express the indefinites *anything, anyone,* and *ever*. **Nada** and **nadie** are also used similarly after the preposition **sin**.

Más que **nada**, me gusta escuchar música.	More than **anything** (*else*), I like to listen to music.
María juega al ajedrez mejor que **nadie**.	Mary plays chess better than **anyone**.
Ahora, Pepe toca la guitarra más que **nunca**.	Pepe now plays the guitar more than **ever**.
Entramos en el cine **sin** pagar **nada**.	We entered the movie theater **without** paying **anything**.
Dimos una vuelta por el parque **sin** ver a **nadie**.	We took a walk through the park **without** seeing **anyone**.

——— Ejercicio ———

Conteste Vd. en español según el modelo.

MODELO ¿Qué le gusta a Vd. hacer más que nada?
Me gusta bailar más que nada.

1. ¿Qué le gustaría a Vd. tener más que nada?
2. ¿Qué pasatiempos le interesan a Vd. más que nada?
3. ¿Qué deporte juega Vd. mejor que nada?

4. En la opinión de Vd., ¿ quién canta mejor que nadie ?
5. ¿ Quién en su clase sabe más que nadie ?
6. ¿ Quién estudia más que nadie ?
7. ¿ Es posible pasar los exámenes sin estudiar nada ?
8. ¿ Cuándo ha pasado Vd. toda una noche sin recibir llamada telefónica de nadie ?
9. ¿ Qué hace Vd. ahora más que nunca ?
10. ¿ Qué hace Vd. ahora mejor que nunca ?

 # Diálogo 9 _____

Al salir del cine

ANA Pues, ¿qué les pareció la película?

ROBERTO Creo que han tomado demasiada libertad con la obra en que está basada.

PEPE Sin embargo, estaba muy buena. A mí me gustó mucho.

ROBERTO ¿Han leído Vds. La Celestina[1]?

ANA Tuvimos que leer algunos trozos[2] de la novela para nuestra clase de literatura medieval.

---

[1]La Celestina, also known as La tragicomedia de Calisto y Melibea, by Fernando de Rojas and published in 1499, has become a classic of Spanish literature. [2]**trozo** fragment, part of a thing cut off, excerpt [3]**delito** transgression

PEPE   Es increíble cómo una obra escrita hace tanto tiempo pueda todavía interesar a un espectador moderno.

ROBERTO   Lo clásico es siempre universal. Cruza las fronteras del tiempo y del espacio. Lee *La Celestina* en su totalidad y verás.

ANA   Me gustaría hacerlo algún día, pero ¿ quién tiene tiempo para eso ?

ROBERTO   Sería una lástima si no lo hicieras. La gente ve la película y sale del cine creyendo que entienden la obra, pero lo que acaban de ver no es nada más que una interpretación de ella.

PEPE   Tal vez, pero de otra manera mucha gente no sabría nada de *La Celestina*. Además, la cámara nos permite ver lo que está fuera de los límites de nuestra imaginación. Me refiero a la escenografía y los trajes de aquella época.

ROBERTO   Es verdad, pero la lectura nos deja tiempo para reflexionar sobre lo que dice el autor a través de sus personajes. Hay mucha filosofía en esta novela, pero el director tuvo que abreviar el diálogo y ha omitido mucho.

ANA   De lo que yo sepa, la película me pareció bastante fiel a la obra.

ROBERTO   Hasta cierto punto, sí. Sigue la acción, pero la trascendencia moral no está bien presentada.

PEPE   ¿ No mueren los jóvenes Calixto y Melibea al final ? ¡ Qué mayor castigo puede haber por su supuesto delito[3] !

ANA   Muchachos, la única manera de resolver esta discusión es leer la novela por completo y luego compararla con la película.

———— Preguntas ————

1. ¿ Qué película acaban de ver los tres amigos ?
2. ¿ Qué crítica tiene Roberto de la película ?
3. ¿ Cuándo fue escrita la novela ? ¿ Cómo sabemos eso del diálogo ?
4. ¿ Qué ventaja tiene la película sobre el libro ?
5. ¿ Qué ventaja hay en leer el libro ?
6. ¿ Quiénes serán Calixto y Melibea ? ¿ Qué les sucede al final de la obra ?
7. Por lo que ha leído sobre *La Celestina* en este diálogo, ¿ tendría Vd. más interés en ver la película o en leer la novela ? ¿ Por qué ?

VOCABULARIO TEMÁTICO

La industria cinematográfica (The Motion Picture Industry)

la **acción** *action; gesture;* la
acción secundaria *secondary
plot*

el **argumento** *plot, story*

el **arquetipo** *stereotype*

el **carácter** *character, nature,
disposition, personality*

el **cine** *movies, motion pictures*

cinematográfico *cinematographic,
pertaining to films*

la **decoración** *scenery*

el **empresario** *impresario,
promoter, producer*

el **entretenimiento** *entertainment*

la **escena** *stage;* **poner en
escena** *to stage, to put on the
stage*

el **espectáculo** *show*

el **espectador** *viewer;* los
espectadores *audience*

la **estrella** *star*

el **estreno** *opening, first
performance, debut*

el **fondo** *background*

grabar *to record*

el **maquillaje** *makeup*

la **obra** *piece; work (of art)*

la **pantalla** *screen*

el **papel** *role;* **hacer el
papel** *to play the role*

la **pausa** *pause;* la **pausa
cómica** *comic relief*

la **película** *film*

el **personaje** *character,
personage*

el/la **protagonista** *hero, heroine,
protagonist*

el **reparto (de actores)** *cast*

el **suspenso** *suspense*

el **tema** *motif; theme*

el **traje** *costume*

la **trama** *plot*

la **trascendencia moral**
message, moral implication

——— Ejercicio ———

Complete Vd. las oraciones empleando palabras del vocabulario temático.

1. Vamos al teatro o al cine para ver un _____.
2. Se proyecta la película sobre una _____.
3. La primera representación de una obra o película se llama el
   _____.
4. Los actores se ponen _____ y _____ para dar al público la
   impresión que son los _____ que representan.
5. El personaje principal de una obra es el _____.
6. Los que se sientan a mirar la obra son _____.
7. El que pone en escena la obra teatral y se encarga de los gastos es
   el _____.

8. Muchas veces para romper la tensión de una tragedia el autor o director introduce una _____.
9. Otras palabras que describen la acción de una obra son la _____ y el _____.
10. El mensaje de una obra o sea la enseñanza que puede haber en ella se llama la _____.
11. La personalidad de un personaje es su _____.
12. El protagonista tiene el _____ más importante de la obra.
13. Los personajes que representan las cualidades comunes a una clase de persona, sea por su origen étnico o su profesión o edad, son _____.
14. El adjetivo referente a la industria de las películas es _____.
15. Parte del _____ visual de una película o pieza teatral es la _____.

Actividades para la clase

A. (para el profesor) Alquile Vd. alguna película en español, preferiblemente La Celestina, y enséñesela a los alumnos. Luego, conduzca Vd. una discusión con ellos hablando de la película y analizando sus méritos.

B. Vayan todos a un cine español a ver una película en español y luego hablen de ella.

C. Miren alguna telenovela en español en la televisión y hablen de ella en la próxima reunión de la clase.

D. Busquen Vds. una pieza de un acto o escojan una escena de una pieza más larga y represéntenla en clase.

E. Comente Vd. su reacción sobre alguna película. Su comentario puede ser favorable o negativo.

F. Debate. Se organiza la clase en dos grupos de opiniones opuestas para debatir algunos de los siguientes temas.

1. ¿Debe haber más censura en los programas de televisión y en las películas? ¿Debe restringirse la violencia? ¿la sensualidad? ¿la obscenidad en el lenguaje?

2. ¿Deben haber más programas educativos o culturales en la televisión? ¿Debe el gobierno subvencionar (subsidize) tales programas?

Composición: temas sugeridos

A. Diferentes maneras de elevar el nivel cultural de los programas de televisión o de las películas de Hollywood.

B. El valor educativo de la televisión.

C. La violencia en otros medios de entretenimiento, por ejemplo en los deportes.

D. Las principales diferencias entre las películas del pasado y las de hoy.

E. Las ventajas o desventajas de ver una pieza teatral en la escena en comparación con una película en la pantalla. Las ventajas o desventajas de leer una novela sobre ver su representación como película en la televisión o el cine.

PASATIEMPOS

Por HERRERO Y DAV

ESTRELLA

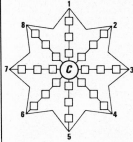

Poner una letra en cada uno de los cuadros para que, leídas desde los números 1, 2, 3 y 4 al centro, expresen lo siguiente: 1. Establecimiento de bebidas.—2. Parte pequeña de una cosa.—3. Nombre que en otro tiempo se daba en Hungría a los gobernadores de las comarcas de aquel reino.—4. Nombre de una consonante, en plural. Y desde el centro a los números 5, 6, 7 y 8 expresarán: 5. Achaque habitual.—6. Nombre de la «e» larga del alfabeto griego.—7. Río de la Lombardía (Italia) que nace en el Tirol.—8. Altar en que se ofrecen sacrificios. Estas ocho palabras quedarán reducidas a cuatro leyéndolas con la letra «C» en medio: Del 1 al 5. Transporte de efectos en barca.— Del 2 al 6. Ave zancuda de la familia de las escolopácidas, de pico largo y encorvado hacia arriba con plumaje blanco y manchas negras.— Del 3 al 7. Banco donde se sientan los remeros.— Del 4 al 8. Río de Italia, en los Abruzos, formado por la reunión del Aterno y el Gizio en Popoli.

ESTRELLA

Bar.—2. Avo.—3. Ban.—4. Pes.—5. Aje.—6. Eta.—7. Ada.—8. Ara. Estas ocho palabras leídas con la «C» en medio: Del 1 al 5. Barcaje.—Del 2 al 6. Avocecta.—Del 3 al 7. Bancada.—Del 4 al 8. Pescara.

FUGA DE VOCALES

		L	M		J
R	M		D		
D		C		N	S
R	V		R	L	S
	M		G		S
	S		N		P
D		R	L	S		N
		D		B	R	L
	S		N		D

A	4	E	11	I	4	O	6

Colocando las cuatro vocales en el recuadro inferior, empleadas tantas veces como indica el número que las acompaña, se leerá una frase de Paul de Kock.

QUITA Y PON

Clave .... — — — —

1. — — — —
2. — — — —
3. — — — —
4. — — — —
5. — — — —

CLAVE: Dícese del terreno erial sin árboles ni matas.—1. Cambiar la PRIMERA letra por otra para que resulte: Cántico que contiene alabanzas a Dios.—2. Cambiando la SEGUNDA: Techo de paja, según se usaba en la casa de algunas aldeas de Galicia.—3. Cambiando la TERCERA: Ateniense a quien se atribuye el haber sido el primero que consagró un altar al amor.—4. Cambiando la CUARTA: Copia que se obtiene calcando.—5. Cambiando la QUINTA: Estado de la atmósfera cuando no hay viento.

SALTO DE CABALLO

PO	NE.	AL	FO	A	LA	IS	EL
Y	DES	LA	CAR	A	TRIUN	MOR	BRE
ES	BRE	DAD;	FRI	NIA,	LA	ES	LA
LUM		LUM	A	EN	MIEN	SO	TE
ZA,	TO	SU	ME	CA	A	MIEN	MO
MUER	BRAN	SO	LA	TO,	FER	MOR;	MA
ES,	AL	HE	A	DEL	EL	IS	TO
	LA	TE	BRE	RO	Y	AL	TE

Con las sílabas que aparecen en todas y en cada una de las casillas ha de formarse una frase de Amiel, partiendo de la que lleva la cabeza de caballo blanco hasta llegar, por medio de sucesivos saltos de caballo de ajedrez, a la que lleva la cabeza de caballo negro.

QUITA Y PON

CLAVE: CALMO.—1. Salmo.—2. Colmo.—3. Cormo.—4. Calco.—5. Calma.

FUGA DE VOCALES

El mejor medio de conservar los amigos es no pedirles ni deberles nada.

SALTO DE CABALLO

El heroísmo es el triunfo deslumbrante del alma sobre la carne, esto es, sobre el temor; temor a la pobreza, al sufrimiento, a la calumnia, a la enfermedad, y al aislamiento y a la muerte. Amiel.

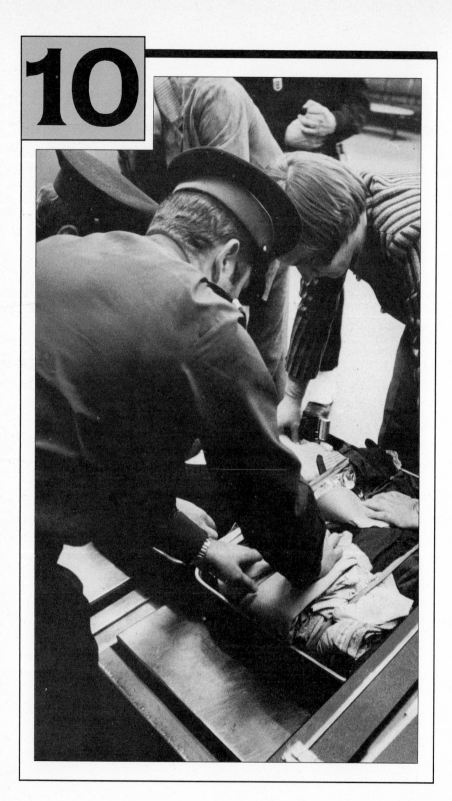

10

Los viajes y el terrorismo internacional

¿QUÉ HAY EN LA FOTOGRAFÍA?

1. ¿Qué están haciendo los agentes en uniforme?
2. ¿Qué estarán buscando?
3. ¿Dónde ocurren escenas parecidas?
4. ¿Por qué es necesario inspeccionar las maletas de los pasajeros?
5. ¿Cuál sería la reacción de Vd. si los agentes de seguridad le inspeccionaran sus maletas muy detenidamente?
6. ¿Cree Vd. que vale la pena que inspeccionen las maletas con cuidado aunque demore mucho a los pasajeros al abordar un avión?
7. Mencione algunas medidas de seguridad que se utilizan para evitar actos de terrorismo.

VOCABULARIO TEMÁTICO

Actividades y artículos de viaje

abordar *to board*
abrochar el cinturón de seguridad *to fasten the safety belt*

la **aduana** *customs*
el **alojamiento** *lodging*
aterrizar *to land*
la **azafata** *flight attendant*

131

las **balsas salvavidas** *life rafts*
el **billete de ida y
vuelta** *round-trip ticket*
los **chalecos salvavidas** *life
vests*
derechos de aduana *customs
duties*
desembarcar *to disembark, to
get off; to land*
despegar *to take off*
el **equipaje** *luggage, baggage*
el **ferrocarril** *railroad*
hacer escala *to make a stop*

el **horario** *schedule, timetable*
la **maleta** *suitcase*
el **mozo** *porter*
pararse *to stop; to stand up*
la **sala de espera** *waiting room*
la **salida de emergencia**
emergency exit
el **talón** *ticket stub*
el **traslado** *transfer;*
trasladarse *to transfer*
la **tripulación** *crew*
volar *to fly*
el **vuelo** *flight*

——— Ejercicio ———

Complete Vd. el párrafo empleando palabras del vocabulario temático.

Cuando uno llega al aeropuerto para (*to board*) _____ un avión,
le entrega (*the suitcases*) _____ a un (*porter*) _____, quien le
da un (*ticket stub*) _____ para reclamarlas al (*landing*) _____.
Luego, uno pasa a (*the waiting room*) _____ hasta que se anuncia
que (*the flight*) _____ está listo para partir. Entra en el avión y se
sienta en el asiento asignado. (*One fastens the seat belt*) _____, y
cuando el avión esta para (*to take off*) _____, (*the flight attendant*)
_____ les explica a todos los pasajeros cómo se usan (*the life
vests*) _____ y dónde se encuentran (*the emergency exits*) _____.

Generalmente, los aviones siguen (*a schedule*) _____ fijo y no
(*make stops*) _____ como (*the railroads*) _____. Al regresar de
un viaje a un país extranjero, hay que pasar por (*customs*) _____
donde los agentes inspeccionan (*the luggage*) _____ y si las compras que uno ha hecho exceden el valor permitido, tiene que pagar (*customs duties*) _____.

 **Tema 10** _____

Los viajes y el terrorismo internacional

El hacer un viaje es una de las grandes aventuras de la vida. ¿Quién no ha sentido palpitar su corazón al embarcarse en un avión o barco con destino a un país extranjero? ¡Qué estimulante es imaginar la infinidad de nuevas experiencias que nos esperan, la posibilidad de conocer a otras gentes y de ver nuevos horizontes!

Además del gusto que anticipamos al visitar sitios lejanos, una parte de la agitación que experimentamos se debe a la inseguridad ante lo desconocido. Encontrarnos en una ciudad donde no conocemos a nadie, ni hablamos la lengua de los habitantes nos puede causar problemas, sobre todo si nos enfermamos o perdemos nuestro dinero. ¿A quién llamar? ¿Cómo explicar nuestra situación? En la mayoría de las grandes capitales del mundo hay muchos que saben inglés, pero si nos alejamos de los centros turísticos, no es éste el caso. Siempre vale la pena saber por lo menos algunas expresiones útiles de la lengua del país que visitamos.

Tal vez hoy en día, no estamos muy conscientes de eso, pero siempre ha habido cierto peligro en viajar. Imagínese Vd. en un barco en alta mar durante una tempestad, y se dará cuenta de la incertidumbre de llegar a su destino que tendrían los pasajeros. Antiguamente, los corsarios y los salteadores de camino representaban una verdadera amenaza para el viajero. Los gobiernos del mundo habían eliminado casi por completo este peligro, pero hoy en día ha surgido otro, el terrorismo. En nombre de su causa, grupos de fanáticos cometen actos de violencia contra viajeros indefensos. Estos bárbaros han perdido todo sentido del valor de la vida humana. Como a ellos no les importa morir, matan a otros a sangre fría, sin que les moleste la conciencia.

Los gobiernos no encuentran solución al problema. Pequeños grupos de personas armadas con granadas y ametralladoras tienen la capacidad de paralizar el tráfico internacional. Es muy difícil vencer a estos terroristas sin causar la muerte de gente inocente. ¿Hasta cuándo tendrá el mundo civilizado que aguantar a estos desalmados?

————— **Vocabulario** —————

aguantar *to endure; to put up with*
alejarse (de) *to move away (from)*
amenaza *threat*
ametralladora *machine gun*
barco *ship*
consciente *conscious*
corsario *corsair, pirate*
desalmado *soulless, inhuman*

granada *grenade*
matar *to kill*
peligro *danger, peril*
salteador de camino *highwayman, brigand, highway robber*
surgir *to arise; to surge*
tempestad f. *storm, tempest*
vencer *to conquer, to overcome*
viajero *traveler*

————— **Preguntas** —————

1. ¿Cómo se siente uno al comenzar un viaje?
2. ¿Qué nos espera cuando viajamos?
3. ¿Por qué existe cierta inseguridad al viajar? ¿Qué nos puede suceder (*happen*)?
4. ¿Por qué vale la pena saber el idioma de país que se visita?
5. ¿Qué peligro nuevo tiene que afrentar (*confront*) el viajero de hoy?
6. ¿A quiénes del pasado se parecen los terroristas?
7. ¿Cómo es que tienen la frialdad de matar a viajeros indefensos?
8. ¿Por qué no han podido los gobiernos del mundo eliminar este problema?
9. ¿Cuáles son algunas soluciones a este problema?
10. ¿Tiene Vd. algún miedo de viajar? ¿Cuál es? (Si su contestación es negativa, explique por qué.)

Apuntes escogidos

I. Para *and* por

Para is used to point out: **(a)** *purpose,* **(b)** *use,* **(c)** *destination,* **(d)** *time in the future,* **(e)** *in spite of.* **Para** is usually translated as: *in order to, for, to,* or *by.*

a. Los pasajeros luchaban **para** sobrevivir.

The passengers were struggling in order to survive.

b. Esta máquina es **para** cortar la caña de azúcar.

This machine is for cutting sugar cane.

c. El embajador sale **para** Washington mañana.

The ambassador is leaving for Washington tomorrow.

d. **Para** el mes que viene, no habrá más vuelos a ese país.

By next month there will be no more flights to that country.

e. **Para** norteamericano, habla español bastante bien.

In spite of his being an American (for an American, considering that he is an American) he speaks Spanish quite well.

Por is used when *for* signifies: **(a)** *in exchange for,* **(b)** *a duration of time,* **(c)** *for the sake of,* **(d)** *instead of.* **Por** also means **(e)** *due to.* **Por** can also be translated as **(f)** *by, by means of,* or *through.*

a. Pagué diez pesos **por** una libra de azúcar.

I paid ten pesos for a pound of sugar.

b. La lucha duró **por** muchos años.

The struggle lasted for many years.

c. El dictador hizo mucho **por** su país.

The dictator did a lot for his country.

d. **Por** dinero, daban a los obreros cupones.

Instead of money, they used to give the workers coupons.

e. **Por** falta de carbón, no se desarrolló la industria.

Due to a lack of coal, industry did not develop.

f. El gerente salió **por** avión ayer, y pasará **por** esa ciudad la semana que viene.

The manager left by plane yesterday, and will pass through that city next week.

——————— **Ejercicios** ———————

a. *Complete Vd. la oración empleando* **para** *o* **por.**

1. No hay suficientes asientos _____ todos los pasajeros.
2. El avión sale _____ Caracas dentro de media hora.
3. Vamos a estar en Venezuela _____ dos semanas.
4. Ahorré mi dinero _____ dos años _____ hacer el viaje.
5. Los terroristas están dispuestos a morir _____ su causa.
6. _____ terroristas, no parecen ser muy fanáticos.
7. Los pilotos se declararon en huelga (*strike*) _____ recibir un aumento de sueldo (*a raise*).
8. _____ norteamericanas, las jóvenes parecen tener buena comprensión de los problemas de Hispanoamérica.
9. _____ tener depósitos de petróleo, Venezuela es un país rico.
10. El precio de la gasolina ha bajado a un dólar _____ galón.

b. *Conteste Vd. las preguntas.*

1. ¿Para cuándo piensa Vd. terminar sus estudios?
2. ¿Cuánto pagó Vd. por este libro?
3. ¿Qué haría Vd. por ir a España?
4. ¿Por cuáles países le gustaría a Vd. viajar?
5. ¿Por cuántos días se va Vd. de viaje las próximas vacaciones?
6. ¿Para qué quiere Vd. aprender el español?
7. ¿Por qué no estudia Vd. más?

II. Uses of se

A. Se in Impersonal Expressions

In an impersonal expression the one who performs the action is not clearly stated. In English, if we wish to say that anyone can see something, we may begin by using one of the following expressions: *it can be seen*, *one can see*, or even *they can see*. The "they" in this case does not refer to a particular group of people, but to people in general.

In Spanish, the reflexive pronoun **se** is used with the third-person singular of the verb to express this "anonymous" subject.

Se puede ver que la educación es muy importante.	*One can see that education is very important.*
¿Qué **se debe hacer** ahora?	*What should one do now?*

B. *Se* + **Conjugated Verb to Express the Passive Voice**

When the agent or the one who performs, performed, or will perform an action is not mentioned we can use **se** + a conjugated verb instead of **ser** + past participle to express that action in the passive voice.

Se prohibe fumar.	*Smoking **is prohibited.***
Dentro de poco, **se harán** viajes a la luna.	*Soon, trips **will be made** to the moon.*

NOTE: The verb **harán** is in the plural because the subject **viajes** is plural.

———— Ejercicios ————

a. *Sustituya Vd. la construcción reflexiva para expresar la voz pasiva.*

MODELO   El vuelo fue cancelado.
   Se canceló el vuelo.

1. Los boletos serán vendidos dentro del avión.
2. La comida será servida dentro de media hora.
3. La cámara fue registrada en la oficina de la aduana.
4. Las compras son declaradas al entrar en el país.
5. Es importante que la planilla (*form*) sea completada correctamente.
6. Estos relojes fueron comprados en Suiza.
7. Las maletas son examinadas al entrar en el país.

b. *Conteste en español.*

1. ¿Qué se vende en las tiendas internacionales de los aeropuertos?
2. ¿Dónde se puede ver una película?
3. ¿Cuándo se llama a la azafata?
4. ¿Qué se prohibe llevar a bordo de un avión?
5. ¿Cómo se dice *thank you* en español?
6. ¿A quién se presenta el permiso de subir a bordo?
7. ¿A quiénes se ve en los aeropuertos?

III. The Present Participle

A. Formation and Uses

The present participle can be translated as follows:

$$\text{Span. verb stem} + \left\{\begin{array}{l}\textbf{-ando} \\ \textbf{-iendo}\end{array}\right\} = (by \text{ or } in \text{ the act of}) \text{ Eng. verb stem} + \text{-}ing$$

Se aprende mucho **visitando** otros países.	*One learns much* (**by or in the act of**) ***visiting*** *other countries.*

NOTE: There is a growing tendency among speakers of Spanish especially in Latin America to use the construction **al** + infinitive instead of using the present participle alone.

Se aprende mucho **al visitar** otros países.	*One learns much* (**on or upon**) ***visiting*** *other countries.*

The use of the present participle with **estar** to form the progressive tenses is an extension of the sense of being in the act of doing something.

Los pasajeros están **saliendo** del avión.	*The passengers are* (**in the act of**) ***leaving*** *the plane.*

Other verbs that can be used with the present participle are: **andar, ir, quedarse, seguir,** and **venir.**

El profesor **anda hablando** de la importancia de las lenguas extranjeras.
va
se queda
sigue
viene

> The teacher **goes about talking** of the importance of foreign languages.
> **goes on**
> **remains**
> **continues**
> **comes along**

—— Ejercicio ——

Haga Vd. oraciones completas empleando los siguientes gerundios.

1. mirando la televisión
2. planeando un viaje a la América del Sur
3. amenazando a los pasajeros
4. sirviendo la comida
5. ofreciendo servicio a todas las capitales de Europa
6. vendiendo revistas en español
7. comprando recuerdos para la familia

B. Llevar + present participle

The verb **llevar** is used with the present participle to express the passage of time.

Llevo media hora **esperando** aquí.	I *have been waiting* here for half an hour.
¿Cuánto tiempo **llevaban** los terroristas **planeando** su ataque?	How long *had* the terrorists *been planning* their attack?

—— Ejercicio ——

Conteste Vd. las siguientes preguntas.

1. ¿Cuánto tiempo lleva Vd. estudiando español?
2. ¿Cuánto tiempo llevan los alumnos escribiendo la composición al final del capítulo?
3. ¿Cuánto tiempo lleva el maestro discutiendo el tema?
4. ¿Cuánto tiempo llevó Vd. esperando que la universidad lo aceptara?
5. ¿Cuánto tiempo llevó Vd. preparándose para los exámenes finales el semestre pasado?

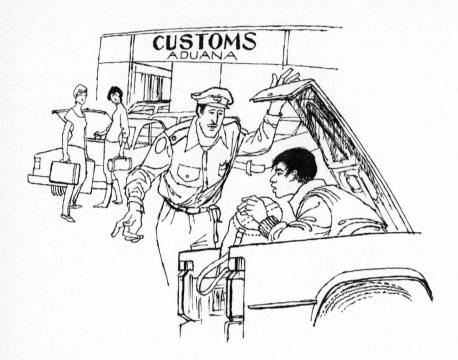

 # Diálogo 10 _____

Al cruzar la frontera

ANA   Mira esa larga fila de automóviles. ¿Qué pasa?

FELICIA   Tenemos que pararnos para que puedan inspeccionar el coche.

ANA   Cuando cruzamos la frontera del otro lado, los agentes mexicanos nos dejaron pasar sin problema.

FELICIA   Es verdad, pero la aduana trata de impedir la entrada de contrabando en los Estados Unidos.

ANA   ¿Y por eso detienen a todo el mundo? ¡Qué barbaridad!

FELICIA   No digas eso. Tú sabes que muchos jóvenes compran marijuana en México y la traen a casa para sus amigos.

ANA   Quizás, pero los grandes traficantes en drogas no son los jóvenes. Por los pocos que hay, no tienen que registrar todos los coches tan detenidamente.

FELICIA   Es que buscan más que drogas. ¿Tú sabías, por ejemplo, que está prohibido traer consigo frutas y legumbres?

ANA   ¿ De veras ? ¿ Por qué ?

FELICIA   Hay miedo de que puedan contener insectos y otros contami-
nantes. También, hay gente que va a México por tratamientos
médicos que no son permitidos en los Estados Unidos, y claro,
cualquier medicina que no sea aprobada por el gobierno se
considera contrabando.

ANA   ¿ Tenemos nosotras algo que pueda ser ilegal ?

FELICIA   No, pero sin embargo, tenemos que declarar la cámara japonesa
que compraste en Tijuana y las pulseras y los anillos de plata
que compramos en Taxco. ¿ Tienes las facturas ?

ANA   Creo que están en la bolsa de cuero que tú compraste en Aca-
pulco.

FELICIA   ¡ Oye, mira ! Están sacando a un hombre del baúl de aquel
coche. Será un inmigrante ilegal.

ANA   ¡ No me digas que las personas también son contrabando !

——— Preguntas ———

1. ¿ Por qué había una larga fila de automóviles esperando cruzar la
frontera ?
2. ¿ Qué buscaban los agentes de aduana en los coches parados ?
3. ¿ Qué se prohibe entrar en los Estados Unidos ?
4. ¿ Qué hay que declarar al entrar en el país ? ¿ Qué documento hay
que enseñar a los agentes de aduana en algunos casos ?
5. ¿ Por qué no se permite la entrada de frutas y legumbres ?
6. ¿ Qué artículos compraron Ana y Felicia en México ?
7. ¿ Por qué se habría escondido aquel hombre en el baúl del automóvil ?
8. Si Vd. hiciera un viaje a México, ¿ cómo iría ? ¿ En avión o en
coche ? ¿ Por qué ?
9. ¿ Qué parte del país le interesaría a Vd. ver ? ¿ Por qué ?
10. ¿ Qué traería Vd. de México si pudiera, como recuerdo de su
viaje ?

Pequeñas escenas

A. Uno o un grupo de estudiantes son terroristas que acaban de apo-
derarse (*to take possession of or take over*) del avión en que la clase está
viajando. El profesor hace el papel del piloto, tres o cuatro alumnas
son azafatas. Los terroristas quieren que el piloto les lleve a Cuba,
o a Libia o a otro sitio. No hay bastante combustible para llegar

allí, y también comienza a haber escasez (*scarcity*) de comestibles y otras necesidades. Hay niños pequeños y pasajeros enfermos a bordo. Hay que tratar de convencer a los terroristas de que abandonen su proyecto. El motivo del terrorista o de los terroristas puede ser político, monetario o simplemente el resultado de una desesperación mental.

B. Al llegar a la aduana, el agente (*uno de los alumnos*) encuentra en la valija (*suitcase*) de Vd. algo que Vd. no ha declarado o tal vez algo que se considera contrabando. Vd. tiene que pagar una multa (*fine*) y corre el riesgo de ser detenido. El agente tiene muchas preguntas. Quiere saber dónde ha conseguido Vd. el artículo y por qué está tratando de entrarlo ilegalmente en los Estados Unidos. Le pide a Vd. identificación, y le pregunta cuál es su origen, su profesión, cuándo salió de los Estados Unidos, cuánto tiempo pasó Vd. en el país del cual está regresando, el motivo de su viaje, si Vd. ha visitado otros países, etc. Vd. contesta sus preguntas y trata de convencerle de su inocencia.

C. Un estudiante hace el papel del dependiente de un hotel y otro de un turista, el cual hace muchas preguntas acerca de las comodidades y los servicios que ofrece el hotel, y claro, los precios.

D. Imagínese Vd. en una agencia de viajes. No está seguro de dónde querrá pasar sus vacaciones. El agente de viajes le trata de convencer que le resultaría muy interesante visitar a España o cualquier país hispanoamericano. Le explicará algo sobre los puntos de interés histórico y cultural.

Actividades para la clase

A. Obtengan Vds. de una agencia de viajes folletos de distintos países del mundo hispánico que describen los sitios de interés y planeen un viaje.

B. Hable Vd. de un viaje que ha hecho, algún incidente que le ha quedado en la memoria, con quién hizo el viaje, el propósito del viaje, lo que vio, las personas que conoció, etc. Si tiene Vd. fotografías o transparencias del viaje, tráigalas a la clase y hable de ellas.

C. Lea Vd. un artículo de un periódico o de una revista en español sobre un acto de terrorismo. Reporte Vd. a la clase sobre los detalles. ¿Qué pasó? ¿Dónde ocurrió el incidente? ¿cuándo? ¿Quiénes fueron las víctimas? ¿los terroristas? ¿Cuáles fueron los resultados?

Composición: temas sugeridos

A. Los países que quisiera visitar en mi vida. Las razones por que me interesan.

B. Las posibilidades que existen para trabajar en el extranjero.

C. Las ventajas o las desventajas de hacer una excursión con un grupo.

D. Los peligros de viajar solo—para el hombre, para la mujer.

E. Un viaje a la luna o a algún planeta.

La inmigración

¿QUÉ HAY EN LA FOTOGRAFÍA?

1. ¿Quién será el hombre montado a caballo?
2. ¿Quiénes serán los tres delante de él?
3. ¿En qué parte de los Estados Unidos se habrá sacado esta foto?
4. ¿Por qué habrá detenido el agente a esos hombres?
5. Por la expresión en la cara, ¿qué sentirán los detenidos?
6. ¿Cómo se sentiría Vd. si Vd. estuviera en su lugar?
7. Si Vd. fuera agente del Servicio de Inmigración, ¿cómo trataría Vd. a estos hombres?
8. ¿Sabe Vd. el procedimiento que tiene que seguir alguien que quiera emigrar a los Estados Unidos? ¿Cómo se informaría alguien del procedimiento? ¿Qué dificultades tendría que afrontar?
9. ¿Cree Vd. que debería ser más fácil entrar en los Estados Unidos? ¿Por qué?
10. ¿Cree Vd. que el gobierno de los Estados Unidos debe legalizar la residencia en el país de los que han entrado sin documentos? ¿Por qué? ¿Qué condiciones debería haber para la legalización de tales inmigrantes?

VOCABULARIO TEMÁTICO

La ciudadanía (Citizenship)

la **añoranza** *homesickness;*
añorar *to long for*
la **ciudadanía** *citizenship;* el/la
ciudadano/a *citizen*
el/la **compatriota** *compatriot,
countryman*
el **consulado** *consulate;* el/la
cónsul *consul*
deportar *to deport, to exile*
el **domicilio** *domicile, residence*
la **embajada** *embassy;* el/la
embajador/a *ambassador,
ambassadress*
el/la **emigrante** *emigrant*
la **entrada** *entry, admission*
el **extranjero** *alien, foreigner*
el/la **forastero/a** *outsider,
stranger, foreigner*

el/la **indígena** *native*
el/la **inmigrante** *immigrant*
el **lugar de nacimiento**
birthplace
la **llegada** *arrival*
el/la **nativo/a** *native*
el/la **natural** *native*
la **naturalización** *naturalization*
nostálgico *homesick*
el **país** *country*
el **pasaporte** *passport*
la **patria** *mother country,
fatherland, native land*
el **suelo natal** *native land*
la **visa de estudiante** *student's
visa;* **visa de residencia**
residence visa

———— Ejercicio ————

Complete Vd. las oraciones con palabras tomadas del vocabulario temático.

1. Para venir a los Estados Unidos a estudiar se necesita una
   _____ .
2. El país en que uno nace se llama su _____ .
3. El que sale de su país y hace su residencia en otro es un
   _____ .
4. El que ha nacido en el país es un _____ del país.
5. Otra palabra para residencia es _____ .
6. Cuando alguien no tiene pasaporte o visa para entrar en un país,
   puede ser _____ .
7. Otra palabra para la nostalgia que uno siente a veces por su suelo
   natal es _____ .
8. Para conseguir la visa de entrada a los Estados Unidos un forastero
   tiene que visitar el _____ norteamericano en su país.
9. Dos personas que vienen del mismo país son _____ .
10. Para ser _____ norteamericano uno tiene que nacer en el país o
    vivir en él por cinco años y pasar un examen de naturalización.

Tema 11 _____

La inmigración

Se celebró recientemente el centenario de la instalación de la Estatua de la Libertad en el puerto de Nueva York. Para los millones de inmigrantes que la veían al llegar a los Estados Unidos, la Estatua simbolizaba no sólo la libertad, sino también la esperanza de comenzar una nueva vida. En su nuevo país, no existirían los límites que, en sus países de origen, impedían su progreso. Aquí podrían salir de la miseria, adelantarse, y educar a sus hijos; aquí todo sería posible con tal que uno estuviera dispuesto a esforzarse. Había entre ellos los que estaban huyendo de persecución religiosa o política ; para éstos, nuestro país ofrecía un asilo donde podrían vivir sanos y salvos.

Pero uno se pregunta si los Estados Unidos es todavía hoy la tierra de la oportunidad con que soñaban los inmigrantes de generaciones pasadas. ¿ Es la calidad de la vida en este país verdaderamente superior a la de otros países ? Los Estados Unidos ya no es la única democracia del mundo. Además, se ha visto que la democracia también tiene sus defectos. Otros sistemas de gobierno funcionan con más eficiencia y con menos demora y discusión. En muchos sitios la educación universitaria es gratis, como también lo son los servicios médicos. Los obreros reciben más beneficios sociales, y tienen más seguridad de no ser despedidos de sus puestos. Hay menos crimen y violencia. Ante esto, ¿ cuáles son las ventajas de vivir en los Estados Unidos ?

Si alguien tiene cualquier duda que las haya, que mire a los millones de personas en otros países que llevan años esperando el visado para emigrar a los Estados Unidos. Más desesperada aún es la situación de los millones que tratan de entrar en este país ilegalmente, es decir sin documentación oficial del gobierno. De todas partes del mundo, la frontera entre los Estados Unidos y México es uno de los sitios más tristes que se puede ver. Allí miles de mexicanos e hispanoamericanos de otras partes viven en casuchas miserables anhelando el día, o más bien, la noche en que podrán cruzar la frontera hacia el norte sin ser percibidos o detenidos por los agentes del Servicio de Inmigración y Naturalización de los Estados Unidos. Se calcula que se arresta a un millón de inmigrantes sin documentación cada año. Hay unos cinco millones viviendo en este país cuya existencia diaria es una pesadilla eterna. Viven con el temor constante de que a cualquier hora, de día o de noche, los agentes llamarán a su puerta para detenerlos y luego deportarlos a sus países de origen, donde poco pueden esperar de las autoridades. Trabajan en fábricas o en fincas donde los dueños, sabiendo su condición precaria, los explotan. Los abusos que se cometen contra ellos es el tema de varios libros. Hay pocos norteamericanos que aprecian la residencia en los Estados Unidos tanto como estos residentes sin visa.

Vocabulario

anhelar *to long for*
asunto *subject, matter; affair*
calidad f. *quality; degree*
casucha *shanty, miserable hut*
centenario *centennial, 100th anniversary*
con tal que *as long as, provided that*
cuyo rel. adj. *whose*
demora *delay*
despedido (past part. of **despedir**) *fired*
detener *to detain*
dispuesto (past part. of **disponer**) *disposed; willing*
dueño *owner*

emigrar *to emigrate*
esforzarse *to make an effort; to exert oneself*
finca *farm*
hacia *towards*
impedir *to hinder, prevent*
más bien *rather*
miseria *poverty*
percibir *to perceive, notice*
pesadilla *nightmare*
sano y salvo *safe and sound*
soñar (con) *to dream (of)*
único *only (one); unique*
ventaja *advantage*
visado *visa*

Preguntas

1. ¿Qué simbolizaba la Estatua de la Libertad para los immigrantes que la veían al entrar en el puerto de Nueva York?
2. ¿Por qué venían los inmigrantes a los Estados Unidos?
3. ¿Por qué dicen algunos que este país ya no es el paraíso con que soñaban los inmigrantes?
4. ¿Qué progreso social ha habido en otras naciones?
5. ¿Qué pruebas hay de que todavía existen muchas ventajas en vivir en los Estados Unidos?
6. ¿Por qué es la frontera entre los Estados Unidos y México un lugar tan triste?
7. ¿Qué hacen los agentes del Servicio de Inmigración cuando encuentran a un inmigrante sin documentos?
8. ¿Quiénes explotan a estos inmigrantes?
9. ¿Quiénes aprecian mucho la vida en los Estados Unidos? ¿Cómo sabemos eso?

10. ¿Ha visto Vd. la Estatua de la Libertad o la celebración de su centenario? Si su respuesta es afirmativa, ¿cuál fue su reacción? Si su contestación es negativa, ¿tendría Vd. interés en visitar la Estatua algún día? ¿Por qué?

Poema

La poesía que sigue presenta bien los sentimientos y las experiencias de un inmigrante indocumentado.

Un inmigrante poeta por *Porfirio López Lira*[1]

Me llamo Porfirio Lira,
natural del Salvador,
tengo veinticuatro años
y resido en Nueva York.
Por no tener pasaporte
en regla, cual manda Dios,
ni puedo dormir de noche,
ni de día ver el sol.
Doce veces he cambiado
de domicilio ¡qué horror!
... mas la pérfida Oficina
que llaman de Inmigración
con fino olfato de perro
me pone en agitación...
Y otra vez con mis baúles
a cuestas ando, señor.
Nunca pensé que un poeta
tan benigno como yo,
hubiera de andar corrido
de Manhattan hasta el Bronx,
del Bronx hasta Staten Island,
y de allá a donde estoy.
Si este tango continúa
con tan perversa intención,
acabaré haciendo coplas
de regreso al Salvador.

* * * *

---

[1]Reprinted from *Nueva York Hispano*, 1974, p. 4. (Some stanzas have been omitted.)

No sólo versado en versos,
que los versos, versos son,
versado soy en estudios
de inmediata aplicación.
Soy taquígrafo y contable,
sé francés, hablo español,
entiendo de astrología
y toco el acordeón.

* * * *

Desesperado les ruego
como cristianos que son
me ayuden en este trance
y yo sabré ser quien soy

* * * *

——————— Vocabulario ———————

contable m. or f. *bookkeeper, accountant*
coplas f. pl. *couplets*
cuesta *slope;* **a cuestas** *on one's shoulders or back*

olfato *sense of smell*
pérfido *perfidious, treacherous*
regla *rule;* **en regla** *in order*
taquígrafo *stenographer*
trance m. *danger;* (coll.) *fix*

Apuntes escogidos

I. The Use of haber to Denote Existence

The verb **haber**, meaning *to have*, is normally used as an auxiliary verb in the formation of compound tenses. (**He comido.** I *have eaten.*, etc.) **Haber** can be used impersonally to denote the existence of an indefinite someone or something. The definite article can never follow **haber** in such sentences. In the present indicative, **hay (ha + y)** is used instead of **ha**. In other tenses, the third person singular is used: **hubo, había, habrá, habría,** etc.

Hay oportunidad para todos.	*There is opportunity for all.*
Se insiste en que **haya** igualdad.	*One insists that **there be** equality.*
Ha habido mucha emigración a este país.	*There has been a lot of emigration to this country.*
Habrá (Va a haber) un examen mañana.	*There will be (There is going to be) an exam tomorrow.*

———— Ejercicios ————

a. *Haga Vd. oraciones nuevas empleando el verbo* **haber** *en las respuestas.*

MODELO   Era difícil aprender inglés.
Había dificultad en aprender inglés.

1. Existían diferencias entre los distintos grupos étnicos.
2. La información estará en los archivos.
3. Hemos tenido mucho progreso.
4. Espero que sea posible encontrar trabajo.
5. Van a organizar una manifestación.

b. *Conteste Vd. las siguientes preguntas.*

1. ¿Qué oportunidades hay en los Estados Unidos?
2. ¿Qué había aquí para los inmigrantes que llegaban en el pasado?
3. ¿Qué hubo recientemente en Nueva York?
4. ¿Ha habido mucha inmigración a la región donde Vd. vive?
5. ¿Espera Vd. que haya un cambio en las leyes sobre la inmigración?

II. Pero, sino, *and* sino que

Pero is the word used to translate *but* or *nevertheless*. **Sino** introduces a contrast to a preceding negative statement. It implies *but rather* or *but instead*. **Sino que** is used to introduce a clause that contrasts with a preceding negative statement.

El señor Gómez es buen trabajado, **pero** no tiene visa de residencia.	Mr. Gomez is a good worker, **but** he does not have a residence visa.
Juan no llegó como turista **sino** como estudiante.	John did not arrive as a tourist, **but** (**rather**) as a student.
No es que él entró ilegalmente en este país, **sino que** le falta una visa para poder quedarse aquí.	It is not that he entered the country illegally, **but that** he lacks a visa in order to be able to remain here.

———— Ejercicio ————

Complete Vd. las siguientes oraciones empleando **pero, sino** *o* **sino que** *según el caso.*

1. No viene de Grecia, _____ de Turquía.
2. Le gustaría vivir en los Estados Unidos, _____ es difícil conseguir visa.
3. No sólo han rechazado su petición, _____ lo van a deportar.
4. Trabajan mucho, _____ no ganan bastante dinero para vivir.
5. Muchos no vienen en barco como antes, _____ en avión.
6. Sus abogados le dicen que no tiene que regresar a su país, _____ puede quedarse aquí por otros tres meses.
7. Yo no creo que el gobierno deba limitar la inmigración, _____ ayudar a los inmigrantes.
8. El gobierno le informó que puede asistir a la universidad, _____ su visa no le permite trabajar.
9. Muchos no lo aprecian, _____ este país es todavía la tierra de la oportunidad.
10. A mis padres les gustaba la vida de New York, _____ no el frío.

III. Cuyo = *whose*

Cuyo, meaning *whose* or *of which*, is a relative adjective and, like any other adjective, must correspond in number and gender with the noun it modifies, not with the possessor. **Cuyo** cannot be used to ask a question. **¿De quién?** is used instead.

Quería ser como los otros muchachos **cuyos** padres no eran tan pobres.	*He wanted to be like the other boys* **whose** *parents were not so poor.*
Los labradores **cuya** tierra era pobre emigraron a los Estados Unidos.	*The farmers* **whose** *land was poor emigrated to the United States.*
¿ **De quién** es la culpa?	**Whose** *fault is it?*

———— Ejercicio ————

Haga Vd. oraciones empleando el adjetivo **cuyo** *para relacionar los dos sustantivos según el modelo.*

MODELO Los inmigrantes _____ documentos...
Los inmigrantes cuyos documentos no están en regla son deportados.

1. El nuevo estudiante _____ padres...
2. Nosotros, los norteamericanos _____ antepasados (*forefathers*)...
3. Tu amiga _____ origen...
4. Mi amigo _____ tierra natal (*native land*)...
5. La profesora _____ acento...
6. Los estados de Arizona y California _____ frontera...
7. Los residentes _____ visa...

 ## *Diálogo* 11

Ana y el estudiante indocumentado

ANA	Hola, Felicia, ¿qué tal?
FELICIA	Bastante bien, pero chica, ¿qué pasa? ¿Por qué esta cara tan larga?
ANA	Pues, nada.
FELICIA	Anda, dime. Algo te pasa.
ANA	Pues, si quieres saber, hace un mes conocí a un muchacho y ahora quiere casarse conmigo.
FELICIA	¿Y por eso estás tan triste?

ANA   Bueno, es que me siento tan confusa. Hace dos años que salgo con Pepe, y tú sabes que lo quiero, pero siento tanto por este muchacho.

FELICIA   Bueno, cuéntame, ¿quién es? ¿Cómo se llama?

ANA   Se llama Rafael, y es colombiano. Es buena persona, pero tiene tantos problemas.

FELICIA   ¿Tiene problemas y quiere casarse? ¿Está loco? ¡Eso sí que es buscarse problemas!

ANA   No te burles.[1] Él cree que casarse conmigo sería una solución a sus problemas.

FELICIA   ¿Cómo?

ANA   Lo que pasa es que llegó a este país hace un año con visa de estudiante y comenzó a estudiar en nuestra universidad. Al principio todo andaba bien, pero por una crisis económica allá, su familia no pudo mandarle más dinero, y tuvo que salir a trabajar.

FELICIA   ¿Tuvo que abandonar sus estudios?

ANA   Sí, tú sabes. Con visa de estudiante no le permiten trabajar, pero de cualquier modo consiguió trabajo en una fábrica[2] donde trabajaban algunos amigos suyos. Como es ilegal, el dueño no lo declara como empleado en sus libros, y le paga menos del mínimo. Teniendo que trabajar largas horas para mantenerse, Rafael tuvo que dejar la escuela. Y es una lástima, porque es muy inteligente y sacaba buenas notas.[3]

FELICIA   ¡Pobre muchacho!

ANA   Su situación me tiene tan conmovida[4] que estaba pensando que si me caso con él, podrá conseguir visa de residente, y tal vez seguir con su carrera universitaria.

FELICIA   ¿Qué dices? ¡No seas tonta! Entrar en un casamiento de esta clase sería una locura. ¿Tú sabes cuántos indocumentados hay en este país que buscan casarse simplemente para establecer su residencia? Óyeme, ¡no te dejes explotar! Éste Rafael es capaz de casarse contigo y luego abandonarte una vez que tenga sus papeles en regla.

ANA   Puede ser, pero me da pena. Es un muchacho que podría contribuir tanto a la sociedad. Tiene talento y es trabajador.[5]

FELICIA   Quizás, pero tienes que pensar primero en ti misma.

ANA   ¿Quién sabe?

---

[1]**No te burles** Don't make fun   [2]**fábrica** factory   [3]**nota** note; grade   [4]**conmovido** moved   [5]**trabajador** *adj.* hard-working

———— Preguntas ————

1. ¿A quién ha conocido Ana recientemente?
2. ¿Por qué quiere Rafael casarse con ella?
3. ¿Por qué tuvo Rafael que dejar la escuela?
4. ¿Dónde está trabajando ahora?
5. ¿Cómo es (*how is it*) que el dueño le paga menos de lo mínimo?
6. ¿Por qué sería Rafael considerado inmigrante ilegal si tiene visa de estudiante?
7. ¿Por qué se siente Ana tan conmovida por el caso de Rafael?
8. ¿Qué consejo le da Felicia a Ana?
9. ¿Está Vd. de acuerdo con el consejo de Felicia? ¿Qué consejo le daría Vd. a Ana?
10. ¿Hay estudiantes de otros países en su universidad? ¿De dónde son, en general? ¿Cuáles son algunos de sus problemas?

Actividades para la clase

A. Hable Vd. acerca de la cultura de su grupo étnico—su historia, su música, su arte, sus costumbres, etc.

B. Explique Vd. a la clase cómo se prepara un plato de comida típica de su grupo étnico, dando también la receta.

C. Enseñe Vd. a la clase un baile folklórico de su grupo étnico, una prenda de vestir, o un objeto hecho a mano, una escultura, etc. Hable de lo que ha traído a la clase.

D. Hable Vd. de los conflictos que se presentan en algunas familias recién llegadas cuando los hijos adoptan algunas costumbres norteamericanas que los padres rechazan.

Composición: temas sugeridos

A. Discuta Vd. el problema de la inmigración ilegal en los Estados Unidos. ¿Cree Vd. que se debe deportar a los « indocumentados » o debe el Congreso pasar legislación permitiéndoles quedarse?

B. « Aunque las condiciones en los Estados Unidos no sean ideales, todavía es la tierra de la oportunidad para muchas personas de todas partes del mundo. » Discuta Vd. esta declaración.

C. Hable Vd. de su origen étnico. Mencione cómo vinieron sus antepasados a este país, qué circunstancias les hicieron emigrar y cuál ha sido el grado de su americanización.

D. Defienda Vd. la necesidad de asimilación entre los distintos grupos étnicos.

E. El gobierno de los Estados Unidos había establecido cuotas de inmigración para cada país determinando el número de los que podían entrar según su procedencia y, a veces, su profesión. Discuta Vd. la justicia o la injusticia de este sistema.

Joan Friedland • Morton S. Simon
Tony Lopez, Jr. • Michael F. Vigil
Peggy J. Nelson

Attorneys • Abogados
Community Law Center • 529 W. San Francisco

La *hispanización* de los Estados Unidos

¿QUÉ HAY EN LA FOTOGRAFÍA?

1. ¿Cómo sabemos que esta fotografía fue sacada en los Estados Unidos?
2. ¿De qué orígenes étnicos son los abogados nombrados en la placa en la fachada (*face*) del edificio?
3. ¿Qué elementos hispánicos hay en el mural pintado en la fachada del edificio? ¿Qué elementos norteamericanos?
4. ¿Es común ver las oficinas de abogados adornadas así? ¿Dónde se ven edificios públicos con murales en la fachada? ¿En qué ciudades? ¿En qué barrios de estas ciudades?
5. ¿En qué otros sitios es posible ver murales? ¿En qué clase de edificios?
6. ¿Por qué habrán permitido o tal vez pedido los abogados este mural en su edificio?
7. ¿Cree Vd. que esta clase de decoración hace el edificio más interesante? ¿Por qué?
8. ¿Ha visto Vd. reproducciones del arte mural mexicano? ¿Conoce Vd. las obras de Diego Rivera, David Siqueiros y José Orozco? Si no, consulte Vd. un texto de arte mexicano. Haga Vd. una comparación entre las obras de estos grandes artistas y el mural de la foto. ¿Qué elementos tienen en común?

VOCABULARIO TEMÁTICO

A. PALABRAS PARECIDAS, PERO NO SINÓNIMAS (FALSE COGNATES)

Cognates can be of great value in helping us to recognize the meaning of Spanish words that we have never seen before, but they can also be misleading. Note those listed below. Often, Hispanics in the United States, because of the influence of English, have the English cognate in mind when they use these words.

actual *current*
asistir *to attend*
atender *to pay attention to*
la **carpeta** *the file folder*
el **cigarro** *the cigarette*
el **colegio** *school, usually a high school*
la **conferencia** *lecture*
constipado (estar) *(to have) a cold*
la **desgracia** *misfortune;*
desgraciado *unfortunate*
el **disgusto** *quarrel*

la **ducha** *shower*
embarazada *pregnant*
gracioso *witty, charming*
largo *long*
la **lectura** *reading*
el **pariente** *relative*
real *royal*
realizar *to fulfill*
la **renta** *revenue*
sensible *sensitive*
simple *uncomplicated, not complex*
el **suceso** *event*
supuesto *presumed*

B. EL SPANGLISH

English words adapted by Hispanics living in the United States into the Spanish they speak have created a hybrid Spanish known as *Spanglish*. Here are a few examples:

el **béismen** *basement*
los **biles** *bills*
la **boila** *boiler*
la **dona** *doughnut*
la **factoría** *factory*
el **jol** *hall*
el **lonche** *lunch*
el **londri** *laundry*

la **marqueta** *market*
la **norsa** *nurse*
el **rufo** *roof*
el **sobue** *subway*
el **súper** *superintendent of a building*
el/la **tícher** *teacher*
la **yarda** *yard (of a house)*

———— Ejercicios ————

a. *Busque Vd. en un diccionario bilingüe la palabra correcta en español para* actual, to assist, to attend, the carpet, the cigar, the college, *etc.*

b. Busque Vd. *la palabra correcta en español para las palabras mencionadas en la lista bajo el título de* Spanglish.

c. *Corrija* Vd. *el siguiente párrafo que manifiesta fuertemente la influencia del inglés.*

Estoy muy *embarazada* porque no puedo *atender al lonche* después de *la lectura* que va a dar mi *tícher* en *el colegio.* Esta mañana no había agua caliente en casa porque *la boila* en *el béismen* no estaba funcionando. El *súper* dice que *el lánlor* no recibió nuestro cheque de *la renta.* Mis parientes trabajan en *una factoría* y tienen tantos *biles* que no saben cuáles han pagado o no. Yo quiero ser *una norsa* y no voy a tener ningún *chance* de alcanzar ningún *suceso* si las cosas siguen así. *Estoy supuesta a* ir a *la marqueta* esta tarde, y después, *al londri.* Yo no sé cuándo voy a tener tiempo para todo eso. Los estudios no son *simples.* A veces tengo ganas de echar todos mis libros *del rufo* para abajo. Salgo *al jol* y luego *realizo* que si lo hago, no habrá ninguna esperanza de salir adelante, y me siento a estudiar otra vez.

❈ *Tema* 12 ————————————

La hispanización de los Estados Unidos

El carácter de la vida norteamericana ha cambiado muchísimo en las últimas décadas como resultado de la inmigración a los Estados Unidos de millones de hispanoamericanos. Según las estadísticas del Servicio de Inmigración y Naturalización, entre 1961 y 1970 llegaron a este país 1.196.900 personas de Hispanoamérica, 453.900 de ellas de México. Entre 1975 y 1979, llegaron otros 868,600 hispanoamericanos más. Se calcula que hay 15 millones de habitantes de origen hispánico en los Estados Unidos. En 1980, había 1.405.957 viviendo en Nueva York, casi 20% de la población total de esta ciudad, mientras que en Miami el porcentaje llega a 56% de los 347.000 habitantes.

¿Cuál es la importancia de estas cifras? En primer lugar, la influencia hispana se manifiesta en muchos aspectos de la vida diaria, en la música, en la comida, en las modas y hasta en los colores que nos rodean. En forma muy sutil, aun las costumbres norteamericanas se han hispanizado. En el pasado, el norteamericano tenía fama de ser muy reservado en su trato con las personas, puritano en su moralidad, conservador en el vestir y puntual en el comercio. Jamás llegaba tarde para una cita o demoraba en pagar sus cuentas. En cambio, la imágen del hispano era todo lo contrario. Tanto los hombres como las mujeres eran, se creía, más expresivos, más sensuales, más románticos. Se vestían de colores vivos, sus comidas eran picantes y nunca llegaban a tiempo a donde debían estar. Claro, éstas son generalizaciones, y no todos los norteamericanos o los hispanos se asemejaban al arquetipo. Sin embargo, la idea refleja la diferencia entre los dos modos de vivir. Estoy seguro de que nadie notaría tales distinciones entre los norteamericanos y los hispanos de hoy. Tanto los unos como los otros han cambiado, pero yo creo que el norteamericano ha cambiado más. Se ha hispanizado.

Se ha dicho que los hispanos parecen mantener viva su lengua y cultura por más tiempo que otros grupos étnicos. José Martí[1] ya había señalado este fenómeno a fines del siglo diez y nueve cuando vino a tra-

---

[1]José Martí (1853–1895), patriota cubano y líder del movimiento independista que logró liberar a Cuba del dominio español.

bajar como periodista en los Estados Unidos. Dado el gran número de hispanos que han llegado en los últimos veinte años, es natural que sigan hablando su idioma.

Así el español ha llegado a ser una lengua muy importante en las ciudades donde viven muchos hispanos. Otros idiomas que se enseñan en los colegios y en las universidades se estudian como lenguas extranjeras, pero el español no lo es. Los norteamericanos de toda clase y de todas las profesiones encuentran que es una ventaja saber hablar español. Pero, perdónenme ; Vds. no necesitan que yo se lo diga.

──────── Vocabulario ────────

asemejar *to resemble*
cambiar *to change*
cifra *cipher; number, figure*
demorar *to delay*
estadística *statistics*
periodista m. or f. *journalist*

picante *spicy, highly seasoned*
rodear *to surround*
señalar *to point out*
sutil *subtle*
trato *treatment*

──────── Preguntas ────────

1. ¿Cuál ha sido el resultado de la emigración de muchos hispanos a los Estados Unidos ?
2. ¿Cuántos habitantes de origen hispánico hay en los Estados Unidos ? ¿Cuántos han llegado desde 1961 ?
3. ¿En qué aspecto de la vida norteamericana ha habido influencia hispana ?
4. ¿Cuál era la imágen del norteamericano en el pasado ?
5. ¿Qué creía la gente acerca de los hispanos ?
6. ¿Quién fue uno de los primeros en observar que los hispanos mantienen su lengua y cultura más que otros grupos étnicos ? ¿Cuándo vio eso ?
7. ¿Qué distinción tiene el español entre otras lenguas extranjeras que se estudian en la universidad ?
8. ¿Cree Vd. que la imágen del norteamericano presentada en este ensayo tiene validez hoy en día ? ¿Por qué dice Vd. eso ?
9. ¿Qué influencia hispánica ha notado Vd. en la comida que se vende en los supermercados ? ¿en la ropa ? ¿en la música ?
10. ¿Qué ocasiones ha encontrado Vd. de usar el español en la vida diaria ? ¿en su trabajo ? ¿Espera Vd. tener más ocasión de usar el español cuando lo sepa mejor ? ¿Dónde ? ¿Con quiénes ?

Apuntes escogidos

I. *Prepositions*

Prepositions are used to express the relation of things to each other in terms of time, place, or manner. They are followed by nouns in forming prepositional phrases or they may be followed by a clause. If a verb follows a preposition, it must be in the infinitive regardless of its form in English.

Muchos inmigrantes saben hablar inglés **antes de llegar** a los Estados Unidos.	*Many immigrants know how to speak Spanish **before arriving (before they arrive)** in the United States.*

This use of the infinitive after the preposition cannot be stressed too strongly.

The following is a list of the most common prepositions:

a	*to*	**en**	*in, on, at*
acerca de	*about*	**encima de**	*on top of*
antes de	*before*	**enfrente de**	*in front of, across from*
bajo	*under*	**entre**	*between, among*
cerca de	*near to*	**hacia**	*toward*
con	*with*	**hasta**	*until*
contra	*against*	**lejos de**	*far from*
de	*of, from*	**para**	*for, in order to*
debajo de	*under*	**por**	*for, by, through*
delante de	*in front of*	**según**	*according to*
desde	*since*	**sin**	*without*
después de	*after*	**sobre**	*on, about*
detrás de	*behind*	**tras**	*after*
durante	*during*		

There are many combinations of the above prepositions. They may be formed by a combination of a noun and a preposition, as in **al fondo de** *at the back of,* or an adverb and a preposition, **cerca de** *near,* **lejos de** *far from,* or of two prepositions, such as **para con** *with regard to.*

Care must be taken in translating English prepositions into Spanish, for Spanish has its own logic with regard to their use. For example, in English we say *at home*, but in Spanish one would say **en casa,** for when one is at home, he is, in effect, *in his house*.

II. *Common Verbs Used with Prepositions*

Followed by **a:**

acercarse a *to approach*
acostumbrarse a *to get used to*
alcanzar a *to manage to*
apresurarse a *to hurry to*
asistir a *to attend*
atreverse a *to dare to*
ayudar a *to help to*
decidirse a *to decide to*
dirigirse a *to direct oneself to*

enseñar a *to teach to*
invitar a *to invite to*
negarse a *to refuse to*
obligar a *to oblige to*
parecerse a *to look like*
ponerse a *to start to*
sentarse a *to sit down to*
volver a *to (do) again*

Followed by **con:**

casarse con *to marry, to get married*
contar con *to rely on*
encontrarse con *to run into, to meet*

soñar con *to dream of*
tropezar con *to stumble upon*

Followed by **de:**

acordarse de *to remember*
alegrarse de *to be glad to*
carecer de *to lack*
dejar de *to cease, to fail to*
despedirse de *to say good-by to*
enamorarse de *to fall in love with*
enterarse de *to find out*
gozar de *to enjoy*
haber de *to be (supposed) to*

olvidarse de *to forget to*
pensar de *to think of (opinion)*
quejarse de *to complain of*
reírse de *to laugh at*
salir de *to leave (from), to go out of*
servir de *to serve as*
tratar de *to try to; to deal with*
tratarse de *to be a question of*

Followed by **en:**

complacerse en *to take pleasure in*
consentir en *to consent to*
convenir en *to agree upon (to)*
convertir en *to turn into*
entrar en *to enter into*

fijarse en *to notice*
insistir en *to insist upon*
pensar en *to have in mind, to think of*
quedar en *to agree to*

III. Pensar en, pensar de, *and* pensar + Infinitive

Pensar en means *to think of* with the sense of *to have in mind*.

Pepe no puede estudiar porque siempre está **pensando en** su novia.	*Joe can't study because he is always **thinking of** his girlfriend. (He has her on his mind.)*

Pensar de means *to think of* with the sense of *to have an opinion of*.

¿Qué **piensa** Vd. **de** Felicia?	*What do you **think of** Felicia? (What is your opinion of Felicia?)*

Pensar + infinitive is translated by *to intend*.

Ana **piensa trabajar** antes de casarse.	*Ana **intends to work** before getting married. (She is thinking of working.)*

——— Ejercicios ———

a. *Complete Vd. las siguientes oraciones.*

1. Yo nunca me atrevería a...
2. Muchos jóvenes se quejan de...
3. Cuando le falta algo a mi amiga, ella se dirige a...
4. Ella sabe que puede contar con...
5. Cuando nos despedimos de nuestros amigos, decimos...
6. Mis padres sueñan con...
7. Al visitar una ciudad por primera vez, yo siempre me fijo en...
8. Las alumnas se enamorarán de...
9. Vamos a tratar de...
10. Los anuncios nos advierten que insistamos en...
11. Mi amigo me ha invitado a...
12. El profesor se complace en...

13. Este capítulo se trata de...
14. Yo nunca me olvidaré de...
15. Poco a poco, nos acostumbramos a...

b. *Conteste Vd. las preguntas.*

1. ¿Cuál es la primera cosa que Vd. hace al entrar en casa?
2. ¿Con quién piensa Vd. casarse?
3. ¿Quién le enseñó a Vd. a leer?
4. ¿A quién se parece Vd. más, a su padre o a su madre?
5. ¿Qué le obliga el maestro a hacer antes de venir a la clase?
6. ¿Con quién o quiénes se encuentra Vd. regularmente?
7. ¿Que pasaría si Vd. dejara de entregar a tiempo una composición a su profesor de inglés?
8. ¿En quién piensa Vd. muy frecuentemente?
9. ¿Qué piensa Vd. de este texto?
10. ¿A qué universidad piensa Vd. asistir después de graduarse?

 **Diálogo 12** ⸻

Ana tiene que estar en casa a medianoche

ANA   Oye, Pepe. Ya son las once y media ; tengo que irme.

FELICIA   ¿ Ya te vas ? Quédate un ratito[1] más. Es temprano todavía.

ANA   Pues, tú sabes cómo son mis padres. Si vuelvo tarde a casa, comienzan a preocuparse, y luego se ponen bravos[2] conmigo.

PEPE   Es verdad. Tuve que prometerle[3] al padre de Ana que la traería a casa antes de medianoche.

ROBERTO   No me digas. Es increíble. Ana, ya no eres una niña, ¿ cómo toleras[4] eso ?

ANA   Pues, ellos no entienden las costumbres de este país.

PEPE   Sí, dicen que en los Estados Unidos, los jóvenes tienen demasiada libertad, y por eso, hay adicción a las drogas y embarazos entre las niñas de escuela.

FELICIA   ¡Que no me vengan a decir que estas cosas no suceden[5] en el país de donde vienen!

ANA   ¡Felicia! ¡No seas así! ¿Tus padres nunca te han criticado por ser tan americanizada como eres?

FELICIA   A mi mamá no le gusta cómo me visto a veces, pero yo no le hago caso.[6] Lo que llevo es según la moda, y ésta es universal.

ROBERTO   Ana, tus padres deben entender que ahora viven en los Estados Unidos. Tienen que adaptarse a las costumbres del país. No pueden vivir como unos dinosaurios.

PEPE   Ellos dicen que no por estar en este país, debemos olvidar las buenas costumbres de nuestra cultura.

FELICIA   ¿Qué buenas costumbres eran ésas? ¿Las que dictaban que una muchacha tenía que vivir atada[7] a la voluntad[8] de sus padres hasta que se casaba con alguien que ellos escogían para ella? ¡Qué barbaridad!

ANA   Es verdad que algunas costumbres del pasado nos parecen injustas, pero había cierta lógica en ellas. Además, en el ambiente hispano, había más respeto por las damas de lo que veo entre los norteamericanos.

ROBERTO   Yo creo que es cuestión de la época en que vivimos. En este país también había más formalidad en el pasado.

PEPE   Lo que yo veo es que las mujeres no se respetan a sí mismas tanto como antes del movimiento feminista.

FELICIA   ¡Oh! Ahora sí que estás buscando un lío.[9]

ANA   Pepe, vámonos ya. Has metido la pata[10] y estamos para entrar en una discusión de nunca acabar.

—— **Preguntas** ——

1. ¿Qué pasa si Ana tarda en llegar a casa?
2. ¿Qué dicen los padres de Ana acerca de la libertad que tienen los jóvenes en los Estados Unidos?
3. ¿Qué piensa Felicia de las opiniones de los padres de Ana? ¿Qué dice?
4. ¿Cómo reacciona Felicia cuando sus padres la critican?
5. ¿Cómo vivían en el pasado las muchachas hispanas?
6. Según Roberto, ¿cuál es la razón de las aparentes diferencias entre las costumbres hispanas y las norteamericanas?

---

[1]**ratito** (diminutive of **rato**) little while   [2]**ponerse bravo** to get angry   [3]**prometer** to promise   [4]**tolerar** to tolerate   [5]**suceder** to happen   [6]**hacerle caso a (alguien)** to pay attention (to someone)   [7]**atado** tied   [8]**voluntad** *f.* will   [9]**lío** (*colloq.*) scrape, hassle   [10]**meter la pata** to put one's foot in it

7. ¿Cuál es la actitud de Pepe en toda esta discusión?
8. ¿En qué manera han tratado los padres de Vd. de restringir (*restrict*) sus actividades? ¿Hasta qué edad?
9. ¿Qué privilegios han ganado las mujeres como resultado del movimiento feminista? ¿Qué privilegios han perdido?
10. ¿Deben los nuevos immigrantes abandonar todas las costumbres de su país de origen al establecerse en los Estados Unidos? ¿Por qué?

Pequeñas escenas

A. Un estudiante hace el papel de un padre o de una madre hispana y otro de su hijo o hija. El padre o la madre regaña (*scolds*) al hijo por no seguir las costumbres hispánicas en algún aspecto de la vida, sea el respeto a los viejos, la atención debida a la familia o las relaciones con el sexo opuesto.

B. Un estudiante hace el papel de un consejero, psicólogo, trabajador social, enfermera o policía y otro representa a un hispano que tiene dificultades en adaptarse a la vida de los Estados Unidos. El que hace el papel del hispano presenta sus problemas y las diferencias entre las costumbres hispánicas y las norteamericanas. El otro trata de explicar las razones de estas diferencias.

Actividades para la clase

A. Hagan Vds. una visita al barrio hispano de su ciudad o a una colonia de agricultores hispanos. Entren en las tiendas y hablen español con la gente. Luego, hagan un reporte a la clase de sus experiencias.

B. Examinen con cuidado un periódico en español publicado en los Estados Unidos, y compárenlo con uno en inglés. Fíjense en la clase de noticias que reciben más atención, y en las actividades de la comunidad hispana.

C. Inviten a la clase a un político hispano para que hable de la comunidad hispana y de sus necesidades. Preparen de antemano algunas preguntas que quisieran hacerle.

D. Vayan a una función hispánica, sea un baile, una obra de teatro o alguna película. Hablen con la gente allí, y luego hagan un reporte a la clase.

Composición: temas sugeridos

A. La influencia hispana en la música popular norteamericana.

B. La influencia hispana en la arquitectura en algunas regiones de los Estados Unidos.

C. El arte mural en los barrios hispanos.

D. La influencia hispánica en la moda.

E. Las costumbres sociales y sexuales de los hispanos frente a las costumbres norteamericanas.

La evolución

¿QUÉ HAY EN LA FOTOGRAFÍA?

1. Si Vd. fuera el primer arqueólogo en descubrir la pirámide de la fotografía, ¿cuál sería su primera reacción al verla? ¿Cuál sería su opinión de la civilización que ha dejado este monumento?
¿Qué explicación daría a las siguientes preguntas: ¿Por qué habrán truncado el ápice (*apex*) de la pirámide? ¿Por qué hay escalones (*steps*) hacia la cumbre (*top*)? ¿Qué clase de ceremonia tendrían en la plataforma de la cumbre? Hablando de la estatua cerca de la pirámide, ¿por qué no hicieron que la figura representara mejor la forma humana?
2. Como Vds. tal vez sepan, esta pirámide fue construida por los mayas. ¿Qué sabe Vd. de su cultura y de su religión? ¿Ha oído Vd. hablar de su libro sagrado, el *Popol Vuh*, en el cual se explica el origen del mundo y la creación del hombre? Si Vd. no sabe mucho de esta gran civilización que floreció en el sur de México y en la América Central siglos antes de la llegada de los españoles, consulte Vd. una enciclopedia, preferiblemente una en español, bajo la entrada « maya ». Lo que aprenderá de los mayas le sorprenderá mucho.

VOCABULARIO TEMÁTICO

Las especies (Species)

A. LAS PLANTAS (PLANTS)

el **helecho** *fern*
la **hiedra** *ivy*
la **hierba** *grass*

el **liquen** *lichen*
el **musgo** *moss*

B. LAS FLORES (FLOWERS)

la **azucena** (el **lirio**) *lily*
el **clavel** *carnation*
el **hibisco** *hibiscus*
el **jacinto** *hyacinth*

la **orquídea** *orchid*
la **rosa** *rose*
el **tulipán** *tulip*
la **violeta** *violet*

C. LOS ÁRBOLES (TREES)

el **abedul** *birch*
el **álamo** (el **chopo**) *poplar*
la **caoba** *mahogany*
el **cedro** *cedar*
el **ciprés** *cypress*

el **nogal** *walnut*
el **olmo** *elm*
el **pino** *pine*
el **roble** *oak*

D. LOS INSECTOS (INSECTS)

la **abeja** *bee*
la **cigarra** *locust*
la **cucaracha** *roach*
el **gusano** *worm*
la **hormiga** *ant*

la **mosca** *fly*
el **mosquito** *mosquito*
la **polilla** *moth*
la **pulga** *flea*
el **saltamontes** *grasshopper*

E. LOS PECES Y CRUSTÁCEOS (FISH AND CRUSTACEANS)

la **almeja** *clam*
el **atún** *tuna*
el **bacalao** *codfish*
el **camarón** *shrimp*
el **cangrejo** *crab*
la **langosta** *lobster*

el **lenguado** *flounder*
el **marisco** *shellfish*
el **pulpo** *octopus*
el **tiburón** *shark*
la **trucha** *trout*

F. LOS REPTILES (REPTILES)

el **caimán** *alligator*
el **cocodrilo** *crocodile*
la **culebra** *snake*

el **lagarto** *lizard*
la **tortuga** *turtle*

G. LAS AVES (BIRDS)

el **águila** (f.) *eagle*
el **avestruz** *ostrich*
el **buho** *owl*
el **gavilán** *hawk*
la **gaviota** *sea gull*

la **golondrina** *swallow*
el **gorrión** *sparrow*
el **halcón** *falcon*
la **paloma** *dove; pigeon*
el **pato** *duck*

H. LOS MAMÍFEROS (MAMMALS)

la **ballena** *whale*
la **cabra** *goat*
el **castor** *beaver*
el **ciervo** (el **venado**) *deer*
el **delfín** *dolphin*

la **foca** *seal*
el **murciélago** *bat*
el **oso** *bear*
la **oveja** *sheep*
el **zorro** *fox*

——— Preguntas ———

1. ¿Qué plantas tienen hojas y cuáles no?
2. ¿Qué flores crecen en el agua? ¿Qué flores crecen sólo en clima tropical?
3. ¿Qué árboles dan más sombra? ¿Qué árboles son cultivados por su madera?
4. ¿Qué insectos son los más destructivos? ¿Qué insectos atacan al hombre? ¿Qué función sirve la abeja para las flores? ¿Qué alimento produce?
5. ¿Qué son crustáceos? ¿Qué peces se encuentran en las profundidades de alta mar?
6. ¿Qué reptiles se encuentran en climas templados (*temperate*)? ¿Dónde se encuentran los otros reptiles?
7. ¿Qué aves son aves de rapiña (*prey*)? ¿Qué aves vemos en las calles de la ciudad? ¿Qué ave vive al borde del mar?
8. ¿Qué mamíferos viven en el agua? ¿Qué mamíferos usamos por su piel? Mencione algunos que no están en la lista.

❊ *Tema* 13 ────────────

La evolución

Leí recientemente un artículo sobre la evolución que me ha hecho reflexionar sobre el tema. El autor decía que nuestra cualidad bípeda, la cual nos permite andar erectos, representa la base de nuestra supremacía sobre los demás animales mamíferos. Mi primera reacción fue de duda. No podemos correr más rápido que el caballo, ni cargar tanto peso como el asno. Los cuadrúpedos nos superan en muchos aspectos físicos. Pensé que como yo no soy biólogo, tal vez no había comprendido bien el artículo. Mi hija, quien ha estudiado biología, me explicó luego que teniendo las manos libres, la especie humana puede maniobrar objetos y fabricar armas para cazar y dominar a animales más fuertes.

Seguí meditando sobre la cuestión del desarrollo del género humano. ¿Qué es lo que ha hecho posible nuestro desarrollo hasta el nivel actual de civilización? No somos la única especie capaz de construir su vivienda. Los pájaros hacen sus nidos, y el castor represa las aguas en que vive. Reflexioné sobre la caza otra vez, y pensé que aun con sus implementos primitivos, los primeros antropoides no hubieran podido defenderse de las fieras si no hubieran obrado en conjunto. Después me vinieron a la mente las palabras de Rudyard Kipling: « la fuerza del lobo está en la jauría ». Ellos también cazan en grupo. Sin ir muy lejos, encontramos que las abejas tienen sociedades bien organizadas basadas en la especialización del trabajo de sus miembros. Tienen sus métodos de comunicación, así como los tienen también otras especies más avanzadas, los monos y los delfines, por ejemplo.

Por fin, alguien me explicó que la comunicación entre los seres humanos es diferente a la de los animales. Los seres humanos se comunican por medio de símbolos, sean señales o palabras. Lo que en los animales es instinto, entre nosotros es un acto voluntario. Creamos símbolos y los guardamos en la memoria pasándolos a futuras generaciones, evitando así la necesidad de redescubrir los avances del pasado. Si otras especies tienen esta misma capacidad, es evidente que la tienen en una forma bastante limitada.

Si es verdad que debemos los avances de nuestra civilización al don de la palabra, entre otros símbolos, imagínense cuánto habrá contribuido a la marcha del progreso el conocimiento de otros idiomas. ¡ Cuán ruda y tosca hubiera sido la cultura de los romanos si no hubiese habido

entre ellos algunos que habían aprendido el griego para estudiar las
artes y ciencias de la Grecia Antigua !

—————— Vocabulario ——————

abeja *bee*
antropoide n. m. and
  adj. *anthropoid, pertaining to*
  man
asno *donkey*
bípedo n. m. and adj. *biped,*
  having two feet
caballo *horse*
castor m. *beaver*
conjunto *united;* **en conjunto**
  as a whole
cuadrúpedo n. m. and
  adj. *quadruped, having four feet*
cuán *how*
delfín m. *dolphin*

demás *other*
don m. *gift*
fabricar *to manufacture*
fiera *wild beast*
jauría *pack (of hounds or wolves)*
lobo *wolf*
maniobrar *maneuver*
mono *monkey*
nido *nest*
represar *to dam*
rudo *rude, rough*
señal f. *sign; signal*
superar *to surpass, exceed*
tosco *coarse, uncouth*

—————— Preguntas ——————

1. Según el artículo que leyó el autor de este ensayo, ¿qué cualidad humana representa la base de nuestra supremacía sobre los demás animales?
2. ¿En qué maneras nos superan los cuadrúpedos?
3. ¿Qué le ha hecho posible al hombre maniobrar objetos y fabricar implementos?
4. ¿Qué otros animales construyen sus domicilios?
5. ¿Qué otros animales viven organizados en una forma de sociedad?
6. ¿Qué atributo en particular distingue a la especie humana de otras especies?
7. ¿Cuáles son los métodos naturales de comunicación entre los seres humanos?
8. ¿Qué metodos de comunicación fueron inventados en los últimos doscientos años? Mencione Vd. algunos de los más recientes.
9. ¿Cómo ha contribuido el conocimiento de lenguas extranjeras a la marcha de la civilización?
10. Si llegasen seres extraterrestres a nuestro planeta, ¿cómo trataría Vd. de comunicarse con ellos?

Apuntes escogidos

I. The Definite Article as a Pronoun

The forms of the definite article (**el, la, los, las**) are sometimes used as pronouns to avoid the repetition of the noun. When the article is used as a pronoun, it is usually followed by **(a) de**, **(b) que**, or **(c)** an adjective.

a. La estructura social de las abejas y **la** de las hormigas se parecen a **la** de la especie humana.	*The social structure of the bees and **that** of the ants resemble **that** of mankind.*
b. La comunicación que hay entre los animales y **la** que existe entre los seres humanos no es la misma.	*The communication that there is among animals and **that** which exists among human beings is not the same.*
c. Los peces grandes se comen a **los** pequeños.	*The large fish eat **the** little ones.*

——— Ejercicio ———

Haga Vd. oraciones sobre las diferencias o las semejanzas entre los dos grupos mencionados.

1. los animales domésticos y los de la selva (*forest*)
2. las ideas de Darwin y las de los creacionistas
3. los animales carnívoros y los que no comen carne
4. los peces del mar y los que habitan los ríos y los lagos
5. los animales feroces y los domesticados
6. la lengua hablada y la escrita

II. Possessive Pronouns

A further application of the definite article acting as a pronoun is its use in the construction of possessives, and, in particular, the possessive pronouns. In Appendix A, section F. you will find a chart of the possessive adjectives and pronouns. Note that the only difference between the stressed form of the possessive adjective (**mío, tuyo,** etc.) and the pronoun is the definite article.

En cuanto a la comunicación, la de los animales es instinto, mientras que **la nuestra** es voluntaria.	As *for communication, that of the animals is an instinct, while* **ours** *is voluntary.*

———— Ejercicio ————

Haga Vd. oraciones sobre los siguientes temas:

1. la piel de los animales y la nuestra
2. su familia y la de su amiga
3. las otras clases de español y la tuya
4. la vida de un cazador y la de nuestros profesores
5. el cantar de los pájaros y el de Vd.

III. *Reflexive and Indirect Object Pronouns Combined*

The use of the reflexive pronoun to form an impersonal expression has been discussed previously (Chapter 10, Apunte II). Such an expression can be personalized by the insertion of an indirect object pronoun.

Al hombre se le consideraba al final del proceso evolutivo.	*Man was considered to be at the end of the evolutionary process.*

This combination of the reflexive and the indirect object pronouns can imply a sense of passivity on the part of the person involved in the action. It is as if the action were accidental or unintended.

El pastor imaginó que vio platillos volantes en el cielo.	*The shepherd imagined that he saw flying saucers in the sky.*
Se le imaginó al pastor que vio platillos volantes en el cielo.	*It was imagined by the shepherd that he saw flying saucers in the sky.*

Compare the following sentences:

ACTIVE	
Ella abrió la puerta del laboratorio.	*She opened the door of the laboratory.*
Alguien le abrió la puerta del laboratorio.	*Someone opened the door of the laboratory for her.*
PASSIVE	
Se abrió la puerta del laboratorio.	*The door of the laboratory was opened.*
Se le abrió la puerta del laboratorio.	*The door of the laboratory was opened for her. (The door of the laboratory opened to her.)*

——— **Ejercicios** ———

a. *Haga expresiones personales de las siguientes oraciones empleando el pronombre indirecto que corresponda al complemento indirecto entre paréntesis.*

> **MODELO** Se presentará un nuevo amigo. (a ella)
> **Se le presentará un nuevo amigo.**

1. Se realizaron todos los sueños que tenía. (a mí)
2. Se pierde la riqueza de la tierra. (nosotros)
3. Se ha desarrollado la inteligencia a través de los siglos. (a los habitantes de la tierra)
4. Se espera un futuro brillante. (para ella)
5. Se implantarán computadoras en el cerebro. (de los animales en el laboratorio)

b. *Haga expresiones pasivas de las siguientes oraciones empleando la combinación del pronombre reflexivo con el indirecto.*

> **MODELO** Ellos no toman en serio las capacidades parapsíquicas de ella.
> **No se le toman en serio sus capacidades parapsíquicas.**

1. Yo olvidé lo que dijo el científico.
2. Ocurrió una idea que nos interesó.
3. Ellos imaginan que lo saben todo.
4. Ellas abrirán un nuevo camino hacia el futuro.
5. Nosotros hemos perdido la fe en Dios.

 # *Diálogo* 13 ———————

¿De dónde venimos?

ROBERTO ¡Qué tontería! Después de más de cien años desde los descubrimientos de Darwin, en algunas comunidades de los Estados Unidos se insiste en que se enseñe el creacionismo.

PEPE ¿Qué es el creacionismo?

ROBERTO Lo que la Biblia dice en el Génesis sobre la creación del mundo.

ANA Pues, a mí me parece que una explicación es tan válida como la otra. Además, el darwinismo no es nada más que una teoría. Nadie sabe por cierto la verdad.

ROBERTO ¡Pero, mujer! ¿Cómo puedes negar las pruebas científicas?

PEPE ¿Existen datos tan concretos que no se puedan explicar de otro modo?

ROBERTO ¡Claro que sí! ¿Nunca has estudiado biología?

PEPE Por supuesto, pero tengo que confesar que no me interesaba mucho. Prefiero no entrar mucho en los misterios sobre el origen del mundo.

ROBERTO Hombre, ¿es posible no tener curiosidad por saber de dónde venimos?

ANA Pepe es así cuando no quiere pensar sobre algo que pueda contradecir la enseñanza religiosa que recibió de niño.

ROBERTO ¿Y tú?

ANA Pues, yo veo cierta concordancia entre las ideas de Darwin y lo que dice la Biblia en el Génesis. Primero Dios creó los cielos y la tierra, luego la vegetación; después, los peces y las aves; más tarde los animales mamíferos y finalmente, a Adán y Eva. ¿No hay evolución en eso?

PEPE Ana tiene razón. La diferencia entre Darwin y la Biblia es cuestión de tiempo, nada más. Es decir, ¿ocurrió todo eso en seis días o tomó cuatro billones de años?

ROBERTO La cuestión es más compleja. Se trata de la conexión directa entre una especie y otra. Según los biólogos de hoy día, los cambios en la molécula DNA resultaron en la evolución de un tipo de organismo a otro.

PEPE Y los creacionistas, si así se pueden llamar, creen que Dios creó a cada especie individualmente, ¿no es así?

ROBERTO Precisamente.

ANA ¿Saben Vds. que algunos místicos orientales también creen en la evolución del alma? Guardo en mi cartera una poesía escrita por un místico musulmán ¿Quieren leerla?

El alma ascendente[1]

Dejé mi existencia mineral, y me convertí en planta,
Morí como planta, y a animal subí,
Morí como animal, y humano renací.
¿Por qué debo temer? Muriéndome, ¿cuándo me disminuí?[2]
Y aun una vez más, dejaré mi existencia humana
Para remontarme[3] bendito[4] con los ángeles, pero todavía
del estado angélico pasaré; todo menos Dios pierde vida.

———— Preguntas ————

1. ¿Qué es el creacionismo? Explique Vd. en sus propias palabras las ideas de los creacionistas.
2. ¿Cuáles son las teorías de Darwin sobre la evolución?

---

[1]Extracto de una poesía de Jalaluddín Rumi, poeta místico del siglo XIII, y fundador de la secta musulmana de los derviches. [2]**disminuir** to diminish [3]**romontar (se)** to soar [4]**bendito** blessed

3. ¿Qué pruebas científicas existen para la teoría de Darwin?
4. ¿Por qué no le gusta a Pepe entrar en discusiones sobre el origen del mundo?
5. ¿Qué concordancia hay entre la Biblia y la teoría de Darwin sobre la evolución?
6. ¿Cuáles son las diferencias específicas entre Darwin y la Biblia?
7. ¿Qué elemento presenta la poesía que no mencionan Darwin ni la Biblia en Génesis?

Actividades para la clase

A. Un grupo de estudiantes representa a algunos padres que no aceptan la teoría de Darwin y tratan de convencer a la Junta de Educación de su comunidad de que se enseñe el creacionismo en la escuela. Otro grupo representa a los maestros de biología y a otros padres que se oponen a la idea. Un pequeño número de estudiantes representa a los de la Junta y trata de determinar los derechos de los dos grupos en cuanto a lo que se debe enseñar.

B. Los alumnos representan un conjunto de científicos y académicos de otras disciplinas reunidos para determinar el futuro desarrollo de la especie humana. Los biólogos acaban de descubrir un método de cambiar los cromosomas, el cual dotaría a los seres humanos con nuevas cualidades y capacidades. El grupo discutirá la dirección que se debe dar a los humanos para desarrollar una nueva especie.

Composición: temas sugeridos

A. La evolución de la sociedad.

B. La evolución de las formas de gobierno.

C. La evolución tecnológica.

D. Algunos animales que manifiestan características superiores a las de los humanos.

E. Vestigios de animalismo entre los seres humanos.

14

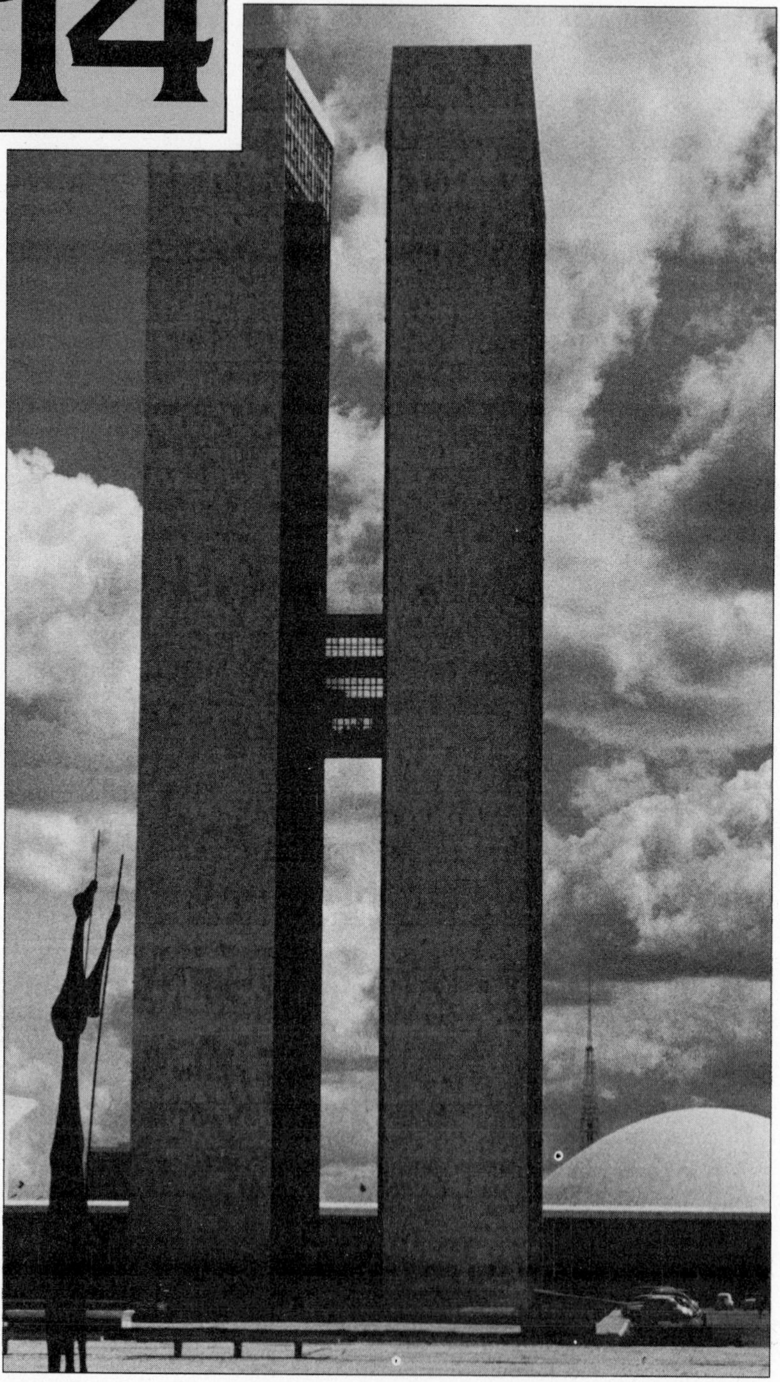

El futuro: ¿Adónde vamos?

¿QUÉ HAY EN LA FOTOGRAFÍA?

Esta es una fotografía de una de las ciudades más modernas del mundo, Brasilia, la capital del Brasil. Aunque allí se habla portugués, y no español, nos interesa su arquitectura porque es representativa de la de muchas ciudades de Hispanoamérica.

1. Estudien Vds. la foto, y luego describan los edificios. ¿Qué formas se han utilizado para los edificios gubernamentales de la capital? ¿Qué hay en la fotografía que nos dice a primera vista que el estilo de la arquitectura es moderno? ¿Qué creen Vds. que representa la estatua del primer plano (*foreground*)?
2. Vuelvan Vds. a la fotografía al principio del capítulo XIII. ¿Qué tienen en común las dos fotografías a pesar de que los edificios representados en ellas son de dos épocas completamente distintas? Comparen Vds. también las estatuas, su estilo y su contenido. ¿Cómo explica Vd. la semejanza entre las dos fotografías aunque los templos de los mayas fueron construidos tal vez mil años antes de los edificios de Brasilia?
3. Consulten Vds. una enciclopedia para saber más sobre la construcción de Brasilia, y sobre la arquitectura moderna de Hispanoamérica.

VOCABULARIO TEMÁTICO

El horóscopo—signos del zodíaco

Aries (21 *de marzo*—19 *de abril*)
Tauro (20 *de abril*—20 *de mayo*)
Géminis (21 *de mayo*—21 *de junio*)
Cáncer (22 *de junio*—22 *de julio*)
Leo (23 *de julio*—22 *de agosto*)
Virgo (23 *de agosto*—22 *de septiembre*)
Libra (23 *de septiembre*—22 *de octubre*)

Escorpión (23 *de octubre*—21 *de noviembre*)
Sagitario (22 *de noviembre*—21 *de diciembre*)
Capricornio (22 *de diciembre*—20 *de enero*)
Acuario (21 *de enero*—19 *de febrero*)
Piscis (20 *de febrero*—20 *de marzo*)

——— Preguntas ———

1. ¿Cuál es su signo del zodíaco?
2. ¿Cuáles son las características de la personalidad de los que nacen bajo este signo?
3. ¿Qué signo es el más compatible con el de Vd. según el horóscopo? ¿Ha consultado Vd. algún libro de astrología para averiguarlo?
4. ¿Qué dice el periódico de hoy acerca de los que han nacido bajo su signo?
5. ¿Qué información ha encontrado Vd. en la astrología que parece ser exacta? Mencione Vd. algunas similaridades que haya notado entre la personalidad de algunos de sus amigos y lo que dice la astrología acerca de ellos.

❋ *Tema* 14 _____

El futuro—¿Adónde vamos?

Según los griegos de la antigüedad, entramos en el futuro caminando hacia atrás, y por eso nos llega como una sorpresa. Vivimos conscientes del pasado y apenas percibimos el presente. Así es que no podemos imaginar lo que nos espera en el porvenir. Decían también los griegos que para pronosticar el futuro, hay que escuchar al viento. Hay que sentir y entender las corrientes de lo que está pasando hoy en día, porque generalmente, lo que acontecerá mañana es el resultado lógico de las tendencias de hoy.

Voy a tratar de adivinar algunos aspectos del futuro, y Vds., mis lectores, verán si tengo razón o no. Acuérdense que no soy profeta ni tengo un globo de cristal.

En la vida social

Si la gente continúa divorciándose como ahora, el concepto que existe de la familia como una unidad desaparecerá. En su lugar, habrá uniones impermanentes sin sanción legal ni religiosa. Los niños criados en hogares que su padre o madre ha abandonado no tendrán modelos de familias estables para imitar. El individuo se sentirá independiente, pero a la misma vez inseguro en sus relaciones sociales.

Entre los hombres y las mujeres, habrá menos tensión de la que existe hoy, ya que aparte de sus funciones biológicas, hay poca diferencia en sus vidas. Es posible que haya más competencia entre los sexos que hoy, pero también habrá más comprensión.

Será difícil distinguir entre las generaciones porque todos participarán en casi las mismas actividades. El interés en mantenerse joven haciendo ejercicios y comiendo un régimen nutritivo hará que la gente mayor parezca y actúe igual que la generación de sus hijos y aun la de sus nietos. La disolución de la familia contribuirá a la eterna búsqueda de nuevos consortes. Sin embargo, a pesar de la semejanza entre las generaciones habrá menos intimidad entre ellas que antes. Los abuelos del futuro no estarán muy dispuestos a quedarse en casa a cuidar a sus nietos si tienen cita para salir a jugar al tenis o a bailar con sus novios.

Política y economía mundial

Los Estados Unidos dejará de ser una nación industrial y se convertirá en una nación bancaria.

Los países del tercer mundo desarrollarán sus industrias y serán proveedores de productos de manufactura como lo son hoy de recursos naturales.

China adoptará el capitalismo aunque su forma de gobierno cambiará poco. Entrará en la órbita político-económica de los Estados Unidos y del Japón.

Como resultado del desarrollo económico de los países del tercer mundo, los Estados Unidos y la Unión Soviética dejarán de ser las superpotencias que son hoy. Habrá menos competencia entre estas dos naciones y más entre las del tercer mundo. Éstas competirán entre ellas por mercados y fuentes de capital.

Hispanoamérica

Es posible que haya una revolución en México si no se corrigen las desigualdades en la distribución de su riqueza. Si los Estados Unidos intenta una intervención militar, los resultados serán desastrosos para ambos países.

En todo el continente, los comunistas, como siempre, tratarán de aprovecharse del descontento de las masas y de la inestabilidad política para fortalecer su posición. No ganarán territorios nuevos ni convencerán a la gente si las condiciones económicas en Cuba no se mejoran.

Cuba, después de la muerte de Castro, abrirá relaciones económicas con los Estados Unidos, pero tardará mucho en recuperar lo que ha perdido económicamente bajo el comunismo.

Si la clase media se extiende y gana más poder político del que tiene ahora, es posible que se evite la violencia que caracteriza la política de hoy y que amenaza la paz y el bienestar del porvenir de los países hispanoamericanos.

En el espacio

Se construirá una estación en el espacio, pero aun de más provecho será la colonia que se establecerá en la luna. Habrá vuelos mensuales entre la tierra y la luna. La colonia será una empresa internacional en la que colaborarán los Estados Unidos, la Unión Soviética, la Gran Bretaña, Francia, Alemania, China y el Japón. En el vacío de la atmósfera lunar, se podrán llevar a cabo experimentos que darán fruto en la medicina y en la tecnología. También desde la colonia lunar, se harán vuelos a otros planetas y se investigarán las posibilidades de establecer colonias en Venus y Marte.

Espero que los aspectos negativos de mi pronóstico sean erróneos. Preferiría equivocarme en mi visión del futuro que ver desaparecer a la familia. Les tocará a Vds., los jóvenes, corregir las malas tendencias de hoy para que vivan en armonía mañana.

———— Vocabulario ————

acontecer *to happen*
adivinar *to divine; to prophesy; to guess*
ambos *both*
amenazar *to threaten*
antigüedad f. *antiquity*
bienestar m. *welfare*
competencia *competition; rivalry*
consorte m. or f. *consort, mate*
corregir *to correct*
corriente f. *current; tendency*
criar *to raise; breed*
desigualdad f. *inequality*
distinguir *to distinguish, differentiate*
equivocarse *to make a mistake;* **estar equivocado** *to be incorrect*
fortalecer *to fortify, strengthen*
fuente f. *fountain; source*
globo *globe; balloon;* **globo de cristal** *crystal ball*

hogar m. *home*
llevar *to take, to carry; to wear;* **llevar a cabo** *to carry out*
mejorar(se) *to improve (oneself)*
mensual *monthly*
nieto *grandson*
porvenir m. *future*
potencia *power*
pronosticar *to foretell, predict;* **pronóstico** *forecast, prediction*
proveer *to provide*
recurso *resource*
régimen m. *diet; regime*
semejanza *similarity, resemblance*
tendencia *tendency; trend*
tocarle a uno *to be one's turn or lot; to belong to*
vacío *vacuum; emptiness*
viento *wind*
vuelo *flight*

———— Preguntas ————

1. ¿Por qué nos llega de sorpresa el futuro? Para tener una idea de lo que nos espera, ¿qué debemos estudiar?
2. Según el pronóstico del autor, ¿por qué desaparecerá la familia tal como ha sido hasta ahora? ¿Por qué se sentirán los individuos más inseguros?

3. ¿Por qué habrá menos tensión entre los hombres y las mujeres? ¿Qué problemas tienen en común?
4. ¿Por qué será difícil distinguir entre las generaciones? ¿Por qué habrá menos intimidad entre ellas?
5. ¿Qué cambios ocurrirán en China en el futuro?
6. ¿Cuál será la causa del aumento de la colaboración entre los Estados Unidos y la Unión Soviética en el futuro?
7. ¿Qué podrá ocurrir en México? ¿Qué factores podrían evitar una revolución allí y en otras partes de Hispanoamérica? ¿Qué pasará si los Estados Unidos manda tropas?
8. ¿Qué ventajas habrá en conducir experimentos científicos en la luna?
9. ¿Qué pronósticos le parecen a Vd. equivocados, imposibles o absurdos? ¿Por qué?
10. Haga Vd. su propio pronóstico de algún aspecto del futuro, sea de la materia discutida por el autor o de otros campos. Luego, compare su pronóstico con el de otros alumnos en la clase.

Apuntes escogidos

I. *Position of Adjectives*

In general, an adjective follows a noun when it is used to distinguish that noun from others in the same species. These adjectives may be of the following types: **(a)** past participles used as adjectives, **(b)** adjectives of color, size, shape, or form, **(c)** adjectives of nationality and religion, and **(d)** long adjectives or adjectives modified by adverbs.

a. un cuento **divertido**	an *amusing* story
una poetisa **renombrada**	a *famous* poetess
b. la casa **blanca**	the *white* house (*as opposed to other houses that may not be white*)
una torre **alta** y **redonda**	a *tall, round* tower
c. una revista **mexicana**	a *Mexican* magazine
la Iglesia **Católica**	the *Catholic* Church
d. una novela **interesante**	an *interesting* novel
un libro **muy bueno**	a *very good* book

The following types of adjectives precede the noun: **(a)** adjectives of quantity, **(b)** demonstrative adjectives, and **(c)** the short form of the possessives.

a. **varios** días	*several days*
muchos años	*many years*
las **mil y una** noches	*the **thousand and one** nights*
b. **aquellas** horas	*those hours*
c. **mis** amigos	*my friends*
but: esos amigos **suyos**	*those friends **of his***

Adjectives that do not really distinguish the noun from others in the same species, but are used to highlight a characteristic of the noun, are also placed before the noun.

Blanca Nieve	*Snow **White***
los **feroces** tigres	*the **ferocious** tigers*

In some cases, the meaning of an adjective depends on whether it comes before or after the noun.

las universidades **grandes**	*the **large** universities*
las **grandes** universidades	*the **great** universities*
el **pobre** muchacho	*the **poor (unfortunate)** boy*
el muchacho **pobre**	*the **poor (not rich)** boy*
el **mismo** profesor	*the **same** teacher*
el profesor **mismo**	*the teacher **himself***

———— **Ejercicios** ————

a. *Ponga el adjetivo en su lugar apropiado, sea antes o después del sustantivo correspondiente.*

> **MODELO** **(benéfica)** Presto servicio voluntario a una organización.
>
> **Presto servicio voluntario a una organización benéfica.**

1. **(altas)** Las montañas del Perú se llaman los Andes.
2. **(muy bella)** « La Paloma » es una canción.
3. **(publicados)** Los libros en España son baratos.
4. **(grande)** El edificio pertenece al Sr. Carmona.
5. **(cuadrados)** Los brillantes dan la apariencia de ser más grandes.
6. **(esta)** Con navaja se corta madera.
7. **(pobre)** La mujer tuvo que abandonar su hogar.
8. **(argentino)** El gobierno promulgó nuevas leyes.
9. **(viejos)** Estos dos muchachos son amigos.
10. **(blancos)** Los gatos tienen una piel muy fina.

b. *Componga el complemento de las siguientes oraciones en forma de un sustantivo modificado por un adjetivo.*

> **MODELO** Me gustaría visitar...
>
> **Me gustaría visitar las grandes universidades.**

1. Yo tendré...
2. Mi vida será...
3. Viviré con...
4. Me casaré con...
5. Quisiera vivir en...
6. Compraría un...
7. No estaría contento sin...
8. ...
9. ...
10. ...

II. Ni *and* tampoco

Ni... ni... meaning *neither... nor...* is used as an adverb or as an adjective when negating the existence of nouns in a series. It sometimes has the connotation of *not even*. **Tampoco**, a negation of **también** is often used to reinforce **ni**.

No es **ni** animal, **ni** vegetal.	It is *neither* animal *nor* vegetable.
Tampoco es mineral.	It is *not mineral either.* (*Neither* is it mineral.)
Ni tiene forma fija.	It *doesn't even* have a fixed shape.
Ella no sabe lo que será. **Ni** yo **tampoco.**	She doesn't know what it could be. Me *neither.* (*Neither* do I.)
¿ **Tampoco** tú sabes lo que es?	You *don't* know what it is *either?*
Ni tampoco lo saben los científicos.	*Not even* the scientists know. (The scientists *don't* know it *either.*)

———— Ejercicios ————

a. *Haga negativas las siguientes oraciones.*

1. O es verdad, o mentira.
2. Yo también creo en la astrología.
3. ¿ Aun tú crees en la astrología?
4. Hasta los ateos (*atheists*) dicen esto.
5. También lo dicen los filósofos.

b. *Empleando los ejemplos dados arriba como modelo, complete las siguientes oraciones.*

1. No tengo ni... , ni...
2. Tampoco tengo...
3. Ni sé donde...
4. No... . Ni... tampoco
5. Tampoco...
6. Ni tampoco...

III. *Past Participles used as Nouns*

Many nouns are derived from either the masculine or the feminine form of the past participle of a verb.

VERB		NOUN	
comer	*to eat*	comida	*food, meal (something that is eaten)*
hacer	*to do*	hecho	*fact (something that has been done)*
vestir	*to dress*	vestido	*dress (something that is worn)*

———— Ejercicio ————

Haga Vd. oraciones empleando los siguientes participios como sustantivos.

1. dicho
2. puesto
3. ida y vuelta
4. vista

5. muerto
6. querido
7. llegada

NOTE: Whereas the participles given above are either masculine or feminine, the neuter **lo** can be used with almost any past participle to express the idea of *that which is* + past participle. See Chapter 2, apunte II.

Lo esperado muchas veces nunca llega.	*That which is expected* often never *arrives.*

———— Ejercicio ————

Componga cinco oraciones empleando **lo** *con el participio pasado.*

 # *Diálogo* 14 _____

« ...nada hay verdad ni mentira: todo es según el color del cristal con que se mira. »

PEPE Hola, Roberto, ¿ Cómo estás, Felicia ? Me alegro de que hayan venido. Ana está adentro.[1] Pasen Vds.

ROBERTO ¡ Qué tal ! ¿ Cómo les va ?

FELICIA ¡ Oh ! Sí, permítanme felicitarles.[2] Roberto me contó que han decidido casarse. ¡ Qué bueno !

ANA (*saliendo a recibirlos*) Gracias. Vengan, tomemos una copa[3] juntos.

ROBERTO Con mucho gusto. Me encanta la idea de brindar[4] por un futuro alegre para Vds., pero les ruego que no traten de convencerme a mí de que me case.

PEPE ¿ Por qué no, hombre ?

ROBERTO   Por muchas razones, pero además de las más comunes, es que no tengo confianza en el futuro.

ANA   ¿ Por qué dices eso ?

ROBERTO   Hay tanto egoísmo y tanta violencia en nuestra sociedad que no quisiera traer niños a este mundo.

FELICIA   Tú lo ves todo en colores tan tenebrosos.[5]

ROBERTO   Y dime, ¿ qué esperanza tienen Vds. para el porvenir de la raza humana si en toda su historia no ha cambiado en nada el carácter del hombre ?

PEPE   Roberto, me extraña[6] que tú hables así. Tú, que estudiaste tanto las ciencias, sabrás más que nosotros de los adelantos[7] que nos esperan. Vivimos en la frontera de una nueva época. Posiblemente habrá contacto con seres de otros planetas. Tal vez podrán enseñarnos a resolver los problemas de nuestro mundo.

FELICIA   ¡ No sólo eso ! Fíjate[8] también, Roberto, en la espiritualidad de nuestra generación. La meditación nos ayudará[9] a encontrar tranquilidad y armonía.

ANA   Yo creo que el progreso de la humanidad dependerá del desarrollo de cualidades más sinceras, más simpáticas. Habrá que aprender a sentir el dolor de otros para disminuir el sufrimiento general. La civilización no podrá seguir así con tanta concentración en la satisfacción de los deseos personales sin conciencia[10] de los derechos y de las necesidades de los demás.

ROBERTO   Vds. son demasiado idealistas. Tanto los gobiernos como los individuos tienen que mirar por sus propios intereses para sobrevivir.[11] Es muy probable que en el futuro no haya bastantes alimentos para satisfacer las necesidades de los miles de millones que habitarán la tierra, y entonces verán Vds. a la gente matarse por un bocado[12] de pan.

PEPE   El economista Malthus dijo lo mismo hace doscientos años y sin embargo hoy en día se vive mejor que nunca.

FELICIA   Roberto, no seas tan pesimista. Acuérdate de lo que dijo Campoamor,[13] « nada hay verdad ni mentira: todo es según el color del cristal[14] con que se mira. »

---

[1]**adentro** inside   [2]**felicitar** to congratulate   [3]**copa** glass, wineglass   [4]**brindar** to toast (to)   [5]**tenebroso** dark, gloomy   [6]**extrañar(se)** to be surprised   [7]**adelanto** advance   [8]**fijarse en** to notice, to pay attention to   [9]**ayudar** to help   [10]**conciencia** awareness   [11]**sobrevivir** to survive   [12]**bocado** mouthful, bite   [13]**Campoamor, Ramón de** (1817–1901) Spanish poet and moralist of the 19th century   [14]**cristal** crystal; looking glass

——————— **Preguntas** ———————

1. ¿Cuál es la ocasión que están celebrando Pepe y Ana?
2. ¿Qué les ofrecen a Roberto y a Felicia para celebrar la ocasión?
3. ¿Por qué no quisiera casarse Roberto?
4. ¿Por qué no quisiera traer niños al mundo?
5. ¿Qué esperanza hay para que se mejore la vida, según Pepe?
   ¿según Felicia?
6. ¿De qué depende el desarrollo de la humanidad, según Ana?
7. ¿Por qué tienen que ser egoístas las personas y las naciones, según Roberto?
8. ¿Qué peligro existe para la humanidad si no se limita el aumento de la población?
9. ¿Qué dijo el economista Malthus hace unos doscientos años?
10. ¿Cómo interpreta Vd. lo que dijo Campoamor?

Actividades para la clase

Hagan Vds. una encuesta (*survey*) para saber las opiniones de los alumnos de la clase haciéndoles llenar el cuestionario que sigue. Si tienen más preguntas que añadir, será mejor para los propósitos de la encuesta; prepárenlas.

ENCUESTA

Escoja Vd. la preferencia que mejor exprese sus ideas o escriba otra.

1. Si los biólogos pudieran algún día controlar los cromosomas, deberían hacer al hombre y a la mujer
   a. menos agresivos
   b. menos orgullosos
   c. más románticos
   d. _____

2. Yo quisiera vivir algun día en
   a. una isla tropical
   b. un país hispánico
   c. otro planeta
   d. _____

---

3. Lo que yo quisiera hacer en el futuro es
   a. descubrir el secreto de la vida
   b. conquistar el espacio interestelar
   c. ganar mucho dinero y vivir tranquilo
   d. _____

4. Lo que yo quisiera ver en mi vida es
   a. la vista de la tierra desde el espacio
   b. seres extraños de otro planeta
   c. mejores relaciones humanas
   d. _____

Complete Vd. las oraciones.

1. En mis sueños, yo veo mi futuro como...
2. Los científicos dicen que en el futuro habrá...
3. Si no se resuelven los problemas económicos de este país, faltará...
4. Si las temperaturas de la zona tórrida bajan diez grados centígrados, será posible...
5. Si todo el mundo hablara el mismo idioma, habría...

Discutan Vds. las razones de las contestaciones que han dado a algunas de las preguntas de la encuesta.

Composición: temas sugeridos

A. Los cambios que más se necesitan para que haya justicia en este mundo.

B. Los adelantos tecnológicos que se esperan dentro de cien años.

C. La familia en el siglo XXI.

D. Las percepciones extrasensoriales y sus posibles aplicaciones.

E. La verdad de la astrología.

Appendix A

1. Personal Pronouns

A. Subject Pronouns

SINGULAR	yo	I
	tú	you (familiar)
	usted, él, ella	you (polite), he, she
	ello	it (neuter; there is no masculine or feminine form)
PLURAL	nosotros, -as	we
	vosotros, -as	you (familiar)
	ustedes	you (polite, and familiar in Spanish America)
	ellos, ellas	they

B. Indirect Object Pronouns

SINGULAR	me	to me, for me
	te	to you, for you
	le	to (for) him, her, you
PLURAL	nos	to us, for us
	os	to you, for you
	les	to them, to you, for them, for you

C. Direct Object Pronouns

SINGULAR	me	me
	te	you
	lo	him, it (m.)
	la	her, it (f.)
	le	you (also him in Spain)

PLURAL	nos	us
	os	you
	los	them (m.)
	las	them (f.)
	les	you (also them, m. in Spain)

D. Reflexive Pronouns

SINGULAR	me	myself
	te	yourself
	se	yourself, itself, himself, herself
PLURAL	nos	ourselves
	os	yourselves
	se	yourselves, themselves

E. Object of Preposition Pronouns

SINGULAR	mí (conmigo)	me (with me)
	ti (contigo)	you (with you)
	él, ella, usted	him, her, it (m.f.), you
	ello	it (neuter)
	sí (consigo)	(with) himself, herself, itself, you
PLURAL	nosotros, -as	us
	vosotros, -as	you
	ellos, ellas	them
	ustedes	you
	sí (consigo)	(with) themselves, yourselves

F. Possessive Adjectives and Pronouns

The following chart summarizes the forms:

	POSSESSIVE ADJECTIVES		POSSESSIVE PRONOUNS	
English	Unstressed before nouns	Stressed after noun	English	Used when noun is not mentioned & after **ser**
my	**mi, mis**	**mío, -a míos, -as**	*mine*	**el mío, la mía los míos, las mías**
your	**tu, tus**	**tuyo, -a, tuyos, -as**	*yours*	**el tuyo, la tuya los tuyos, las tuyas**
his, her, your, its	**su, sus**	**suyo, -a, suyos, -as**	*his, hers, yours, its*	**el suyo, la suya los suyos, las suyas**
our	**nuestro, -a nuestros, -as**	*same*	*ours*	**el nuestro, la nuestra los nuestros, las nuestras**
your	**vuestro, -a vuestros, -as**	*same*	*yours*	**el vuestro, la vuestra los vuestros, las vuestras**
their, your	**su, sus**	**suyo, -a suyos, -as**	*theirs, yours*	**el suyo, la suya los suyos, las suyas**

2. Demonstrative Adjectives And Pronouns

SINGULAR	MASCULINE	FEMININE	NEUTER	PLURAL	MASCULINE	FEMININE
this	**éste**	**ésta**	**esto**	*these*	**éstos**	**éstas**
that (near the person spoken to)	**ése**	**ésa**	**eso**	*those*	**ésos**	**ésas**
that (remote from both speaker and person spoken to)	**aquél**	**aquélla**	**aquello**	*those*	**aquéllos**	**aquéllas**

NOTE: The accent mark is not needed when the above are used as adjectives.

3. Relative and Interrogative Adjectives, Adverbs, and Pronouns

ADJECTIVES AND PRONOUNS			ADVERBS		
Interrogative		Relative	Interrogative		Relative
What (which)?	¿Qué?	que	How?	¿Cómo?	como
Which (one)?	¿Cuál, -es?	el cual, el que	When?	¿Cuándo?	cuando
Who?	¿Quién, -es?	quien, -es	Where?	¿Dónde?	donde
Whom?	¿A quién?	a quien	Why?	¿Por qué?	porque
Whose?	¿De quién?	cuyo, -a, -os, -as			*because*
How much?	¿Cuánto, -a?	cuanto, -a			
How many?	¿Cuántos, -as?	cuantos, -as			

4. Negatives and Indefinites

	INDEFINITES	NEGATIVES
PRONOUN	**algo** *something* **alguien** *somebody, someone*	**nada** *nothing* **nadie** *no one, nobody*
ADJECTIVE	**alguno, -a** *some one (of a group)* **algunos,-as** *several* **cualquier, -a** *any (at all)* **cualesquier, -a** *any (at all -pl.)*	**ninguno, -a** *none, not one (of a group)* **ningunos, -as** *none (of a group, -pron.)*
ADVERB	**en alguna parte** *somewhere* **en cualquier parte** *anywhere* **de algún modo** *somehow, some way* **de cualquier modo** *anyhow, anyway* **jamás, siempre** *ever, always* **alguna vez** *once, at some time*	**en ninguna parte** *nowhere* **de ningún modo** *in no way* **jamás** *never* **nunca** *never*
CONJUNCTION	**o** *either, or*	**ni** *neither, nor*
	OTHER EXPRESSIONS	NEGATIONS
	también *also* **ya** *yet* **todavía** *still* **otro** *another*	**tampoco** *neither, not . . . either, nor* **todavía no** *not yet* **ya no** *no longer* **no... más** *no more*

Appendix B

THE VERB SYSTEM

1. Regular Verbs

A. The Verb

The verb is the nucleus of the sentence, and indicates action or state of being. There is seldom need to use a subject pronoun as we do in English because the personal endings designate the subject.

	SUBJECT PRONOUNS		PERSONAL ENDINGS
1st person sing.	**yo**	I	(variable)
2nd person sing.	**tú**	*you (familiar)*	**-s** (**-te** in preterite)
3rd person sing.	**él, ella**	*he, she*	
	usted (vd.)	*you (polite)*	(variable)
	(no pronoun)	*it*	
1st person pl.	**nosotros, -as**	*we*	**-mos**
2nd person pl.	**vosotros, -as**	*you (familiar)*	**-is**
3rd person pl.	**ellos, ellas**	*they*	
	ustedes (vds.)	*you (polite)* *	**-n**

B. Infinitives and Participles

Spanish verbs fall into three categories: infinitive ending in **-ar** (Class I), infinitive ending in **-er** (Class II), and infinitive ending in **-ir** (Class III).

---

* Also used as the familiar plural in Latin America.

	CLASS I		CLASS II		CLASS III	
Infinitive	tomar	to take	comer	to eat	vivir	to live
Present Participle	tomando	taking	comiendo	eating	viviendo	living
Past Participle	tomado	taken	comido	eaten	vivido	lived

C. The Indicative Mood

This mood expresses actions that are taking place, took place or will take place without uncertainty or doubt.

The various tenses are formed by adding the required endings to the stem of the infinitive unless the verb is irregular.

I. Present

CLASS I (-AR)

tomo	I take, am taking, do take
tomas	you (familiar) take
toma	he/she/it takes, you (polite) take
tomamos	we take
tomáis	you (familiar plural in Spain) take
toman	they take, you (polite) take

CLASS II (-ER)

como	I eat, am eating, do eat
comes	you (familiar) eat
come	he/she/it eats, you (polite) eat
comemos	we eat
coméis	you (familiar plural) eat
comen	they eat, you (polite) eat

CLASS III (-IR)

vivo	I live, am living, do live
vives	you (familiar) live
vive	he/she/it lives, you (polite) live
vivimos	we live
vivís	you (familiar plural) live
viven	they live, you (polite) live

II. The Preterite

CLASS I (-AR)

tomé	I took, did take
tomaste	you took
tomó	he/she/it took, you (polite) took
tomamos	we took
tomasteis	you took
tomaron	they took, you (polite) took

CLASS II AND CLASS III (-ER, -IR)	
com**í**	I *ate*
com**iste**	*you ate*
com**ió**	*he/she/it ate, you (polite) ate*
com**imos**	*we ate*
com**isteis**	*you ate*
com**ieron**	*they ate, you (polite) ate*
viv**í**	I *lived*
viv**iste**	*you lived*
viv**ió**	*he/she/it lived, you (polite) lived*
viv**imos**	*we lived*
viv**isteis**	*you lived*
viv**ieron**	*they lived, you (polite) lived*

III. The Imperfect

CLASS I (-AR)	
tom**aba**	I *used to take, was taking*
tom**abas**	*you used to take*
tom**aba**	*he/she/it used to take, you (polite) used to take*
tom**ábamos**	*we used to take*
tom**abais**	*you used to take*
tom**aban**	*they used to take, you (polite) used to take*

CLASS II AND CLASS III (-ER, -IR)	
com**ía**	I *used to eat*
com**ías**	*you used to eat*
com**ía**	*he/she/it used to eat, you (polite) used to eat*
com**íamos**	*we used to eat*
com**íais**	*you used to eat*
com**ían**	*they used to eat, you (polite) used to eat*
viv**ía**	I *used to live*
viv**ías**	*you used to live*
viv**ía**	*he/she/it used to live, you (polite) used to live*
viv**íamos**	*we used to live*
viv**íais**	*you used to live*
viv**ían**	*they used to live, you (polite) used to live*

IV. The Future

It is formed by attaching personal endings to the infinitive.

CLASS I, II, AND III

	-é	I *shall/will take, eat, live*
	-ás	*you will take, eat, live*
tomar	**-á**	*he/she/it/you (polite) will take, eat,*
comer		*live*
vivir	**-emos**	*we shall/will take, eat, live*
	-éis	*you will take, eat, live*
	-án	*they/you (polite) will take, eat, live*

D. The Conditional Mood

The conditional does not express definite action, but denotes an action that would take place under certain conditions. It is also used to express probability, or a potential action; thus, in Spanish the conditional is called *el potencial*. The endings of the conditional are attached to the infinitive.

CLASS I, II, AND III

	-ía	I *should/would take, eat, live*
	-ías	*you would take, eat, live*
	-ía	*he/she/it would take, eat,*
tomar		*live; you (polite) would*
comer		*take, eat, live*
vivir	**-íamos**	*we should/would take, eat, live*
	-íais	*you would take, eat, live*
	-ían	*they would take, eat, live;*
		you (polite) would take,
		eat, live

E. The Subjunctive Mood

The subjunctive expresses actions that are uncertain—they may take place or may have taken place. It is used in subordinate clauses.

I. Present Subjunctive

CLASS I(-AR)*

(que)		(that)	
	tom**e**		I may take
	tom**es**		you may take
	tom**e**		he/she/it may take, you (polite) may take
	tom**emos**		we may take
	tom**éis**		you may take
	tom**en**		they may take, you (polite) may take

CLASS II AND III (-ER, -IR)**

(que)		(that)	
	com**a**		I may eat
	com**as**		you may eat
	com**a**		he/she/it may eat, you (polite) may eat
	com**amos**		we may eat
	com**áis**		you may eat
	com**an**		they may eat, you (polite) may eat
	viv**a**		I may live
	viv**as**		you may live
	viv**a**		he/she/it may live, you (polite) may live
	viv**amos**		we may live
	viv**áis**		you may live
	viv**an**		they may live, you (polite) may live

II. Imperfect Subjunctive

CLASS I (-AR)

(que)		(that)	
	tom**ara**, tom**ase**†		I might take
	tom**aras**, tom**ases**		you might take
	tom**ara**, tom**ase**		he/she/it might take, you (polite) might take
	tom**áramos**, tom**ásemos**		we might take
	tom**arais**, tom**aseis**		you might take
	tom**aran**, tom**asen**		they might take, you (polite) might take

*verbs take ending in **-e**
verbs take endings in **-a
†alternate form (less commonly used)

CLASS II AND III (ER, -IR)*

| (que) | com**iera**, com**iese**
com**ieras**, com**ieses**
com**iera**, com**iese**

com**iéramos**,
 com**iésemos**
com**ierais**,
 com**ieseis**
com**ieran**,
 com**iesen**

viv**iera**, viv**iese**
viv**ieras**, viv**ieses**
viv**iera**, viv**iese**

viv**iéramos**,
 viv**iésemos**
viv**ierais**, viv**ieseis**
viv**ieran**, viv**iesen** | (that) | I *might eat*
you might eat
he/she/it might eat, you
 (polite) might eat
we might eat

you might eat

they might eat, you (polite)
 might eat

I *might live*
you might live
he/she/it might live, you
 (polite) might live
we might live

you might live
they might live, you
 (polite)might live |

F. Compound Tenses

The compound tenses are formed by adding the past participle (the regular forms ending in **-ado** for Class I verbs and **-ido** for Class II and Class III verbs) to the conjugated auxiliary verb to have: **haber**.

I. The Perfect Infinitive

| haber | tom**ado**
com**ido**
viv**ido** | *to have* | *taken*
eaten
lived |

II. The Perfect Participle

| habiendo | tom**ado**
com**ido**
viv**ido** | *having* | *taken*
eaten
lived |

---

*take the same endings

III. The Present Perfect Indicative

It refers to an action that was begun in the past and has been completed as of the present.

he		I *have*	
has		*you have*	
ha	tom**ado**	*he/she/it has, you (polite) have*	*taken*
hemos	com**ido**	*we have*	*eaten*
habéis	viv**ido**	*you have*	*lived*
han		*they have, you (polite) have*	

IV. The Pluperfect Indicative

It refers to actions begun and completed in the past.

había		I *had*	
habías		*you had*	
había	tom**ado**	*he/she/it had, you (polite)*	*taken*
	com**ido**	*had*	*eaten*
habíamos	viv**ido**	*we had*	*lived*
habíais		*you had*	
habían		*they had, you (polite) had*	

V. The Preterite Perfect Indicative (seldom used)

hube		I *had*	
hubiste		*you had*	
hubo	tom**ado**	*he/she/it had, you (polite)*	*taken*
	com**ido**	*had*	*eaten*
hubimos	viv**ido**	*we had*	*lived*
hubisteis		*you had*	
hubieron		*they had, you (polite) had*	

VI. The Future Perfect (used also to express probability in the past)

habré		I *shall/will/must have*	
habrás		*you must/will have*	
habrá	tom**ado**	*he/she/it will have, you*	*taken*
	com**ido**	*(polite) will/must have*	*eaten*
habremos	viv**ido**	*we will/must have*	*lived*
habréis		*you will/must have*	
habrán		*they will have, you (polite)*	
		will/must have	

VII. The Conditional Perfect (used also to express probability in the past)

habría			I *should/would have*	
habrías			*you would have*	
habría	tom**ado**		*he/she/it would have, you*	*taken*
	com**ido**		*(polite) would have*	*eaten*
habríamos	viv**ido**		*we should/would have*	*lived*
habríais			*you would have*	
habrían			*they would have, you (polite)*	
			would have	

VIII. The Present Perfect Subjunctive

(que)	haya			I *may have*	
	hayas			*you may have*	
	haya			*he/she/it may have,*	
		tom**ado**		*you (polite) may*	*taken*
		com**ido**	(that)	*have*	*eaten*
		viv**ido**			*lived*
	hayamos			*we may have*	
	hayáis			*you may have*	
	hayan			*they may have, you*	
				(polite) may have	

IX. The Pluperfect Subjunctive

(que)	hubiera, hubiese			I *might have*	
	hubieras, hubieses			*you might have*	
	hubiera, hubiese			*he/she/it might have,*	
		tom**ado**		*you (polite) might*	*taken*
		com**ido**	(that)	*have*	*eaten*
		viv**ido**		*we might have*	*lived*
	hubiéramos, hubiésemos				
	hubierais, hubieseis			*you might have*	
	hubieran, hubiesen			*they might have, you*	
				(polite) might have	

G. The True Imperative*

The **tú** and **vosotros** affirmative commands are:

CLASS I (-AR)		CLASS II (-ER)		CLASS III (-IR)	
toma tú	} *take*	come tú	} *eat*	vive tú	} *live*
tomad vosotros		comed vosotros		vivid vosotros	

2.   Irregular Verb Forms

A. Formation of Tenses

The tense forms of most irregular verbs are formed by adding the required endings to the stems of the first person singular of the present indicative and the third person plural of the preterite. Thus, irregularities will appear in the forms derived from these.

Infinitive: **dormir**	*Present Indicative*: **duermo**
Future: **dormiré**	(*1st person singular*)
Conditional: **dormiría**	*Present Subjunctive*: **duerma**
Imperative (plural): **dormid**	*Imperative (singular)*: **duerme**
Past Participle: **dormido**	

Preterite: **durmieron** (*3rd person plural*)
Imperfect Subjunctive: **durmiera**
Present Participle: **durmiendo**

B. Orthographic Changes

Changes in orthography—spelling—occur in a number of verbs. The spelling changes are required in order to preserve the sound of the stem as pronounced in the infinitive and to conform to the rules of Spanish orthography.

Examples of the changes which take place are as follows:

I. Verbs ending in **-car** change **-c** to **-qu** before **-e**, to preserve the sound of *k*.

buscar   (*pret.*) bus**qu**é   (*pres. subj.*) bus**qu**e, *etc.*

II. Verbs ending in **-gar** change **-g** to **-gu** before **-e**, to preserve the hard *g* sound.

llegar   (*pret.*) lle**gu**é   (*pres. subj.*) lle**gu**e, *etc.*

---

*The present subjunctive is used for all negative commands and also for polite (**Vd., Vds.**) commands in the affirmative.

III. Verbs ending in **-zar** change **-z** to **-c** before **-e** since **-z** is not used in Spanish before **-e.**

comenzar   (*pret.*) comen**cé**   (*pres. subj.*) comien**ce**, *etc.*

IV. Verbs ending in **-ger** and **-gir** change **-g** to **-j** before **-a** and **-o,** to preserve the aspirant sound of **-ge** or **-gi.**

coger   (*pres. ind.*) co**jo**   (*pres. subj.*) co**ja**, *etc.*
dirigir   (*pres. ind.*) diri**jo**   (*pres. subj.*) diri**ja**, *etc.*

V. Verbs ending in **-guir** drop the **-u** before **-a** and **-o** since the **u** would be pronounced in **gua** or **guo.**

seguir   (*pres. ind.*) si**go**   (*pres. subj*) si**ga**, *etc.*

Other orthographic changes which take place are as follows:

VI. **-i-** changes to **-y-** when it comes between two vowels. This occurs in Class II and Class III verbs whose stem ends in a vowel and in verbs ending in **-uir,** but not **-guir.**

leer   (*present part.*)   le**yendo**
         (*pret.*)   le**í**, le**íste**, le**yó,**
                     le**ímos**, le**ísteis**, le**yeron**
         (*imperf. subj.*)   le**yera**, etc.

VII. **-i** and **-u,** which are weak vowels, require a written accent mark if they are stressed and are preceded or followed by a strong vowel (**a, e,** or **o**). (A combination of an unaccented weak vowel and a strong vowel forms a diphthong.)

enviar   (*pres. ind.*)   env**í**o, env**í**as, env**í**a,
                           enviamos, enviais, env**í**an
continuar   (*pres. ind.*)   contin**ú**o, contin**ú**as, contin**ú**a,
                              continuamos, continuais, contin**ú**an
reunir   (*pres. ind.*)   re**ú**no, re**ú**nes, re**ú**ne,
                           reunimos, reunís, re**ú**nen

C. Radical Changing Verbs

I. **-ar** and **-er** verbs

Stem changes:
The **-e-** in the verb stem changes to **-ie** in all forms of the present indicative and the present subjunctive except the 1st and 2nd persons plural. If the vowel in the verb stem is an **-o-,** it changes to **-ue-** in such cases, i.e., when it is stressed.

pensar: *to think*

PRESENT INDICATIVE		PRESENT SUBJUNCTIVE	
pienso	pensamos	piense	pensemos
piensas	pensais	pienses	penséis
piensa	piensan	piense	piensen

IMPERATIVE
piensa (tú) pensad (vosotros)

volver: *to return*

PRESENT INDICATIVE		PRESENT SUBJUNCTIVE	
vuelvo	volvemos	**vue**lva	volvamos
vuelves	volvéis	**vue**lvas	volváis
vuelve	**vue**lven	**vue**lva	**vue**lvan

IMPERATIVE
vuelve (tú)   volved (vosotros)

NOTE: The verb **jugar** *to play* is a special case which also fits into this category. The **-u-** of the stem changes to **-ue-** when it is stressed, as in **volver**.

Other **-ar** and **-er** radical changing verbs:

acordar(se) *to remember*	**llover** *to rain*
acostar(se) *to go to bed*	**mostrar** *to show*
almorzar *to eat lunch*	**mover** *to move*
atrever(se) *to dare*	**negar** *to deny*
comenzar *to begin*	**perder** *to lose*
contar *to count, tell*	**probar(se)** *to try (on)*
costar *to cost*	**recordar** *to remember*
despertar(se) *to awaken*	**rogar** *to beg*
empezar *to begin*	**sentar(se)** *to sit*
encender *to light*	**sonar** *to sound, ring*
encontrar *to meet, find*	**soñar** *to dream*
entender *to understand*	**volar** *to fly*

II. Verbs ending in **-entir**, **-ertir**, **-erir** and also **dormir** and **morir**

Stem changes:
e → ie: As in section A, for all forms of the present indicative and the present subjunctive, except the 1st and 2nd persons plural; also, the imperative singular.

e → i: Present subjunctive: 1st and 2nd persons plural; preterite: 3rd person singular and plural; imperfect subjunctive: all forms; present participle.

Infinitive: sentir *to feel*
Present Participle: sintiendo *feeling*

PRETERITE		IMPERFECT SUBJUNCTIVE
sentí	sentimos	sintiera, sintiese
sentiste	sentisteis	sintieras, sintieses
sintió	sintieron	sintiera, sintiese
		sintiéramos, sintiésemos
		sintierais, sintieseis
		sintieran, sintiesen

IMPERATIVE
siente (tú) sentid (vosotros)

Other radical changing verbs in this category:

a. **mentir** *to lie*, **arrepentirse** *to repent*, and derivatives of **sentir** such as **consentir** *to consent*, **resentir** *to resent*
b. verbs with the stem -**vertir** such as **advertir** *to warn*, **convertir** *to convert*, **divertir(se)** *to enjoy oneself*, **invertir** *to invest*, and **pervertir** *to pervert*
c. **adquirir** *to acquire*, **herir** *to wound*, **requerir** *to require*, **sugerir** *to suggest*, and verbs with the stem -**ferir** such as **conferir** *to confer*, **inferir** *to infer*, **preferir** *to prefer*, and **referir** *to refer*.
d. **dormir** *to sleep* and **morir** *to die* are conjugated as follows:

Infinitive: dormir
Present Participle: durmiendo

PRESENT INDICATIVE		PRESENT SUBJUNCTIVE	
duermo	dormimos	duerma	durmamos
duermes	dormís	duermas	durmáis
duerme	duermen	duerma	duerman

PRETERITE		IMPERFECT SUBJUNCTIVE
dormí	dormimos	durmiera, durmiese
dormiste	dormisteis	durmieras, durmieses
durmió	durmieron	durmiera, durmiese
		durmiéramos, durmiésemos
		durmierais, durmieseis
		durmieran, durmiesen

IMPERATIVE
duerme (tú) dormid (vosotros)

III. **-ir** verbs with **-e-** stem

Stem changes: **e → i**
Present Indicative: all forms except the 1st and 2nd persons plural
Present Subjunctive: all forms
Preterite: 3rd person singular and plural
Imperfect Subjunctive: all forms
Present Participle
Imperative singular

Infinitive: p**e**dir *to ask for, request*
Present Participle: p**i**diendo

PRESENT INDICATIVE		PRESENT SUBJUNCTIVE	
p**i**do	pedimos	p**i**da	p**i**damos
p**i**des	pedís	p**i**das	pidáis
p**i**de	p**i**den	p**i**da	p**i**dan

PRETERITE		IMPERFECT SUBJUNCTIVE
pedí	pedimos	p**i**diera, p**i**diese
pediste	pedisteis	p**i**dieras, p**i**dieses
p**i**dió	p**i**dieron	p**i**diera, p**i**diese
		pidiéramos, pidiésemos
		p**i**dierais, p**i**dieseis
		p**i**dieran, p**i**diesen

IMPERATIVE
p**i**de (tú) pedid (vosotros)

Infinitive: re**í**r *to laugh*
Present Participle: r**i**endo

PRESENT INDICATIVE		PRESENT SUBJUNCTIVE	
río	reímos	ría	riamos
ríes	reís	rías	riáis
ríe	ríen	ría	rían

PRETERITE		IMPERFECT SUBJUNCTIVE	
reí	reímos	ri**e**ra, ri**e**se	ri**é**ramos, ri**é**semos
reíste	reísteis	ri**e**ras, ri**e**ses	ri**e**rais, ri**e**seis
rió	ri**e**ron	ri**e**ra, ri**e**se	ri**e**ran, ri**e**sen

IMPERATIVE
ríe (tú) reíd (vosotros)

Other radical changing verbs in this category:
competir *to compete,* **repetir** *to repeat,* **servir** *to serve,* **vestir(se)** *to dress*
seguir *to follow,* **conseguir** *to obtain,* **perseguir** *to pursue*
despedir(se) *to bid farewell,* **impedir** *to impede, prevent*
sonreír *to smile,* **freír** *to fry,* **reñir** *to scold*

D. Other Irregularities in the Present

I. In addition to the already mentioned orthographic and radical changes which occur in the present indicative, there are a number of verbs which have a distinct form in the 1st person singular of the present indicative. These irregularities are carried forth to the present subjunctive, which is derived from the 1st person singular of the present indicative. There are two main classifications: **-go** verbs and **-oy** verbs.

a. **-go** verbs

caer (*to fall*)	*ca**i**g**o**	salir (*to go out*)	sa**lg**o
decir (*to say*)	di**g**o	tener (*to have*)	ten**g**o
hacer (*to do*)	ha**g**o	traer (*to bring*)	tra**ig**o
oír (*to hear*)	o**ig**o	venir (*to come*)	ven**g**o
poner (*to put*)	pon**g**o		

b. **-oy** verbs

dar (*to give*)	d**oy**	ir (*to go*)	v**oy**
estar (*to be*)	est**oy**	ser (*to be*)	s**oy**

c. Other verbs

haber: h**e**, h**as**, h**a**, h**emos**, hab**éis**, h**an**
saber: (*to know*) s**é**
conocer: (*to know*) cono**zco**

d. Verbs ending in

-ecer:	crecer (*to grow*) cre**zco**
	enriquecer (*to enrich*) enrique**zco**
-ucir:	lucir (*to shine*) lu**zco**
	conducir (*to drive, conduct*) condu**zco**

II. There are six verbs whose irregularity in the present subjunctive bears no relation to the present indicative.

dar: dé, des, dé, demos, deis, den
estar: esté, estés, esté, estemos, estéis, estén
haber: haya, hayas, haya, hayamos, hayáis, hayan
ir: vaya, vayas, vaya, vayamos, vayáis, vayan
saber: sepa, sepas, sepa, sepamos, sepáis, sepan
ser: sea, seas, sea, seamos, seáis, sean

E. Irregularities in the Imperfect Indicative

There are only three verbs which are irregular in the imperfect indicative.

ir: iba, ibas, iba, íbamos, ibais, iban
ser: era, eras, era, éramos, erais, eran
ver: veía, veías, veía, veíamos, veíais, veían

F. Irregularities in the Preterite

I. **Ir** and **ser** have the same form in the preterite; **dar** resembles an **-ir** verb.

ir: fui, fuiste, fue, fuimos, fuisteis, fueron
ser: fui, fuiste, fue, fuimos, fuisteis, fueron
dar: di, diste, dio, dimos, disteis, dieron

II. Some of the most common verbs undergo a stem change in the preterite and also take a distinct category of preterite endings.

tener: tu**ve**, tu**viste**, tu**vo**, tu**vimos**, tu**visteis**, tu**vieron**

a. **-i-** stem

decir: **dije, dijiste, dijo, dijimos, dijisteis, dijeron***
hacer: **hice, hiciste, hizo, hicimos, hicisteis, hicieron**
querer: **quise, quisiste, quiso, quisimos, quisisteis, quisieron**
venir: **vine, viniste, vino, vinimos, vinisteis, vinieron**

b. **-u-** stem

andar:	and**uve**, *etc.*	poder:	p**ude**, *etc.*
estar:	est**uve**, *etc.*	poner:	p**use**, *etc.*
haber:	h**ube**, *etc.*	saber:	s**upe**, *etc.*

c. Compounds in **-ducir** such as **conducir, deducir, inducir, reducir, traducir**

conducir: condu**je**, condu**jiste**, condu**jo**, condu**jimos** condu**jisteis**, condu**jeron***

d. traer: tra**je**, tra**jiste**, tra**jo**, tra**jimos**, tra**jisteis**, tra**jeron***

G. Irregularities in the Future and the Conditional

I. Future and conditional endings are attached to the infinitive. In a number of verbs, the weakened vowel of the infinitive ending disappears.

Note: the **-i- of the ending **-ieron** is dropped after **-j-**.

caber:	cabré	cabría
haber:	habré	habría
poder:	podré	podría
poner:	pondré	pondría
querer:	querré	querría
saber:	sabré	sabría
salir:	saldré	saldría
tener:	tendré	tendría
valer:	valdré	valdría
venir:	vendré	vendría

II. The future and conditional of **decir** and **hacer** are derived from infinitives which had already been shortened in Latin.

decir:	diré	diría
hacer:	haré	haría

H. Irregular Imperatives

Only the singular of the true imperative (the *tú* form) is irregular.

decir:	di	poner:	pon	tener:	ten
hacer:	haz	salir:	sal	valer:	val
ir:	ve	ser:	sé	venir:	ven

I. Irregular Past Participles

abrir: abierto (*opened*)
cubrir: cubierto (*covered*)
decir: dicho (*said, told*)
escribir: escrito (*written*)
hacer: hecho (*done, made*)
imprimir: impreso (*printed, impressed*)
morir: muerto (*died*)
poner: puesto (*placed, put, posed*)
romper: roto (*broken*)
soltar: suelto (*loosened*)
ver: visto (*seen*)
volver: vuelto (*returned*)

Appendix C

Numbers and Measurements:
The Metric System and
Its Equivalents

1. Numbers

A. Cardinal Numbers

0	**cero**	21	**veintiún(o), veintiuna** (veinte y uno)
1	**un(o), una**	22	**veintidós (veinte y dos)**
2	**dos**	23	**veintitrés (veinte y tres)**
3	**tres**	24	**veinticuatro (veinte y cuatro)**
4	**cuatro**		
5	**cinco**	25	**veinticinco (veinte y cinco)**
6	**seis**	26	**veintiséis (veinte y seis)**
7	**siete**	27	**veintisiete (veinte y siete)**
8	**ocho**	28	**veintiocho (veinte y ocho)**
9	**nueve**		
10	**diez**	29	**veintinueve (veinte y nueve)**
11	**once**		
12	**doce**	30	**treinta**
13	**trece**	31	**treinta y uno**
14	**catorce**	32	**treinta y dos**
15	**quince**	40	**cuarenta**
16	**dieciséis (diez y seis)**	50	**cincuenta**
17	**diecisiete (diez y siete)**	60	**sesenta**
18	**dieciocho (diez y ocho)**	70	**setenta**
19	**diecinueve (diez y nueve)**	80	**ochenta**
20	**veinte**		

90	noventa	600	seiscientos, -as
100	cien(to)	700	setecientos, -as
101	ciento uno	800	ochocientos, -as
110	ciento diez	900	novecientos, -as
121	ciento veinte y	1.000	mil
	un(o), -a	10.000	diez mil
200	doscientos, -as	100.000	cien mil
300	trescientos, -as	200.000	doscientos mil
400	cuatrocientos, -as	1.000.000	un millón (de)
500	quinientos, -as		

B. Fractions

½	un medio, la mitad	¼	un cuarto
⅓	un tercio	⅕	un quinto
⅔	dos tercios	⁹⁄₁₀	nueve décimos

C. Ordinal Numbers

1st	primer(o)	6th	sexto
2nd	segundo	7th	séptimo
3rd	tercer(o)	8th	octavo
4th	cuarto	9th	noveno
5th	quinto	10th	décimo

2. Weights and Measures

A. Weight (Peso)

English system (sistema inglés)	Metric system (sistema métrico)
onza *ounce*	**gramo** *gram*
libra *pound*	**kilogramo** *kilogram*
tonelada *ton*	

B. Liquid Measure (Medidas de capacidad para líquidos)

pinta, cuartillo *pint*	**litro** *liter*
cuarto *quart*	
galón *gallon*	

C. Linear Measure (Medidas de longitud)

pulgada *inch*	**centímetro** *centimeter*
pie *foot*	**metro** *meter*
yarda *yard*	**kilómetro** *kilometer*
milla *mile*	

D. Equivalents **(Equivalentes)**

1 oz. = 28 gms.	1 gm. = .035 oz.
1 lb. = 454 gms. or .454 Kgs.	1 Kg. = 2.205 lbs.
1 ton (2,000 lbs.) = 907.2 Kgs.	1 Metric ton (1,000 Kgs.) = 2,204.6 lbs.
1 pt. = .47 liters or 470 c.c.	1 L. (1,000 c.c.) = 1.06 qts.
1 qt. = .95 L.	
1 gal. = 3.8 L.	
1 in. = 2.54 cms.	1 cm. = .39 in.
1 ft. = 30.48 cms.	1 m. = 39.37 in.
1 yd. = 91.44 cms.	1 Km. = 1,093 yds. or .621 mi.
1 mi. = 1.6 Kms.	

E. Temperature **(Temperatura)**

0 grado centígrado (punto de congelación) = 32° *Fahrenheit*
(*freezing point*)
20° c = 68° F.
37° c = 98.6° F.
100° c (punto de ebullición) = 212° F. (*boiling point*)

Vocabulary: Spanish–English

A. Abbreviations

adj.	adjective	*lit.*	literally
adv.	adverb	*m.*	masculine (noun)
coll.	colloquial	*n.*	noun
comm.	commercial	*past part.*	past participle
f.	feminine (noun)	*pl.*	plural
gram.	grammar	*pron.*	pronoun
inf.	infinitive	*reflex.*	reflexive

Omitted from this vocabulary are easily recognizable cognates except where used with a special meaning or idiomatically; the articles; personal, demonstrative and possessive adjectives and pronouns; adverbs ending in -**mente**; diminutives, proper names and numbers. Idioms are listed under their first important word.

B. Helpful Hints Towards the Recognition of Cognates

The vocabulary of Spanish is mainly derived from Latin. English, too, has many words that have been borrowed from Latin. Some words, common to both languages, may not be immediately recognizable as such because the vowels and consonants have undergone changes in Spanish which, for a number of reasons, did not take place in English. The same may be said of words of French origin which have become an integral part of the English language.

In general one of the most common differences is that many of the unvoiced consonants of English are voiced in Spanish when they come between vowels.

Spanish (Voiced)	English (Unvoiced)	Examples
b	p	**abierto** aperture
		cobre copper
d	t	**ciudad** city
		sede seat
g	k (sound)	**lago** lake
		riesgo risk

Other consonantal changes that have taken place in Spanish, especially in the case of consonant clusters, make words more difficult to recognize unless we know the pattern of such changes. A few examples are listed below.

Spanish	English	Examples
ch (between vowels)	ct	**derecho** direct; **estrecho** strict; **noche**... [What words can you think of?]
h	f	**hecho** fact; **hervor** fervor; **higo** fig
j	li (followed by vowel)	**hoja** foliage; **hijo** filial
ll	cl,fl,pl	**llamar** to claim, exclaim; **llama** flame; **llanos** plains
mbr, ñ	min, mn	**dueño** dominate; **nombrar** nominate **hembra** feminine; **sueño**, **soñolencia** somnolence
Vowel change		
ue	o	**acuerdo** accord; **fuerza** force; **huérfano** orphan

The list is by no means complete, but it is hoped that these few examples will be of help to you. Avoid the temptation to force the application of the above principles. Linguistic changes are complex phenomena in which many factors play a role, and a consonant or vowel sound may have developed from any number of sources representing the influences upon a language and its inner dynamics of change at various times in its development. The examples above are of changes that occur relatively frequently, but not always.

C. Common Suffixes and Their English Equivalents

SPANISH	ENGLISH	EXAMPLES
-ado	-ated	**creado** *created*; **originado** *originated*
-ción	-tion	**nación** *nation*; **oración** *oration*
-ería	-ery	**pastelería** *pastry shop*; **joyería** *jewelery store*
-ero	-er	**carpintero** *carpenter*; **cajero** *cashier*
-ez	-ness, -hood	**grandeza** *greatness*; **niñez** *childhood*
-idad, -tad	-ity, -ty	**vanidad** *vanity*; **libertad** *liberty*
-izo	-ish	**rojizo** *reddish*
-mente	-ly	**completamente** *completely*; **rápidamente** *rapidly*
-oso	-ous	**maravilloso** *marvelous*; **famoso** *famous*
-ura	-ure	**cultura** *culture*; **estatura** *stature*
INFINITIVE ENDINGS		
-ar	-ate, -e	**cultivar** *cultivate*; **derivar** *derive*
-ecer	-ish	**embellecer** *embellish*; **empobrecer** *impoverish*
-izar	-ize	**organizar** *organize*; **simbolizar** *symbolize*

A

abeja bee

abierto (*past part. of* **abrir** to open) opened

abogado *m.* lawyer

abrazar to embrace

abrazo *m.* embrace, hug

absorto (*past part. of* **absorber** to absorb) concentrating on; absorbed

abundar to abound

aburrir to bore; **aburrirse** to get bored; **estar aburrido** to be bored; **ser aburrido** to be boring

acá here

acabar to end, finish; **acabar de** to have just

acerca de about

acercarse a to approach

aconsejar to advise, counsel

acontecer to happen

acontecimiento *m.* event, occurrence

acordarse de to remember

acostarse to go to bed

acostumbrar to accustom; **acostumbrarse** to become accustomed

actual present time, present day

actuar to behave

acuerdo *m.* agreement; **de acuerdo** in agreement; **estar de acuerdo** to agree

adelantar to advance; to hasten; **adelanto** *m.* advancement

adelgazar to lose weight; to make *or* get thin

además moreover, besides;

además de in addition to
adentro inside
adivinar to guess, prophesy
admirar to admire; **admirarse de** to wonder at, to be surprised by
adquirir to acquire
advertir to warn
afecto *m.* affection
afrontar to confront, meet
agarrar to grasp, seize, take hold of
agitar to agitate, shake; to excite
agotar to drain, exhaust
agradecer to thank, be grateful; to appreciate; to acknowledge
agraviar to wrong, to offend; *past part.* **agraviado** wronged, offended
agrícola *adj. m. & f.* agricultural
aguantar to endure, tolerate
ahí there, yonder; **de ahí** hence
ahora now; **ahora mismo** right now
ahorrar to economize, to save
aislado isolated
ajeno alien
ajuar *m.* trousseau
ajustar to adjust
alborotar to stir up, to upset
alboroto *m.* noise, agitation
alcanzar to attain, reach
alcoba *f.* bedroom
aldea *f.* village
alegrarse de to be glad
alegre happy, glad
alegría *f.* happiness
alejamiento *m.* withdrawal, estrangement
alejar to withdraw; to move aside or away from
algo something
algodón *m.* cotton
alguien someone, somebody
alguno some, any
alhaja *f.* jewel, gem
aliado *m.* ally
alimentación *f.* feeding

alimentar to feed, nourish
alimento *m.* food; **alimentos nutritivos** *m. pl.* health foods
alistarse (en) to enlist (in)
aliviar to alleviate
alma *f.* soul
almacén *m.* department store; warehouse
almuerzo *m.* lunch
alquilar to rent
alquiler *m.* rent
alrededor (de) around
alto tall; high; **pasar por alto** to disregard, overlook
altoparlante *m.* loudspeaker
alucinógeno hallucinogenic
allá there
allí there
ama *f.* mistress of the house; **ama de casa** housewife
amalgama *f.* amalgam, blend
amanecer to dawn
amante *m. or f.* lover; sweetheart
amar to love
ambiente *m.* ambiance, atmosphere, environment
ambos both
amenaza *f.* threat
amenazar to threaten
ametralladora *f.* machine gun
amor *m.* love; **amorío** *m.* love affair
amplio ample, extensive; wide
ancho wide
andar to walk; to go about
anhelar to long for
anillo *m.* ring; **anillo de compromiso** *m.* engagement ring
ánimo *m.* soul, spirit
anoche last night
anochecer to grow dark; **al anochecer** at nightfall
ansiedad *f.* anxiety
antaño yesteryear; long ago
ante before
antepasado *m.* ancestor
anterior former, previous

antes before, peviously; **antes de** before; **antes que nada** before all
anticuado antiquated; old-fashioned
antiguamente formerly
antigüedad *f.* antiquity
antiguo old, ancient
antorcha torch
antropoide anthropoid, pertaining to humans
anunciar to announce; advertise
anuncio *m.* advertisement
añadir to add
aparecer to appear
apariencia *f.* appearance
apartar to separate
apartarse to withdraw; to get away from
apenas hardly, scarcely
aportar to bring to, to contribute to
apostar to bet
apoyar to back, to support
apoyo *m.* backing, support
apreciar to appreciate
apretar to squeeze
aprobación *f.* approval
aprobar to approve
apropiado appropriate, fitting
aprovechar to benefit; **aprovecharse de** to take advantage of
aproximar to approximate; **aproximarse** to come close together; to approach
apuntar to point out
apunte *m.* annotation, note
árbitro *m.* arbiter, judge
arco *m.* bow
arete *m.* earring
armar to arm; to mount
arquetipo *m.* archetype; stereotype (*literature*)
arrancar to root up, pull out; to start (a motor)
arranque *m.* starter
arredrar to scare, to terrify

arreglar to arrange, fix up
arriesgar to risk
arrojar to throw
arroz *m.* rice
ascensor *m.* elevator
asegurar to assure; insure
asemejar to resemble
así thus, so
asiento *m.* seat
asignatura *f.* subject (*of study*)
asistir to assist, help; **asistir a** to attend
asno *m.* donkey
asunto *m.* subject, matter; affair
atar to tie
atraer to attract
atrapar to trap, catch
atrás in the back; to the rear
atrasado delayed; backward
atreverse a to dare to
atrevido daring, bold
aumentar to augment, increase
aun even, still; **aún** still, yet
aunque although
auricular *m.* earphone
autodisciplina *f.* self-discipline
ausente absent
avance *m.* advance
avergonzarse to be ashamed
avisar to advise, to notify
aviso *m.* announcement; ad; notice
ayer yesterday
ayuda *f.* help
ayudar to help
azúcar *m.* sugar
azul blue

B

bachillerato *m.* baccalaureate, B.A. degree
bailar to dance
baile *m.* dance
bajar to lower
bajo low, lower; under, below
bala *f.* bullet

baño *m.* bath
barato cheap
barba *f.* beard; chin
barco *m.* ship
barrio *m.* section (of a city),
neighborhood, borough
barro *m.* mud; clay
basar to base
base *f.* basis
bastante enough, rather
bastar to suffice, to be enough
basura *f.* garbage
beca *f.* scholarship award
bellas artes *f. pl.* fine arts
bendito blessed
beneficiar to benefit
beneficio *m.* benefit; advantege
biblioteca *f.* library
bienes *m. pl.* property, estate
bienestar *m.* well-being; welfare
bienvenida *f.* welcome
bigote *m.* mustache
billete *m.* ticket
bípedo biped, two footed
bisabuelos *m. pl.* great-
grandparents, forebears
boca *f.* mouth; **de boca en
boca** by word of mouth
bocado *m.* bite; mouthful
boda *f.* wedding
boga *f.* vogue, fashion
boleto *m.* ticket
bonito pretty
bordar to embroider
borracho drunk
borrar to erase
breve brief
brillante *m.* diamond
brillar to shine
brindar to toast
brotar (de) to stem (from); to
blossom; to gush forth
brujo *m.* conjurer, wizard
buen, bueno good
bufanda *f.* scarf
bujía *f.* spark plug; candle
burgués, burguesa bourgeois
burlarse de to make fun of

buscar to look for
búsqueda *f.* search

C

caballero *m.* gentleman
caballo *m.* horse
cabello *m.* hair
caber to fit; **no cabe
duda** there's no room for doubt
cabeza *f.* head
cabo *m.* end; **llevar a cabo** to
carry out
cabra *f.* goat
cacique *m.* Indian chief; (*coll.*)
boss
caciquismo bossism
cada each
caer(se) to fall
caja *f.* case
calefacción *f.* heater; heating
system; heat
calidad *f.* quality; grade
calmar to calm; **calmarse** to
become calm
calmante calming; *n.m.* sedative
calor *m.* heat; **hacer calor** to be
warm (*weather*); **tener calor** to
be warm (*persons*)
caluroso warm; affectionate
callar to quiet; **callarse** to keep
quiet
calle *f.* street
camafeo *m.* cameo
cámara *f.* chamber; camera
camarero *m.* waiter
cambiar to change
cambio *m.* change; **en
cambio** on the other hand
caminar to walk
camino *m.* path; road
camión *m.* truck
camisa *f.* shirt
campesino *m.* peasant
canal *m.* canal; television channel
canción *f.* song
cansado tired
cantar to sing

capaz capable, able
capricho *m.* whim
caprichoso capricious, stubborn
captar to capture, win
cara *f.* face
cárcel *f.* jail, prison
carestía scarcity; **la carestía de la
vida** the high cost of living
caridad *f.* charity
caritativo charitable
carne *f.* flesh; meat; **carne de
cerdo** pork; **carne de res** beef
caro dear, expensive
carrera *f.* career
carta *f.* letter
cartelón *m.* poster
casa *f.* house, home; **en casa** at
home
casado married
casarse (con) to marry, to get
married (to)
casi almost
caso *m.* case
castigar to punish
castor *m.* beaver
casualidad *f.* coincidence
casucha *f.* shanty
catarro *m.* catarrh, head cold
catedrático *m.* professor
catequismo *m.* religious
instruction in the Christian faith,
catechism
caudillo *m.* leader
caza *f.* hunt
cazar to hunt
cegar to blind
celda *f.* cell
celos *m. pl.* jealousy; **tener
celos** to be jealous
cena *f.* supper
cenar to eat supper; to dine
centenario *m.* 100th anniversary
centro *m.* center; downtown
cera *f.* wax
cerca de near
Cercano Oriente *m.* Near East
cerrar to close
cesar to cease, stop

científico *m.* scientist; *adj.*
scientific
ciervo *m.* deer
cifra *f.* cipher; number
cine *m.* motion picture theater or
industry; movies
cinematográfico pertaining to
motion pictures
cinturón *m.* belt
cita *f.* appointment, date;
quotation (*literary*)
citar to cite
ciudadano *m.* citizen; *adj.*
(pertaining to) city
claro clear; **claro está** of course
clima *m.* climate
cobrar to charge; to collect
cobre *m.* copper
cocina *f.* kitchen
cocinar to cook
coche *m.* car
código *m.* code (*of law, ethics, etc.*)
codo *m.* elbow
coger to seize; to gather; to catch
cola *f.* tail; line of people awaiting
turn
colegio *m.* school
colonia *f.* colony; section of a city
comenzar to begin
comestible *m.* food; *adj.* edible
cometer to commit
comida *f.* meal
como as; like; since; **¿ cómo ?**
how; **cómo no** of course
comodidad *f.* comfort,
convenience
cómodo comfortable
compartir to share
competencia *f.* competition,
rivalry
competir to compete
complacer to please
complejo *m.* complex
componer to compose
comportarse to behave
compra *f.* purchase; **ir de
compras** to go shopping
comprar to buy

comprensión *f.* comprehension,
understanding
comprensivo capable of
understanding; comprehensive
comprobar to verify; to prove
comprometerse to compromise
oneself; to become involved
compromiso *m.* engagement;
compromise
común common; **por lo
común** in general, generally
conciencia *f.* awareness;
conscience
conducir to drive; to lead,
conduct
conferencia *f.* lecture
confianza *f.* confidence
confiar en to confide in, to trust
conmover to affect, to move
conocimiento *m.* knowledge,
understanding; skill
consciente conscious
conseguir to get, obtain
consejero *m.* advisor
consejo *m.* advice
consiguiente consequent; **por
consiguiente** consequently;
therefore
consorte *m. or f.* consort, mate
construir to build, construct
consuelo *m.* consolation
consumidor *m.* consumer
consumo *m.* consumption
contable *m. or f.* accountant,
bookkeeper
contado (al contado) cash
contar to count; to relate, to tell
contener to contain
contenido *m.* contents
contestación *f.* answer
contradecir to contradict
contraproducente counter-
productive; self-defeating
contrario contrary; **al
contrario** on the contrary
contribuir to contribute
contribuyente contributing
convencer to convince

convenir (en) to agree (to)
convidado *m.* guest
convidar to invite (*usually to a
meal*)
conyugal conjugal; **vida
conyugal** married life
copa *f.* glass; wineglass
coplas *f. pl.* couplets
corazón *m.* heart
corbata *f.* tie
corneta *f.* horn, bugle
corregir to correct
correr to run; **correr el riesgo**
to run the risk
corriente current
corsario *m.* pirate
cortar to cut
corte *m.* cut; fit (*of a garment*);
f. (royal) court
cortés polite
cortesía *f.* courtesy
corto short
cosa *f.* thing; **otra
cosa** something else
cosecha *f.* crop, harvest
coser to sew
costar to cost
costear to pay the cost of
costeño coastal
costilla *f.* rib
costura *f.* needlework;
dressmaking
costurera *f.* seamstress
cotidiano daily, everyday
creador creative
crear to create
crecer to grow
creencia *f.* belief
creer to believe
criado *m.* servant
criar to raise; breed
crisis *f.* crisis; **crisis
económica** depression
crisol *m.* crucible; **crisol de las
razas** melting pot
cristal *m.* crystal; looking glass
crítica *f.* criticism; analysis
cromosoma *m.* chromosome

crónica *f.* chronicle
cruzar to cross
cuadra *f.*(A*m.*) block (of houses), street
cuadrado square
cuadro *m.* picture
cuadrúpedo quadruped, four-footed
cualidad *f.* quality, characteristic (*of a person*)
cualquier any, whatever; **cualquier cosa** anything; **cualquiera** anyone
cuán how
cuando when
cuanto as much; **en cuanto a** as for, with regard to; **¿ cuánto ?** how much; **¿ cuántos ?** how many
cuarto fourth; *m.* quarter; room
cubierto covered
cuchara *f.* spoon
cuello *m.* collar; **cuello almidonado** starched collar; **cuello duro** white collar
cuenta *f.* account; **dar cuenta de** to given an account of; **darse cuenta de** to realize, to become aware of; **llevar las cuentas** to keep accounts; **tomar en cuenta** to take into account
cuento *m.* tale, story
cuero *m.* leather
cuesta *f.* slope; **a cuestas** on one's shoulders or back
cuidado *m.* care; **tener cuidado** to be careful; **no tener cuidado** not to worry
cuidarse to take care of oneself
culinario culinary, pertaining to cooking
culpa *f.* fault; sin; blame; **echar la culpa** to blame
culto cultured, educated
cumpleaños *m.* birthday
cuñada *f.* sister-in-law; **cuñado** *m.* brother-in-law

cuota *f.* quota
cuyo whose

CH

chaqueta *f.* jacket
charla *f.* chat, talk
charlar to chat
chica *f.* girl
chicle *m.* chewing gum
chiste *m.* joke
chocar to shock
choque *m.* shock

D

dama *f.* lady
dañino harmful
daño *m.* harm
dar to give; **dar en** to persist in; **dar palmaditas** to pat; **dar pena** to grieve; **dar prueba de** to give proof of; **dar cuenta de** to give an account of; **darse cuenta de** to realize, to become aware of
datos *m. pl.* data
debajo (de) under, beneath
deber to owe, must; **deber de** must (*probability*)
decir to say, tell; **es decir** that is to say
dejar to allow, leave, let; **dejar de** to fail to, to cease, stop; **dejarse llevar** to allow oneself to be led, to get carried away
delante (de) before; in front of
deleitar to delight
deleite *m.* delight
delfín *m.* dolphin
delgado thin
delito *m.* transgression; crime
demás other
demasiado too, too much
demora *f.* delay
demorar to delay
dentro within
deporte *m.* sport

deportivo *adj.* sport
derecho *m.* right; law; **a la derecha** to the right
desafiar to defy; to challenge
desafío *m.* challenge
desafortunado unfortunate
desalmado inhuman
desanimado discouraged, downhearted
desaparecer to disappear
desaprobar to disapprove
desarrollar to develop
desarrollo *m.* development
desatención *f.* inattention; lack of care
desayunarse to have breakfast
desayuno *m.* breakfast
descansar to rest
descanso *m.* rest
desconocido unknown
descontento discontent
descote *m.* low neckline of a dress or blouse
descubrimiento *m.* discovery
descubrir to discover
descuento *m.* discount
descuidado careless; slovenly
desde since
desear to wish, desire
desempeñar to perform; to play a role
desengañar to disillusion
desierto deserted
desigualdad *f.* inequality
despectivo contemptuous
despedida *f.* farewell
despedido fired, dismissed
despedir to dismiss; **despedirse de** to take leave of
despertador *m.* alarm clock
despertar to awaken; **despertarse** to wake up
despliegue *m.* unfolding; display
después (de) after
destino *m.* destiny, fate; destination
destreza *f.* skill, dexterity
desunido disunited

desventaja *f.* disadvantage
detalle *m.* detail; **al detalle** retail
detener to detain; **detenerse** to stop
determinado certain, definite
detrás (de) behind
deuda *f.* debt
diario daily
dibujar to draw, sketch
dictamen *m.* judgement
dicho (*past part. of* **decir**) said; *n. m.* saying
dieta *f.* diet
diga hello (*in answering telephone*); say
digno worthy
Dios quiera God grant, God willing
dirigir to direct; **dirigirse a** to address oneself to; to go towards
discurso *m.* discourse, speech
discusión *f.* discussion; argument
discutir to discuss; to argue
diseñador *m.* designer
diseño *m.* design
disfrutar (de) to enjoy
disgusto *m.* quarrel
disimular to conceal, to hide
disminuir to diminish
dispensar to dispense; excuse, pardon
disponer to dispose, arrange
dispuesto (*past part. of* **disponer**) disposed, ready, willing
distinguir to distinguish; to differentiate
distinto different
distraer to distract; **distraerse** to amuse oneself
distraído distracted, inattentive, absent-minded
diverso diverse, different, various
divertido amusing
divertirse to amuse oneself, to enjoy oneself
dolencia *f.* ailment

dolor *m.* pain, ache; sorrow
dominar to dominate
dominio *m.* control; command
don *title used before masculine given name*; *n.m.* gift; ability
dondequiera wherever
dotar to endow
droga *f.* drug
duda *f.* doubt; **sin duda** no doubt; **no cabe duda** there is no doubt
duelo *m.* duel
dueño *m.* owner
durante during
durar to last
duro hard

E

e and (*before a word beginning with* **i-** *or* **hi-**)
edad *f.* age
edificio *m.* building
educación *f.* education; upbringing
efecto *m.* effect; **en efecto** in fact, actually
eficaz efficacious, effective
egoísmo *m.* selfishness
egoísta selfish
ejemplo *m.* example; **por ejemplo** for example
ejercer to exert
ejercicio *m.* exercise
ejército *m.* army
elaborar to elaborate; work out
elegir to elect, choose
embarazo *m.* impediment, embarrassment; pregnancy
embargo *m.* embargo; attachment (*law*); **sin embargo** however, nevertheless
embellecer to beautify
emigrar to emigrate
emisora *f.* broadcasting station; radio transmitter
emocionante exciting, moving, thrilling
empeñarse (en) to persist (in)

empeño *m.* eagerness, persistence
empinar to raise; **empinar el codo** to drink
empleado employed; *n. m.* employee
emplear to employ; use
empleo *m.* job, employment
emprendedor(a) enterprising
emprender to undertake
empresa *f.* enterprise; commercial firm
empuje *m.* push, thrust
enajenación *f.* alienation
enamorado enamored, in love
enamorarse (de) to fall in love (with)
encaje *m.* lace
encantador charming
encantar to charm; to delight
encanto *m.* charm, spell
encontrar to find; **encontrarse (con)** to meet (with)
endurecer to harden
enfermedad *f.* illness
enfermera *f.* nurse
enfermizo sickly
enfermo *f.* ill, sick; *n.m.* patient
enfrentar to face
engañar to deceive
enojarse to get angry
ensanchamiento *m.* broadening, widening
ensayo *m.* essay
enseñanza *f.* teaching; education
enseñar to teach
ensimismado self-absorbed
ensordecedor deafening
entender to understand; **entenderse con** to deal with; **entender de** to know about
entendimiento *m.* understanding; **mal entendimiento** misunderstanding
enterarse to find out
entero whole, entire
entonces then, at that time
entorpecer to benumb
entrada *f.* entrance; ticket

entrar   to enter
entre   between
entregar   to surrender, hand over; to deliver
entrenamiento *m.*   training
entretanto   in the meanwhile
entrevista *f.*   interview
entrevistador(a)   interviewer
enviar   to send
envidia *f.*   envy
envidiar   to envy
envolver   to wrap
epidemia *f.*   epidemic
época *f.*   epoch, era, age
equipo *m.*   team; equipment
equivocado   mistaken, wrong
equivocarse   to make a mistake
escalera *f.*   staircase; **escalera mecánica**   escalator
escaparate *m.*   show window (*of a store*)
escasez *f.*   scarcity
escena   scene; stage
esclavo *m.*   slave
escoger   to choose, select
escolar (*pertaining to*)   school
esconder   to hide
escote *m.*   neckline (*of a blouse or dress*)
escribir   to write; **escribir a máquina**   to type
escritorio *m.*   desk
escuchar   to listen
esforzarse   to make an effort; to exert oneself
esfuerzo *m.*   effort
espacio *m.*   space
espalda *f.*   back (*of a person*)
especialidad *f.*   specialty; major (field of study)
especie *f.*   species, kind
esperanza *f.*   hope
esperar   to hope; to expect; wait for
esposa *f.*   wife; **esposo** *m.*   husband
establecer   to establish
estación *f.*   season
estadística *f.*   statistics

estadístico   statistical
estado *m.*   state; condition
estafar   to swindle
estancia *f.*   stay, sojourn
estar   to be (*state, condition; location*)
estética *f.*   aesthetics
estético *adj.*   aesthetic
estilo *m.*   style
estimado   esteemed
estímulo *m.*   stimulus
estorbar   to bother; to upset; to hinder
estrechar   to tighten; **estrechar la mano**   to shake hands
estrecho   narrow
estrella *f.*   star
estrenar   to open; (theat.) to perform for the first time
estrépito *m.*   din
estudio *m.*   study; **plan de estudios**   course of study; curriculum
etapa *f.*   stage (*of development*)
ética *f.*   ethics
etiqueta *f.*   etiquette; label, ticket
étnico   ethnic
evadir   to evade
evaluar   to evaluate
evitar   to avoid, prevent
evocar   to evoke
evolutivo   evolutionary
examen *m.*   examination
exigente   demanding
exigir   to demand; require
exitazo *m.*   hit, huge success
éxito *m.*   success; **tener éxito**   to be successful
expectativa *f.*   expectancy, expectation
experimentar   to experience; to experiment
explicar   to explain
exponer   to expose
exposición *f.*   exhibition
extranjero   foreign, strange; *n. m.* abroad, foreigner
extrañarse   to find strange; to be surprised
extraño   strange

F

fábrica *f.* factory, mill
fabricar to make, manufacture
fácil easy
factura *f.* bill, invoice
falda *f.* skirt
falta *f.* lack
faltar to be missing, lacking
favorecer to favor
fe *f.* faith
fecha *f.* date (*of month or year*)
felicidad *f.* happiness
felicitar to congratulate
feliz happy
feroz ferocious
fiarse de to trust (in)
fiel faithful
fiera *f.* wild beast; vicious animal
  or person
fijar to affix, fasten; **fijarse en** to
  notice, to pay attention to
fijo fixed, regular
filosofía y letras *f. pl.* liberal arts
fin *m.* end; aim, purpose; **a fin**
  de in order to; **a fines**
  de toward the end of, late in
finca *f.* farm
fingir to feign, pretend
florecer to flourish, blossom
florecimiento *m.* flourishing
fluir to flow
fomentar to foment, further;
  promote
fondo background; bottom;
  depth; back (*of a room*)
formulario form, application blank
fortalecer to strengthen
fracasar to fail
fracaso *m.* failure
fregar to wash dishes, to scrub
freno *m.* brake
frente *f.* forehead, brow; front
fresco fresh
frío *m.* cold
frito (*past part. of* **freír**) fried
frontera *f.* frontier
frustrar to frustrate

fuego *m.* fire
fuente *f.* source
fuera (de) outside (of)
fuerte strong
fuerza *f.* force; strength; **a fuerza**
  de by dint of, by force of
fugaz fleeting
fumar to smoke
funcionario official
fundamento *m.* basis; foundation
fundar to found, establish

G

gafas *f. pl.* eyeglasses; sunglasses
galleta *f.* cookie
gallina *f.* chicken; (*slang*) coward
gana(s) *f.* (*pl.*) desire; **tener**
  gana(s) de to have the desire
  to; to feel like
ganar to win; to earn; to gain;
  ganarse el pan to earn a living
ganga *f.* bargain
gastar to spend
gasto *m.* expense
gatillo *m.* trigger
género *m.* material, cloth; kind
genio *m.* genius; nature,
  temperament
gente *f.* people, persons;
  gentes peoples
gentío *m.* crowd
gerente *m.* manager
gesto *m.* gesture
girar to revolve
globo *m.* balloon; globe
gozar (de) to enjoy
grabadora *f.* tape recorder
grabar to record, to engrave
gracia *f.* grace; gracefulness
gracias thanks, thank you
grado *m.* degree; **en sumo**
  grado to a great degree
graduarse de to graduate from
grave grave; serious
griego Greek
gripe *f.* grippe, influenza, flu
gritar to shout

grueso big; fat
guante *m.* glove
guapo handsome
guardar to keep; **guardar cama** to stay in bed
guerra *f.* war; **Guerra Mundial** World War
guiar to guide
gustar to please, to be pleasing
gusto liking, pleasure; taste

H

haber (*auxiliary*) to have; **haber de** to be to, have to
habitante *m.* inhabitant
hábito *m.* habit
hablar to speak, talk
hacer to do, make; **hacerse** to become; **hacer el papel** to play the role; **hacerle caso a** to pay attention to
hacia towards
hacienda *f.* plantation; estate, property
hallar to find
hasta until
hay there is, there are; **hay que** one must
hazaña *f.* deed, exploit
he aquí here is (are)
hebreo Hebrew
hecho (*past part. of* **hacer**) done; *m.* fact, deed
helado *m.* ice cream
heredar to inherit
herencia *f.* heritage, inheritance
herir to hurt, injure
hermana *f.* sister; **hermano** *m.* brother
hierba *f.* herb
hijo *m.* son; *pl.* sons, children
hipoteca *f.* mortgage
hispánico Hispanic, pertaining to places where Spanish is spoken
hispano Hispanic; *m.* one whose native language is Spanish
historiador *m.* historian

hogaño this year; at the present time
hogar *m.* home
hola hello
hombre *m.* man
hora *f.* hour; time
horario *m.* schedule
horizonte *m.* horizon
hormona *f.* hormone
horno *m.* furnace; oven
horticultura *f.* gardening
hoy today; **hoy (en) día** nowadays
huelga *f.* strike; **declararse en huelga** to go on strike
huellas *f. pl.* footsteps
huérfano *m.* orphan
hueso *m.* bone; **de carne y hueso** of flesh and blood
huir to flee
humor *m.* humor, mood

I

idioma *m.* language
iglesia *f.* church
igual equal, same
ilusorio illusory, deceptive
imagen *f.* image
impedir to hinder, impede
imperio *m.* empire
impermeable *m.* raincoat; *adj.* waterproof
impetuosidad *f.* impetuosity, impulsiveness
imponer to impose, levy; to command (*respect, fear*); **imponerse** to assert oneself; to dominate
importar to be important; to matter, concern
imprescindible indispensable
impresionar to impress
imprevisto unforeseen
impuesto (*past part. of* **imponer**) imposed; *m.* tax
incierto uncertain
incluir to include

incluso even; including
incomprensión *f.* lack of understanding
incongruo incongruous
inconveniente *m.* objection; **no tener inconveniente** not to object to
increíble unbelievable, incredible
independizarse to become independent
indígena *m.* native
indio Indian
inestable unstable
infelicidad *f.* unhappiness
infiel unfaithful
influir (en) to influence; to affect
informaciones *f. pl.* information
ingeniero *m.* engineer
inglés *m.* English; Englishman
ingrato ungrateful
ingresar to enter
iniciar to begin, initiate
inimaginable unimaginable
iniquidad *f.* iniquity, evil
innato innate, inborn
innegable undeniable
inolvidable unforgettable
inquietar to trouble, worry
inquietud *f.* uneasiness, anxiety
inscribir to inscribe; register, enroll
insoportable unbearable
instruido well-educated, learned
intención *f.* intention; **tener la intención de** to intend to
intercambio *m.* exchange
interés *m.* interest; self-interest
interesante interesting
interesar to interest; **interesarle a uno** to interest, be of interest to someone
interrumpir to interrupt
intervenir to intervene
íntimo intimate, inner
inútil useless
inverosímil unrealistic, improbable
inversión *f.* investment
invertir to invest

invierno *m.* winter
ir to go; ¡ **qué va !** nonsense!
irse to go away
ira *f.* ire, wrath
irascible irritable, easily provoked to anger
irlandés Irish
itinerante itinerant, traveling

J

jabón *m.* soap
jamás never, ever
Japón Japan
jardín *m.* garden; **jardín zoológico** *m.* zoo
jaula *f.* cage
jauría *f.* pack of hounds or wolves
jefe *m.* chief, boss
jinete *m.* horseman, rider
joven young; *m.* young man; *pl.* young people
jovencita *f.* young lady
joya *f.* jewel, piece of jewelry
joyería *f.* jewelry store
judío Jewish
juego *m.* set; game; **hacer juego** to match
juez *m.* judge
jugar to play
jugo *m.* juice
juguete *m.* toy
juicio *m.* judgment
junto(s) together
justicia *f.* justice
justo just
juventud *f.* youth
juzgar to judge

K

kilo *m.* kilo, kilogram (2.2 lbs.)
kilómetro *m.* kilometer (.621 miles)

L

labor *f.* work; needlework; design
labrar to work; to till; to elaborate; to embroider

lado *m.* side; **al lado de** next to
lágrima *f.* tear
lana *f.* wool
lanzar to launch
largo long; *n. m.* length
lástima *f.* pity
lastimar to hurt
lavar(se) to wash (oneself)
lealtad *f.* loyalty
lección *f.* lesson
lector *m.* reader (person)
leer to read
legumbre *f.* vegetable
lejano distant
lejos (de) far (from)
lema *m.* motto, slogan
lengua *f.* language; tongue
lenguaje *m.* speech
lentamente slowly
lentejas *f. pl.* lentils
levantar to raise, pick up;
  levantarse to get up
ley *f.* law
leyenda *f.* legend
liberar to free, liberate
libertinaje *m.* licentiousness
libra *f.* pound
libre free, unoccupied
libro *m.* book
licencia de conducir *f.* driver's
  license
líder *m. or f.* leader
ligereza *f.* lightness (*of foot or
  manner*); fickleness
ligero light (*in weight*); loose (*in
  morals*)
límite *m.* limit
limpiar to clean
limpieza *f.* cleanliness
limpio clean
lindo pretty
línea *f.* line
lío *m.* bundle; (*coll.*) scrape,
  conspiracy; **armar un lío** to
  make difficulties, to start an
  argument
liquidación *f.* sale
lista *f.* menu
listo ready, alert; clever

lobo *m.* wolf
loco crazy
locutor *m.* announcer
lograr to achieve, attain
lucir to shine, to show off; to
  appear
lucha *f.* struggle; **lucha
  libre** wrestling
luchar to fight, struggle
luego then
lugar *m.* place; **tener lugar** to
  take place
lujo *m.* luxury
luna *f.* moon; **luna de miel**
  f. honeymoon
lustrar to shine, polish
luz *f.* light

LL

llamar to call; **llamarse** to be
  called
llamativo colorful, attractive; loud
llano plain
llanta *f.* tire (*of a car*)
llegada *f.* arrival
llegar to arrive; to reach; **llegar a
  ser** to become
llenar to fill
lleno full
llevar to take; to wear; to carry;
  llevar a cabo to carry out;
  llevarse bien con to get along
  well with
llorar to cry
llover to rain
lluvia *f.* rain

M

madre *f.* mother
madurez *f.* maturity
maduro mature
maestro *m.* teacher
magia *f.* magic
magnífico magnificent
mago *m.* magician
mal bad, badly; **tomar a mal** to
  take (something) the wrong way

maleta *f.* suitcase
malinterpretar to misinterpret
mancha *f.* stain, stigma
mandamiento *m.* commandment
mandar to send; to command
manera *f.* manner; way; **manera de ser** manner, style, way of being
manga *f.* sleeve
manifestar to manifest, to show
maniobra *f.* maneuver
mano *f.* hand; **estrechar la mano** to shake hands; **mano de obra** *f.* labor; laborforce
mantener to maintain, keep; to support
mantequilla *f.* butter
manzana *f.* apple
mañana *f.* morning; *adv.* tomorrow
mapa *m.* map
maravilla *f.* marvel, wonder
marca *f.* trademark, brand, mark
marcharse to leave
marido *m.* husband
marinero *m.* seaman, mariner
marisco *m.* shellfish
martirio *m.* martyrdom
más more; **más bien** rather
masticar to chew
matanza *f.* massacre
matar to kill
materia *f.* matter, subject matter; **materia prima** raw material
matrícula *f.* registration
matrimonio *m.* marriage; married couple
mayor greater, greatest; older, oldest; **al por mayor** wholesale
mayoría *f.* majority
medalla *f.* medal
medianoche *f.* midnight
medias *f. pl.* stockings
medios *m. pl.* means
mejor better
mejorar(se) to improve, to better (oneself)
menos less, least;

menos mal it's a good thing, thank goodness
menospreciar to underrate, look down on
mensaje *m.* message
mensual monthly
mente *f.* mind
mentir to lie
mentira *f.* lie, falsehood
menudo minute, little; *n. m.* small change; **a menudo** often
mercado *m.* market; **lanzar al mercado** to put on the market
mercancía *f.* merchandise
merecer to merit, deserve
mero mere
mes *m.* month
meta *f.* aim, goal
meter to put in; **meterse en** to meddle in; **meterse a** to undertake; **meter la pata** (*slang*) to put one's foot in it
miedo *m.* fear; **tener miedo de** to be afraid of
miel *f.* honey
miembro *m.* member
mientras while; **mientras que** while
milla *f.* mile
minoritario minority
mirar to look
miseria *f.* poverty
mismo same; self
mitad *f.* half
moda *f.* style, fashion, mode
modismo *m.* idiom
modista *m. or f.* dressmaker; designer
mojar(se) to wet; to become wet
moler to grind
molestar to bother
molestia *f.* annoyance; unpleasantness
monarca *m.* monarch
monje *m.* monk
mono *m.* monkey
montar to mount; assemble
moraleja *f.* moral

moreno dark, brunette
morir to die
mostrar to show
motín *m.* riot, mutiny
motivar (por) to explain; to
account for
mozo *m.* young man, busboy,
waiter
muchacho *m.* boy; young man
muchedumbre *f.* crowd
mudar(se) to change (*one's clothes
or residence*); to move
mueble *m.* piece of furniture; *pl.*
furniture
muerte *f.* death
muestra *f.* sample
mujer *f.* woman
multa *f.* fine
mundial worldwide
mundo *m.* world
muñeca *f.* wrist; doll
museo *m.* museum
mutuo mutual

N

nacer to be born
nacimiento *m.* birth
nación *f.* nation; **naciones en
desarrollo** developing nations
nada nothing
nadar to swim
nadie no one, nobody
natalidad *f.* birth rate; **limitación
de natalidad** *f.* birth control
naturaleza *f.* nature
navaja *f.* penknife
Navidad *f.* Christmas
necedad *f.* stupidity; nonsense
necesitar to need
necio *m.* fool
negar to deny; to refuse
negocio *m.* business
nervio *m.* nerve
nevar to snow
ni neither, nor; **ni siquiera** not
even
nido *m.* nest

nieto *m.* grandson; **nieta** *f.*
granddaughter
nieve *f.* snow
ninguno no, no one, none, not
any
niño *m.* child, boy; *pl.* children;
niña *f.* girl
nivel *m.* level; **nivel de (la)
vida** standard of living
noche *f.* night; **de noche** at or
by night
nombrar to name, appoint
nombre *m.* name
nota *f.* note; grade; **sacar buenas
notas** to get good grades
notar to notice
noticias *f. pl.* news
noviembre *m.* November
novio *m.* bridegroom; suitor; **novia**
f. bride, sweetheart
nube *f.* cloud
nuera *f.* daughter-in-law
nuevo new
número *m.* number; size
nunca never, not ever, ever
nutrimento *m.* nutrient;
nourishment
nutrir to feed; nourish
nutritivo nutritive, nourishing

O

obispo *m.* bishop
obligatorio compulsory
obra *f.* work
obrero *m.* worker
obstante: no obstante
nevertheless, however
obtener to obtain, get
occidental western
ocio *m.* leisure, idleness
octubre *m.* October
ocultar to hide, conceal
oculto hidden, concealed
ocurrir to happen, take place
oeste *m.* west
oferta *f.* offer; **oferta y demanda**
supply and demand

oficina *f.* office
oficio *m.* occupation, trade; business; function
ofrecer to offer
ofrenda *f.* religious offering
oído *m.* ear (*organ of hearing*)
oidor *m.* hearer; judge
oír to hear
ojalá grant that, would that
ojo *m.* eye
oler to smell, to sniff
olfato *m.* sense of smell
oliva *f.* olive
olivo *m.* olive tree
oloroso fragrant
olvidar to forget; **olvidarse de** to forget
opinar to be of the opinion
oponer to oppose; **oponerse a** to oppose, be opposed to
oprobio *m.* opprobrium, censure, reproach
oración *f.* prayer; speech; sentence (*gram.*)
orden *m.* order; *f.* command
ordenado orderly
ordinario ordinary; **de ordinario** ordinarily
oreja *f.* ear (*visible part*)
orgullo *m.* pride
orgulloso proud
oriental eastern
originar to originate, begin
orina *f.* urine
oro *m.* gold
oscurecer, obscurecer to grow dark; **al oscurecer** at dusk
oscuro dark
oveja *f.* sheep

P

paciencia *f.* patience; **tener paciencia** to be patient
paciente *m. or f.* patient (*med.*)
padecer to suffer; to endure
padre *m.* father

paella one of the principal dishes of Spanish cuisine, made with rice, chicken, shellfish, and other ingredients
paga *f.* salary
pagar to pay
pago *m.* payment
país *m.* country, nation
palabra *f.* word
palabrota *f.* coarse or obscene word
pan *m.* bread
pantalones *m. pl.* pants
pantalla *f.* movie screen; lampshade
papel *m.* paper; role; **hacer** *or* **desempeñar el papel de** to play the role of
para for; in order to
parar(se) to stop
parecer to seem; to appear; **¿qué te parece...?** What do you think of . . .? **parecerse a** to look like
parecer *m.* opinion
pared *f.* wall
pareja *f.* pair; partner; mate; couple
pariente *m.* relative
párrafo *m.* paragraph
parte *f.* part; portion; **la mayor parte** most, the majority; **por todas partes** everywhere
participar to participate
partir to leave, to depart
pasado *m.* past
pasar to pass; to spend time; to happen; to enter
paseo *m.* walk; pleasure trip; **dar un paseo** to take a walk *or* a trip
pasillo *m.* passage; corridor
paso *m.* step
pastilla *f.* pill, tablet
patria *f.* country; homeland
paz *f.* peace
pecado *m.* sin

pecar   to sin
pecho *m.*   chest
pedir   to ask for; **pedir prestado**   to borrow
pegar   to glue, stick; to slap, hit; **pegar fuego a**   to set fire to; **pegarse un tiro**   to shoot oneself
peligro *m.*   danger, peril; **correr el peligro**   to run the risk
peligroso   dangerous
pelo *m.*   hair
pena *f.*   pain, sorrow; **dar pena**   to make sad; **valer la pena**   to be worthwhile
pendiente *m.*   pendant; earring
pensamiento *m.*   thought
pensar   to think; **pensar de**   to have an opinion of; **pensar en**   to have in mind
peor   worse, worst
pequeño   small; very young
percibir   to notice, perceive
perder   to lose
pérdida *f.*   loss; waste
perdurar   to last, endure
perezoso   lazy
pérfido   perfidious, treacherous
periódico *m.*   newspaper
periodista *m. or f.*   journalist
perjudicial   harmful
perro *m.*   dog
perseguir   to persecute; to pursue
personaje *m.*   personage; character (*in a book, play or film*)
perspicaz   discerning, perceptive
pertenecer   to belong (to)
pesadilla *f.*   nightmare
pesar   to weigh; *n. m.*   sorrow; **a pesar de**   in spite of
pescado *m.*   fish (after it is caught)
peso *m.*   weight
petróleo *m.*   petroleum, oil
pez *m.*   fish (in the water)
picante   spicy
pico *m.*   beak of a bird; (*coll.*) the mouth

pieza *f.*   piece, work of art
píldora *f.*   pill
pimienta *f.*   pepper
pintar   to paint
piso *m.*   floor; story (*of a building*)
pista   trail; track, racetrack; **pista de baile**   dance floor
pizarra *f.*   blackboard, writing slate
placer *m.*   pleasure
planchar   to iron
planear   to plan
plano *m.*   plane; position
plantear   to raise (a question)
plata *f.*   silver
plato *m.*   plate, dish
playa *f.*   beach
plazo; a plazos   on installments
pleno   full
pluma *f.*   pen; feather
población *f.*   population
pobre   poor
pobreza *f.*   poverty
poco   little, small; *pl. adj.*   few; **hace poco**   a short time ago
poder   to be able; *n. m.*   power; **no poder más**   to be unable to go on or put up with any longer
poderoso   powerful
poesía *f.*   poetry
poeta *m.*   poet
política *f.*   politics; policy (*principle*)
póliza *f.*   policy (*comm.*); **póliza de seguros**   insurance policy
poner   to put, to put on; to place; to turn on (*radio, television*); **ponerse a**   to begin to; **ponerse**   to wear; **ponerse bravo**   to get angry
porqué *m.*   reason
portarse   to behave (*oneself*)
porvenir *m.*   future
poseer   to possess, have
postre *m.*   dessert
potencia *f.*   power
preciarse   to boast
precio *m.*   price
precioso   precious, valuable

precipitar   to precipitate; hurry
pregunta *f.*   question; **hacer una pregunta**   to ask a question
preguntar   to ask, question
prejuicio *m.*   prejudice
premiar   to reward
premio *m.*   prize
preocupación *f.*   worry, concern
preocuparse (por)   to worry (about)
prescrito   prescribed
préstamo *m.*   loan
prestar   to lend; **prestar atención**   to pay attention; **pedir prestado**   to borrow
presuponer   to presuppose
presupuesto *m.*   budget
previo   previous
primavera *f.*   spring
primer, primero   first
principio   principle; beginning
prisa *f.*   haste; **darse prisa**   to hurry
privar (de)   to deprive (of)
probar   to prove; to try on; to taste
procedencia *f.*   origin
procedimiento *m.*   procedure; process
procurar   to strive for
profundo   deep, profound
prójimo *m.*   fellow man
prometer   to promise
pronosticar   to predict
pronóstico *m.*   forecast, prediction
pronto   soon
propaganda *f.*   advertising
propietario *m.*   proprietor, owner
propina *f.*   tip, gratuity
propio   one's own
proponer   to propose
propósito *m.*   purpose; **a propósito**   by the way; **de propósito**   on purpose
protagonista *m.*   hero
proteger   to protect
provecho *m.*   benefit, profit; advantage

proveer   to provide
provenir   to originate, stem from
próximo   near
proyecto *m.*   project
prueba *f.*   proof
psicólogo *m.*   psychologist
psiquis *f.*   psyche, mind
pueblo *m.*   town; people
puerta *f.*   door
puerto *m.*   port
puesto (*past part. of* **poner**)   placed; *n. m.*   place, stand; job, post
pulsera *f.*   bracelet
puño *m.*   fist

Q

quedar(se)   to remain
quedarle bien a uno   to fit well
quejarse (de)   to complain (of)
quemar   to burn
querer   to want, wish, desire; to love; **querer decir**   to mean
quieto   still, quiet; orderly
químico   chemical; *n.m.*   chemist
quinientos   five hundred
quirúrgico   surgical
quitar   to take off, to take out or away
quizás   perhaps

R

rabia *f.*   rage, anger
rabiar   to rage; **rabiar por**   to eagerly long for; to hunger for
radiar   to radiate
radiografiar   to X-ray
raíz *f.*   root
ramo *m.*   branch; professional field
rasgo *m.*   trait, characteristic
rato *m.*   time, while; **un rato**   a little while
raza *f.*   race
razón *f.*   reason; **tener razón**   to be right
realizar   to fulfill, carry out, make real

rebaja *f.* rebate, discount; reduction

rebelde rebellious; *n. m.* rebel

recado *m.* message

receta *f.* prescription; recipe; **recetar** to prescribe

recibir to receive

recién (*used before past part.*) recently, just

recoger to pick up, gather

reconocer to recognize

recordar to remember; remind

recorrer to travel in, over, or through

recorrido *m.* tour; trip; **poco recorrido** low mileage (*of a car*)

recto just, proper, right

recurrir (a) to resort to

recurso *m.* resource; recourse

rechazar to reject

red *f.* net

reemplazar to replace

reflejar to reflect

reflexionar to contemplate; think upon

regalo *m.* gift

regañar to scold

regatear to bargain

régimen *m.* diet; regime

regla *f.* rule; ruler (*linear meas.*); **en regla** in order

regresar to return

rehusar to refuse

reinar to reign

reír to laugh; **reírse de** to laugh at, make fun of

relacionar to relate

reloj *m.* watch, clock

remontarse to soar

renombrado famous

renombre *m.* fame, renown

reparar to repair

repente sudden; **de repente** suddenly

represar to dam

reprimir to repress

requisito *m.* requirement

residir to live, reside

respuesta *f.* answer

resucitar to revive

resuelto (*past part. of* **resolver** to solve, resolve) resolved

resultante resultant

resultar to result; to prove to be; to turn out to be; to become

resumen *m.* summary

retirar to withdraw

reunión *f.* meeting

reunirse (con) to meet, get together

revisar to check, review

revista *f.* magazine

rey *m.* king

riesgo *m.* risk; **correr el riesgo** to run the risk

rincón *m.* corner

río *m.* river

riqueza *f.* riches, wealth

riquísimo very rich

risa *f.* laughter

rito *m.* rite

robar to rob, steal

rodaje *m.* filming

rodear to surround

rodilla *f.* knee

rogar to beg, request

romanza *f.* ballad

romper(se) to break

ropa *f.* clothers; fabric

rostro *f.* face

roto (*past part. of* **romper**) broken

rudo crude; rough

ruido *m.* noise

S

saber to know; *n. m.* knowledge

sabio wise

saborear to taste

sabroso tasty

sacar to take out

sacerdote *m.* priest

saciar to satiate

sagrado sacred, holy

sal *f.* salt

salida *f.* exit

salir to leave, go out; **salir bien** to turn out well; to do well
salsa *f.* sauce; gravy
salteador de caminos *m.* highwayman, thief who preys on travelers
salto *m* leap; **salto mortal** somersault
salud *f.* health
saludar to greet
saludo *m.* greeting; **—s** regards
salutífero healthful
sangre *f.* blood
sanidad *f.* sanitation
sano sane, healthy; healthful; **sano y salvo** safe and sound
seda *f.* silk
sedante *m.* sedative; *adj.* soothing
seguida: en seguida immediately
seguir to follow
según according to; in accordance with
segundo second
seguridad *f.* security
seguro sure, safe; secure; *n. m.* insurance
selva *f.* jungle
semana *f.* week
semejante alike, similar; *n. m.* fellow man
semejanza *f.* similarity, resemblance
semilla *f.* seed
sencillo simple, easy
senda *f.* path
sensato sensible
sensible sensitive
sentar to seat; **sentarse** to sit down; **sentarle bien (a uno)** to fit well
sentido meaning; sense
sentir(se) to feel
señal *f.* sign; signal
señalar to point out
ser *m.* being; to be
sí *adv.* yes, indeed; *reflexive pron. 3rd pers. sing. & pl. which follows a preposition*

si if
siempre always
siervo *m.* servant; serf
siglo *m.* century
significado *m.* meaning
siguiente following
silueta *f.* silhouette; figure (*of a person*)
sillón *m.* armchair
simpático congenial, appealing
sin without; **sin embargo** however, nevertheless
sinfín *m.* endless; an infinite number
sino but; **sino que** but
síntoma *m.* symptom
siquiera scarcely; **ni siquiera** not even
sitio *m.* place, spot, site
sobre on, upon
sobrevivir to survive
sociedad anónima *f.* corporation
sol *m.* sun
soldado *m.* soldier
soler to be in the habit of
solicitar to request
solicitud *f.* application; request
solo alone; **sólo** only
soltero single, unmarried
sombra *f.* shade
sombrero *m.* hat
sonar to sound, ring
sonreír to smile
sonrisa *f.* smile
soñador *m.* dreamer
soñar (con) to dream (of)
sopa *f.* soup
soportar to endure; put up with, tolerate
sorprender to surprise
sostener to support (financially)
sótano *m.* basement
suave soft, smooth; gentle
subconsciente *m.* subconscious
subdesarrollado underdeveloped
subir to go up; to raise
subterráneo *m.* subway
subvencionar to subsidize

suceder to happen
suceso *m.* event
sucio dirty
sucursal *f.* branch (*of a firm*)
sudor *m.* perspiration, sweat
sueldo *m.* salary
sueño *m.* dream
suerte *f.* luck, fate
sufrir to suffer
sugerencia *f.* suggestion
sugerir to suggest
suizo Swiss
sujeto (a) subject (to)
sumiso submissive, meek
superar to overcome; to surpass
superficie *f.* surface
surgir to arise; surge
sustantivo *m.* noun
sustento *m.* support
sutil subtle

T

tacaño miserly, stingy
tal such (a); **tal vez** perhaps;
  con tal que provided; **¿qué**
  tal? how goes it?, how are
  you?; **tal o cual** *or* **tal y**
  cual such and such
talla *f.* height, stature, size
taller *m.* workshop
tamaño *m.* size
también also, too
tampoco neither
tan so
tanto so much; *pl.* so many
taquillera pertaining to the box
  office of a theater
tardar (en) to delay (in)
tarde late; **más tarde** later; *n. f.*
  afternoon
tarea *f.* task
tarjeta *f.* card; **tarjeta de**
  crédito credit card
taza *f.* cup
tejer to weave
tejido *m.* fabric
tela *f.* cloth, fabric

televisor *m.* television set
tema *m.* theme, subject; thesis
temer to fear
temor *m.* fear
tempestad *f.* storm
templado temperate; having a
  moderate temperature
temporada *f.* season, period of
  time
temprano early
tenebroso dark, gloomy
tener to have; to hold; **tener**
  cuidado to be careful; **tener**
  ganas (de) to have a desire to,
  to feel like *verb* + *ing*; **tener**
  lugar to take place; **tener**
  presente to bear in mind
tentar to attempt
tercer, tercero; third
tercio *m.* one-third
terminar to end, finish
término *m,* end, limit; term
tesis *f.* thesis
tiempo time; **perder el**
  tiempo to waste time; **en otro**
  tiempo in former times;
  a tiempo on time
tienda *f.* store
tierno tender
tierra *f.* land; soil; earth
tiesto *m.* flowerpot
timbre *m.* small bell
tinglado *m.* intrigue
tinieblas *f. pl.* shadows, darkness
tipo *m.* (*colloq.*) guy
tirar to pull
titular *m.* headline
tocadiscos *m.* record player
tocar to touch, touch on; to play
  (*a musical instrument*); **tocarle a**
  uno to belong to; to be one's
  turn or lot
todavía still; **todavía no** not yet
tolerar to tolerate
tomar to take; to drink; **tomarla**
  con to pick a quarrel with;
  tomar a mal to take something
  the wrong way

tonterías *f. pl.* nonsense
tonto stupid, silly
toque *m.* touch
torcer to twist, distort
tosco coarse, uncouth
trabajador (*adj.*) hard working
  m. worker
trabajar to work
trabajo *m.* work, task
traer to bring
traje *m.* outfit; suit; **traje de**
  baño bathing suit
trama *f.* plot
trance *m.* ecstasy; danger
tranquilizador quieting,
  tranquilizing; *m.* tranquilizer
tranquilizar to calm, soothe
tranquilo calm, peaceful
trascendencia *f.* transcendency,
  importance
trastornar to upset
tratar to treat; **tratar de** to deal
  with; **trater de** + *inf.* to try to
trato *m.* treatment
través *m.* inclination; misfortune;
  traverse; **a(l) través de** through
tren *m.* train
tribunal *m.* tribunal, court
trigo *m.* wheat
triste sad
tristeza *f.* sadness
tropas *f. pl.* troops
trozo *m.* fragment, piece
truco *m.* contrivance; trick
turista *m. or f.* tourist

U

u or (*before word beginning with* **o** *or*
  ho)
último last, latest
ungüento *m.* ointment
único only; unique; sole
urbano urban, city
usar to use
uso *m.* use
útil useful

utilidad *f.* use, usefulness
utilizar to use

V

vacilar to vacillate; fluctuate;
  hesitate
vacío empty; *n. m.* emptiness;
  vacuum
vago lazy; *n. m.* lazy person;
  vagrant
vajilla *f.* dinner set; table service;
  vajilla de plata silverware
valer to be worth; to matter; **valer**
  la pena to be worthwhile
validez *f.* validity
valiente brave
valor *m.* valor, courage; value
vano vain; inane, empty
variación *f.* variation, change
variado varied, different
variedad *f.* variety; *f. pl.*
  vaudeville
vario various, varied; *pl.* various,
  several
varonil manly
vaso *m.* glass
vecino *m.* neighbor
vencer to conquer, overcome
vendedor *m.* salesman;
  vendedora *f.* saleswoman
vender to sell
venir to come
venta *f.* sale; **volumen de ventas**
  m. sales volume; **venta de**
  liquidación de inventario
  inventory close-out sale
ventaja *f.* advantage; profit
ventana *f.* window
ver to see; **verse** to seem; to
  appear; **te ves muy bien** you
  look very well; **a ver** let's see
veraniego *adj.* summer
verano *m.* summer
veras *f. pl.* truth, reality; **de**
  veras really
verdad *f.* truth
verde green; risqué, off-color

vergüenza *f.* shame; modesty
verso *m.* line of poetry; *pl.*
poems
vestido *m.* dress
vestir to dress, wear; **vestirse** to
dress oneself
vez *f.* time; occasion; instance;
cada vez más more and more;
tal vez perhaps; **a veces** at
times
viajar to travel
viajero *m.* traveler
vida *f.* life; **en mi vida** never, not
ever; **ganar(se) la vida** to earn
a living
viejo old
viento *m.* wind
viernes *m.* Friday
vigilar to watch (over), look out
for or look after
vigor *m.* vigor; **en vigor** in force,
in effect
vino *m.* wine
visado *m.* visa
viuda *f.* widow

vivaz lively
vivienda *f.* dwelling place; home
vivir to live
vivo intense; lively
volar to fly
voluntad *f.* will
volver to return; to turn around;
volverse to become; **volver a** +
inf. to . . . again
voz *f.* voice
vuelo *m.* flight

Y

ya already; **ya no** no longer;
ya que since
yate *m.* yacht
yermo uncultivated, barren
yerno *m.* son-in-law

Z

zapato *m.* shoe
zoológico *m.* zoo; *adj.* zoological

Vocabulary: English–Spanish

A

abound **abundar**
about **acerca de; cerca de**
absent *adj.* **ausente**
absorb **absorber**
according to **según**
account **cuenta** *f.*; **relato** *m.*
accountant **contable** *m. or f.*
accounting **contabilidad** *f.*
accustom **acostumbrar**
achieve **lograr**
acquire **adquirir**
add **añadir, sumar**
address **direccion** *f.; v.* **dirigirse a**
advancement **adelanto** *m.*
advantage **ventaja** *f.*
advertisement **anuncio** *m.*
advertising **propaganda** *f.*, **publicidad** *f.*

advice **consejo** *m.*
advise **aconsejar; avisar** (to notify)
advisor **consejero** *m. or f.*
affection **afecto** *m.*, **cariño** *m.*
affix **fijar**
after **después de**
age **edad** *f.*
agree **convenir en, estar de acuerdo**
agreement **acuerdo** *m.*
ailment **dolencia** *f.*
aim (goal) **meta** *f.*
alien *adj.* **ajeno**
alienation **enajenación** *f.*
alike **semejante**
alleviate **aliviar**
allow **dejar, permitir**

ally **aliado** *m*.
almost **casi**
alone **solo**
already **ya**
ample **amplio**
amuse **divertir; divertirse**
amusing **divertido**
ancestor **antepasado** *m*.
anger **rabia** *f*.
announce **anunciar**
announcement **aviso** *m*.
announcer **locutor** *m*.
annoyance **molestia** *f*.
answer **contestación** *f*., **respuesta**
  f.; *v*. **contestar, responder**
antiquity **antiguedad** *f*.
anxiety **ansiedad** *f*.
any **cualquier**
anything **cualquier cosa** *f*.
anywhere **dondequiera**
appear **aparecer; parecer**
appearance **apariencia** *f*.
apple **manzana** *f*.
application **solicitud** *f*.
appoint **nombrar**
appointment **cita** *f*.;
  nombramiento *m*.
appreciate **apreciar**
approach *v*. **acercarse,**
  aproximarse
appropriate *adj*. **apropiado**
approval **aprobación** *f*.
approve **aprobar**
arrange **arreglar**
arrival **llegada** *f*.
arrive **llegar**
army **ejército** *m*.
around **alrededor de**
as **como** (like; since); as for **en**
  cuanto a
ask **preguntar;** to ask a
  question **hacer una pregunta;**
  to ask for **pedir**
assert oneself **imponerse**
assist **ayudar**
assure **asegurar**
attain **alcanzar**

attempt *v*. **tentar**
attend **asistir a**
attract **atraer**
awaken **despertar**

B

back **dorso** *m*.; **espalda** *f*.; **fondo**
  m.
background **fondo** *m*.
backing **apoyo** *m*.
bad **malo**
badly **mal**
ballad **romanza** *f*.
bargain **ganga** *f*.; *v*. **regatear**
base *v*. **basar**
basement **sótano** *m*.
basis **base** *f*., **fundamento** *m*.
bath **baño** *m*.
bathing suit **traje de baño** *m*.
be **estar; ser;** (*idiomatically*) **haber;**
  hacer; tener; to be able **poder;**
  to be afraid **tener miedo,**
  temer; to be angry **estar**
  enojado; to be ashamed
  avergonzarse, tener vergüenza;
  to be bored **estar aburrido;** to
  be boring **ser aburrido;** to be
  born **nacer;** to be called
  llamarse; to be careful
  tener cuidado; to be glad
  estar contento; alegrarse; to be
  grateful **agradecer;** to be
  important **importar;** to be of
  interest **interesar;** to be
  jealous **tener celos;** to be
  patient **tener paciencia;** to be
  supposed to **haber de;** to be
  unable to go on **no poder más;**
  to be warm (*weather*) **hacer**
  calor; (*persons*) **tener calor;** to be
  worth **valer;** to be worthwhile
  valer la pena
beach **playa** *f*.
beard **barba** *f*.
become **hacerse; llegar a ser;**
  ponerse; volverse; to become

accustomed **acostumbrarse**; to become calm **calmarse**; to become independent **independizarse**

bedroom **alcoba** *f.*, **dormitorio** *m.*

bee **abeja** *f.*

beef **carne de res** *f.*

before **ante** (*place*); **antes de** (*time*)

beg **rogar**

begin **comenzar, iniciar; ponerse a**

behave **actuar; comportarse, portarse**

behind *prep.* **detrás de**

belief **creencia** *f.*

believe **creer**

belong **pertenecer; tocarle a uno**

belt **cinturón** *m.*

benefit **beneficio** *m.*, **provecho** *m.*; *v.* **aprovechar; beneficiar**

bet **apuesta** *f.*; *v.* **apostar**

better *adv.* **mejor**; *v.* **mejorar**

big **grande; grueso** (thick)

birth **nacimiento** *m.*

birthday **cumpleaños** *m.*

birthrate **natalidad** *f.*

bite **bocado** *m.* (mouthful); *v.* **morder**

blame **culpa** *f.*; *v.* **echar la culpa**

bleed **sangrar**

bless **bendecir**; (*past part.*) **bendito**

blind *adj.* **ciego**; *v.* **cegar**

block (*of houses*) **cuadra** *f.*

blood **sangre** *f.*

blossom **flor** *f.*; *v.* **brotar**

boast *v.* **preciarse**

bone **hueso** *m.*

bore *v.* **aburrir**

borrow **pedir prestado**

both **ambos**

bother *v.* **molestar**

bow **arco** *m.*

boy **muchacho** *m.*; **niño** *m.*

bracelet **pulsera** *f.*

brake **freno** *m.*; *v.* **frenar**

branch **ramo** *m.*; **sucursal** *f.* (*of a firm*)

brave *adj.* **valiente**

bread **pan** *m.*

break *v.* **romper**

breakfast **desayuno** *m.*; *v.* **desayunarse**

bride **novia** *f.*

bridegroom **novio** *m.*

brief *adj.* **conciso, breve**

bring **aportar; traer**

broadcasting station **emisora** *f.*

broadening **ensanchamiento** *m.*

broken **roto**

brother-in-law **cuñado** *m.*

build **construir**

building **edificio** *m.*

bullet **bala** *f.*

bundle **lío** *m.*

burn *v.* **quemar**

business **negocio** *m.*

but **pero; sino**

butter **mantequilla** *f.*

buy *v.* **comprar**

by *prep.* **por**; by force of **a fuerza de**; by night **de noche**; by the way **a propósito**; by word of mouth **de boca en boca**

C

cage **jaula** *f.*

call *v.* **llamar**

calm *adj.* **tranquilo**; *v.* **calmar, tranquilizar**

calming **calmante**

cameo **camafeo** *m.*

canal **canal** *m.*

cap **gorra** *f.*; **tapa** *f.*

capable **capaz**

capricious **caprichoso**

capture *v.* **captar**

car **carro** *m.*, **coche** *m.*

card **tarjeta** *f.*

care **cuidado** *m.*

career **carrera** *f.*

careless **descuidado**

carry **llevar**; carry out **llevar a cabo**

case **caja** *f.*; **caso** *m.*

cash **contado** *m.*, **efectivo** *m.*
cease **cesar**
cell **celda** *f.*; (*biol.*) **célula** *f.*
center **centro** *m.*
century **siglo** *m.*
certain **cierto, determinado**
challenge **desafío** *m.*
chamber **cámara** *f.*
change *v.* **cambiar; cambio** *m.*
channel **canal** *m.* (T.V.)
charge *v.* **cobrar**
charitable **caritativo**
charity **caridad** *f.*
charm **encanto** *m.*; **dije** *m.*
    (*jewelry*); *v.* **encantar**
charming **encantador**
chat **charla** *f.*; *v.* **charlar**
cheap **barato**
chemical *adj.* **químico**
chemist **químico** *m.*
chemistry **química** *f.*
chest **cofre** *m.*; **pecho** *m.*
chew **masticar**
chewing gum **chicle** *m.*
chief **jefa** *f.*; **jefe** *m.*
Christmas **Navidad** *f.*
chromosome **cromosoma** *m.*
chronicle **crónica** *f.*
church **iglesia** *f.*
cite **citar**
citizen **ciudadano** *m.*
clean *adj.* **limpio**; *v.* **limpiar**
cleanliness **limpieza** *f.*
clear *adj.* **claro**
climate **clima** *m.*
close *v.* **cerrar**
cloth **tela** *f.*
clothes **ropa** *f.*
cloud **nube** *f.*
coarse **tosco, grosero; vulgar**
coast **costa** *f.*; *v.* **deslizar**
coastal **costeño**
code **código** *m.* (*of law or ethics*);
    cifra *f.*
coincidence **casualidad** *f.*
cold **frío** *m.*; **catarro** *m.*, **resfriado**
    m.
collar **cuello** *m.*

colony **colonia** *f.*
colorful **llamativo, vivo**
come **venir**
comfort **comodidad** *f.*
comfortable **cómodo**
commandment **mandamiento** *m.*
commit **cometer**
common *adj.* **común**
compete **competir**
competition **competencia** *f.*
complain **quejarse**
complex *adj.* **complejo**
compose **componer**
compulsory **obligatorio**
conceal **disimular; esconder**
confide **confiar**
confidence **confianza** *f.*
confront **afrontar**
congenial **simpático**
congratulate **felicitar**
conjugal **conyugal**
conjurer **brujo** *m.*
conquer **vencer**
conscious **consciente**
consequently **por consiguiente**
consolation **consuelo** *m.*
consumer **consumidor** *m.*
consumption **consumo** *m.*
contain **contener**
contemplate **contemplar,**
    reflexionar
contemptuous **despectivo**
contents **contenido** *m.*
contradict **contradecir**
contrary *adj.* **contrario**
contribute **contribuir**
convince **convencer**
cook *v.* **cocinar**
cookie **galleta** *f.*
copper **cobre** *m.*
corner **rincón** *m.*
corporation **sociedad anónima** *f.*
correct *v.* **corregir**
cost **costo** *m.*; *v.* **costar**
cotton **algodón** *m.*
count *v.* **contar**
country **país** *m.*; **campo** *m.*;
    patria *f.*

couplet **copla** *f.*
course **curso** *m.*; of course **cómo
no, desde luego, por supuesto**
courtesy **cortesía** *f.*
cover *v.* **cubrir;** (*past part.*)
cubierto; tapa *f.*
coward **cobarde** *m.*, **gallina** *f.*
(*slang*)
crazy **loco**
create **crear**
creative **creador**
credit card **tarjeta de crédito** *f.*
crisis **crisis** *f.*
criticism **crítica** *f.*
crop **cosecha** *f.*
cross **cruz** *f.*; *v.* **cruzar**
crowd **gentío** *m.*, **muchedumbre** *f.*
crude **rudo**
cry *v.* **llorar**
cultured **culto**
cup **taza** *f.*
current *adj.* **corriente**
cut **corte** *m.* (*of a garment*);
v. **cortar**

D

daily **cotidiano, diario**
dance **baile** *m.*; *v.* **bailar**
dance floor **pista** *f.*
danger **peligro** *m.*
dangerous **peligroso**
dare *v.* **atreverse a**
daring **atrevido**
dark **moreno; oscuro; tenebroso**
darkness **oscuridad** *f.*
data **datos** *m.pl.*
date **fecha** *f.*
daughter **hija** *f.*
daughter-in-law **nuera** *f.*
deaf **sordo**
deafening **ensordecedor**
deal with **tratar de**
dear **caro; querido**
death **muerte** *f.*
debt **deuda** *f.*
deceive **engañar**
deed **hazaña** *f.*
deep **profundo**

defy **desafiar**
degree **grado** *m.*; (*univ.*) **título** *m.*
delay **demora** *f.*; *v.* **demorar**
delayed **atrasado; tarde**
delight **deleite** *m.*; *v.* **deleitar**
deny **negar**
department store **almacenes** *m.
pl.*
depress **deprimir**
depression **crisis** *f.*; **depresión** *f.*
deprive **privar (de)**
desert *v.* **abandonar**
design **diseño** *m.*
desire *v.* **desear**
dessert **postre** *m.*
destiny **destino** *m.*
detail **detalle** *m.*
detain **detener**
develop **desarrollar**
development **desarrollo** *m.*
diamond **brillante** *m.*
die *v.* **morir**
diet **dieta** *f.*; *m.* **régimen**
different **diferente, distinto**
diminish **disminuir**
dinner **cena** *f.*; dinner set
vajilla *f.*
direct **directo;** *v.* **dirigir**
dirty **sucio**
disadvantage **desventaja** *f.*
disappear **desaparecer**
disapprove **desaprobar**
discerning **perspicaz**
discontent **descontento**
discount **descuento** *m.*, **rebaja** *f.*
discourage **desanimar**
discover **descubrir**
discuss **discutir**
disillusion *v.* **desengañar,
desilusionar**
dismiss **despedir**
dispose **disponer**
disposed **dispuesto**
distinguish **distinguir**
distract **distraer**
do **hacer**
dog **perro** *m.*
dominate **dominar**
done **hecho**

door **puerta** *f.*
doubt **duda** *f.*; *v.* **dudar**
draw **empate** *m.* (*in a game*); *v.*
  dibujar; tirar
dream **sueño** *m.*; *v.* **soñar**
dress **vestido** *m.*; *v.* **vestir**
dressmaker **modista** *f.*
drive *v.* **conducir, manejar**
driver's license **licencia de**
  conducir *f.*
drug **droga** *f.*; *v.* **narcotizar**
drunk **borracho**
during **durante**
dusk **al oscurecer**
dwell **habitar, morar, vivir**
dwelling place **vivienda** *f.*

E

each **cada**
eager **ansioso, ardiente**
eagerness **anhelo** *m.*; **empeño** *m.*
ear **oído** *m.*; **oreja** *f.*
earn **ganar; to earn a**
  living ganarse el pan (la vida)
early **temprano**
earphone **auricular** *m.*
earring **arete** *m.*, **pendiente** *m.*
eastern **oriental**
easy **fácil**
eat **comer; to eat supper cenar**
economize **ahorrar, economizar**
ecstasy **arrobamiento** *m.*, **trance**
  m.
education **educación** *f.*;
  instrucción *f.*
effect **efecto** *m.*
effective **eficaz**
elbow **codo** *m.*
elect *v.* **elegir**
elevator **ascensor** *m.*
embarras *v.* **avergonzar; turbar**
embarrassment **compromiso** *m.*;
  turbación *f.*; **vergüenza** *f.*
embrace *v.* **abrazar**
embroider **bordar**
emigrate **emigrar**
empire **imperio** *m.*
employ *v.* **emplear**

employee **empleado** *m.*
empty *adj.* **vacío**
enamored **enamorado**
end **cabo** *m.*, **fin** *m.*; **meta** *f.*; *v.*
  acabar, terminar
endless **interminable, sin fin**
endow **dotar**
endure **aguantar, soportar;**
  durar, perdurar
engagement **compromiso** *m.*
engineer **ingeniero** *m.*
enjoy **disfrutar, gozar de**
enlist **alistarse**
enough **bastante, suficiente**
enter **entrar, ingresar**
enterprise **empresa** *f.*
enterprising **emprendedor**
environment **ambiente** *m.*
equal *adj.* **igual**; *v.* **igualar**
erase **borrar**
essay **ensayo** *m.*
even *adj.* **igual; uniforme;** *adv.*
  aún, hasta, incluso
event **acontecimiento** *m.*,
  suceso *m.*
everyone **todos, todo el mundo**
everything **todo**
everywhere **en (por) todas partes**
example **ejemplo** *m.*
exchange **intercambio** *m.*; *v.*
  cambiar, trocar
excite **animar; excitar**
exciting **emocionante;**
  estimulante
exercise **ejercicio** *m.*
exhaust *v.* **agotar**
explain **explicar**
eye **ojo** *m.*
eyeglasses **anteojos** *m. pl.*, **lentes**
  m. pl., **gafas** *f. pl.*

F

fabric **tejido** *m.*
face **cara** *f.*; **rostro** *m.*; *v.* **mirar**
  hacia; enfrentar; dar a
factory **fábrica** *f.*
fail **fracasar**
failure **fracaso** *m.*

faith **fe** *f.*
faithful **fiel**
fall *v.* **caer;** to fall in love
with **enamorarse de**
fame **fama** *f.,* **renombre** *m.*
famous **famoso, popular,**
renombrado
far **lejos**
farewell **despedida** *f.*
farm **finca** *f.; v.* **cultivar, labrar**
fault **culpa** *f.*
favor *v.* **favorecer**
fear **miedo** *m.,* **temor** *m.*
feed *v.* **alimentar, dar de comer**
feel **sentir;** to feel like **tener**
ganas de + *inf.*
fellow **compañero** *m.;* **tipo** *m.;*
fellow man **prójimo** *m.*
ferocious **feroz**
fill **llenar**
film **película** *f.; v.* **filmar**
find *v.* **encontrar, hallar**
fine **multa** *f.;* fine arts **bellas**
artes *f. pl.*
fire **fuego** *m.; v.* **despedir;**
disparar
first **primero**
fish **pez** *m.;* **pescado** *m.; v.* **pescar**
fist **puño** *m.*
fit **corte** *m. (of a garment); v.* **caber;**
sentarle bien a uno
five hundred **quinientos**
fix *v.* **arreglar, reparar; fijar**
fixed **fijo**
flee **huir**
fleeting **fugaz**
flesh **carne** *f.*
flight **vuelo** *m.*
floor **piso** *m.*
flourish *v.* **florecer**
flow **corriente** *f.; v.* **fluir**
flower **flor** *f.*
flowerpot **tiesto** *m.*
fly **mosca** *f.; v.* **volar**
follow **seguir**
following **siguiente**
food **comida** *f.;* **alimento** *m.;*
comestible *m.*
fool **necio** *m.; v.* **engañar**

foot **pie** *m.*
footstep **paso** *m.;* **huellas** *f. pl.*
for **para; por;** for example **por**
ejemplo
force **fuerza** *f.*
forehead **frente** *f.*
forget **olvidar**
form **formulario** *m.,* **planilla** *f.,*
forma *f.*
former **anterior**
formerly **antiguamente**
fourth **cuarto**
fragment **trozo** *m.*
fragrant **fragante, oloroso**
free *adj.* **libre; gratuito; gratis;** *v.*
librar; soltar
fresh **fresco**
fried **frito**
frontier **frontera** *f.*
frustrate **frustrar**
fry *v.* **freír**
fulfill **realizar; cumplir**
full **lleno**
furnace **horno** *m.*
future **futuro** *m.,* **porvenir** *m.*

G

garbage **basura** *f.*
garden **jardín** *m.*
gardening **horticultura** *f.*
gather *v.* **recoger; reunir**
generally **generalmente, por lo**
común
gentleman **caballero** *m.*
gesture **gesto** *m.*
get *v.* **conseguir, obtener;** to get
angry **enojarse;** to get
bored **aburrirse;** to get
up **levantarse**
gift **regalo** *m.;* (talent) **don** *m.*
girl **chica** *f.;* **muchacha** *f.,* **niña** *f.*
give **dar;** to give an account
of **dar cuenta de;** to give proof
of **dar prueba de**
glass **cristal** *m.;* **vidrio** *m.;** drinking
glass **vaso** *m.*
glove **guante** *m.*
glue **cola** *f.; v.* **pegar**

go **ir;** to go away **irse;** to go to
bed **acostarse;** to go shopping
ir de compras; to go on strike
declararse en huelga; to go up
subir
goat **cabra** *f.*
gold **oro** *m.*
good **bueno**
grace **gracia** *f.*
graduate *v.* **graduarse(de)**
grandfather **abuelo** *m.*
grandson **nieto** *m.*
grant **dádiva** *f.*; **donación** *f.*;
v. **conceder, otorgar;** God
grant **Dios quiera, Ojalá**
grasp *v.* **agarrar**
great **grande, magno**
greater **mayor**
great-grandparents **bisabuelos**
m. pl.
Greek *adj.* **griego**
green **verde**
greet **saludar**
greeting **salutación** *f.*, **saludo** *m.*
grief **dolor,** *m.*, **pesar** *m.*, **aflicción**
f., **pena** *f.*
grieve **dar pena, afligir**
gripe **queja** *f.*; *v.* **quejarse**
grippe **gripe** *f.*
grow **crecer;** to grow dark
oscurecer; anochecer
guess **conjetura** *f.*; *v.* **adivinar**
guest **convidado** *m.*, **invitado** *m.*
guide **guía** *m.*; *v.* **guiar**
guy **tipo** *m.* (*slang*)

H

habit **costumbre** *f.*, **hábito** *m.*
hair **cabello** *m.*, **pelo** *m.*
half *adj.* **medio; mitad** *f.*
hallucinogenic *adj.* **alucinógeno**
hand **mano** *f.*
handsome **guapo**
happen **acontecer, ocurrir, pasar,**
suceder
happiness **alegría** *f.*; **felicidad** *f.*
happy **alegre; contento; feliz**

hard **duro;** hard-
working **trabajador**
harden **endurecer**
hardly **apenas**
harm **daño** *m.*, **perjuicio** *m.*;
v. **dañar; herir; perjudicar**
harmful **dañoso, dañino,**
perjudicial
haste **prisa** *f.*, **apuro** *m.* (*colloq.*)
hat **sombrero** *m.*
have **haber; tener;** to have in
mind **pensar en, tener en**
mente; to have just **acabar de**
+ *inf.*
head **cabeza** *f.*; *v.* **dirigir,**
encabezar
headline **titular** *m.*, **título** *m.*
health **salud** *f.*; health foods
alimentos nutritivos *m. pl.*
healthful **salutífero, saludable**
healthy **sano**
hear **oír**
hearer **oyente** *m.*
heart **corazón** *m.*; alma (*f.*)
heat **calor** *m.*
heating **calefacción** *f.*
Hebrew **hebreo**
height **talla** *f.*
hello **hola;** (*in answering telephone*)
bueno; diga
help **ayuda** *f.*; *v.* **ayudar**
herb **hierba** *f.*
here **aquí;** here is **he aquí**
heritage **herencia** *f.*
hero **héroe;** *m.* (*of a literary work*)
protagonista *m.*
hidden **escondido; oculto**
hide *v.* **esconder, ocultar**
high **alto;** the high cost of
living **la carestía de la vida**
hinder **impedir**
Hispanic *adj.* **hispánico; hispano**
m.
historian **historiador** *m.*
hold *v.* **tener; coger, agarrar**
home **hogar** *m.*; at home **en**
casa
honey **miel** *f.*
honeymoon **luna de miel** *f.*

horizon **horizonte** *m.*
hormone **hormona** *f.*
horn **corneta** *f.*
horse **caballo** *m.*
horseman **jinete** *m.*
hour **hora** *f.*
housewife **ama de casa** *f.*
how *adj.* **cuán; qué;** *interrogative*
  ¿Cómo?; how many? **¿Cuántos?;**
  how much? **¿Cuánto?**
however *adv.* **como quiera; de**
  cualquier modo; *conj.* **no**
  obstante, sin embargo
hug **abrazo** *m.*
humor **humor** *m.*
hunt **caza** *f.; v.* **cazar**
hurry **prisa** *f.; v.* **darse prisa;**
  apurarse (*colloq.*)
hurt *v.* **dañar, doler, lastimar**
husband **esposo** *m.,* **marido** *m.*

I
ice **hielo** *m.*
ice cream **helado** *m.*
idiom **modismo** *m.*
if **si**
ill **enfermo**
illness **enfermedad** *f.*
image **imagen** *f.*
immediately **inmediatamente, en**
  seguida
impose **imponer**
impress **impresionar**
improve **mejorar**
in: in agreement **de acuerdo;** in
  the back of **al fondo de, atrás;**
  in fact **en efecto;** in force **en**
  vigor; in spite of **a pesar de**
inclination **inclinación** *f.,*
  propensión *f.,* **tendencia** *f.*
include **incluir**
incongruous **incongruo**
increase **aumento** *m.; v.* **aumentar**
Indian *adj.* **indio**
indispensable **imprescindible**
industrious **aplicado, diligente**
inequality **desigualdad** *f.*

influence **influencia** *f.; v.* **influir**
inhabitant **habitante** *m.*
inherit **heredar**
inhuman **desalmado, inhumano**
iniquity **iniquidad** *f.*
innate **innato**
inscribe **inscribir**
inside *adv.* **adentro;** *adj.* **interior**
installment **plazo** *m.*
insurance **seguro** *m.*
intend **pensar** + *inf.,* **tener la**
  intención de
intense **vivo**
interest **interés** *m.; v.* **interesar**
interesting **interesante**
interrupt **interrumpir**
intervene **intervenir**
intimate *adj.* **íntimo**
intrigue **intriga** *f.,* **tinglado** *m.*
invest **invertir**
investment **inversión** *f.*
invite **invitar; convidar** (*to a meal*)
invoice **factura** *f.*
iron **hierro** *m.;* **plancha** *f.; v.*
  planchar
irritable **irascible**
isolated **aislado**

J
jail **cárcel** *f.; v.* **encarcelar**
jealous **celoso;** to be jealous
  tener celos
jealousy **celos** *m. pl.*
jewel **joya** *f.*
jewelry **joyas** *f. pl.;* jewelry
  store **joyería** *f.*
job **empleo** *m.;* (*task*) **tarea** *f.*
joke **chiste** *m.; v.* **bromear**
journalist **periodista** *m. or f.*
judge **árbitro** *m.;* **juez** *m.; v.* **juzgar**
judgement **dictamen** *m.;* **juicio** *m.*
juice **jugo** *m.*
jungle **selva** *f.*
just *adj.* **justo;** *adv.* **precisamente,**
  no más que, solamente, sólo; to
  have just **acabar de** + *inf.*
justice **justicia** *f.*

K

keep *v.* **guardar;** to keep
accounts **llevar las cuentas**
kill *v.* **matar**
kilo, kilogram **kilo, kilogramo** *m.*
(2.2 pounds)
kilometer **kilómetro** *m.* (.621
miles)
king **rey** *m.*
kitchen **cocina** *f.*
knee **rodilla** *f.*
knowledge **conocimiento** *m.*;
sabiduría *f.*

L

labor **trabajo** *m.*; **las clases
obreras;** *v.* **labrar; trabajar;**
labor force **mano de obra** *f.*
lace **encaje** *m.*
lack **falta** *f.*; *v.* **faltar;** lack of
understanding **incomprensión** *f.*
lady **dama** *f.*
land **terreno** *m.*; **tierra** *f.*
language **lengua** *f.*, **idioma** *m.*;
lenguaje *m.*
last **último;** last night **anoche**
late **tarde**
laugh *v.* **reír;** to laugh at **reírse
de, burlarse de**
laughter **risa** *f.*
launch *v.* **lanzar**
law **derecho** *m.*; **ley** *f.*
lawyer **abogado** *m.*
lazy **perezoso, vago**
leader **líder** *m.*; **caudillo** *m.*
lean *adj.* **flaco;** *v.* **inclinarse**
leap **salto** *m.*; *v.* **saltar**
leather **cuero** *m.*
leave *v.* **partir, salir**
lecture **conferencia** *f.*
left **izquierda** *f.*; *v.* to be left
over **quedar, sobrar**
legend **leyenda** *f.*
leisure **ocio** *m.*
lend **prestar**
lentils **lentejas** *f. pl.*
less **menos**

let's see **vamos a ver**
level **nivel** *m.*; *adj.* **plano, igual**
liberal arts **filosofía y letras** *f. pl.*
library **biblioteca** *f.*
licentiousness **libertinaje** *m.*
lie **mentira** *f.*; *v.* **mentir;** to lie
down **acostarse, descansar**
life **vida** *f.*
light *adj.* **claro; ligero; luz** *f.*; *v.*
encender; iluminar
lightness **ligereza** *f.*
like *v.* **amar, hallar agrado en;
gustarle a uno;** *adj.* **semejante;**
adv. **como**
liking **gusto** *m.*
limit **límite** *m.*; *v.* **limitar**
line **línea** *f.*; (*of poetry*) **verso** *m.*
little **pequeño; poco**
live *v.* **vivir**
lively **vivaz**
loan **préstamo** *m.*
long *adj.* **largo;** long ago
antaño, hace mucho tiempo;
long for *v.* **anhelar**
look **mirada** *f.*; *v.* **mirar;** to look
for **buscar;** to look
like **parecerse a, semejar**
lose **perder;** to lose weight
adelgazar
loss **pérdida** *f.*
loud **ruidoso**
loudspeaker **altoparlante** *m.*
love **amor** *m.*; *v.* **amar, querer;**
love affair **amorío** *m.*
lover **amante** *m. or f.*
low **bajo;** low mileage **poco
recorrido;** low neckline
descote *m.*
lower *v.* **bajar**
loyal **leal**
loyalty **lealtad** *f.*
luck **suerte** *f.*
lucky **dichoso**
luxury **lujo** *m.*

M

machine **máquina** *f.*; machine
gun **ametralladora** *f.*

magazine   **revista** *f.*
magic   **magia** *f.*
magician   **mago** *m.*
magnificent   **magnífico**
maintain   **mantener**
majority   **mayoría** *f.*, **la mayor
parte**
make **marca** *f.*; *v.*   **hacer;** to make
fun of   **burlarse de**
man   **hombre** *m.*
manager   **gerente** *m.*
maneuver   **maniobra** *f.*
manifest *v.*   **manifestar, mostrar**
manly   **varonil**
manner   **manera** *f.*, **modo** *m.*
manufacture *v.*   **fabricar**
map   **mapa** *m.*
market   **mercado** *m.*
marriage   **matrimonio** *m.*
married   **casado;** married
life   **vida conyugal** *f.*
marry   **casarse (con)**
martyrdom   **martirio** *m.*
marvel   **maravilla** *f.*; *v.* **admirar,
maravillarse**
mass   **masa** *f.*; (*church*) **misa** *f.*
massacre   **matanza** *f.*
match   **fósforo** *m.*; **partido** *m.*;
hacer juego con
material   **material** *f.*; (cloth)
género *m.*, **ropa** *f.*, **tejido** *m.*
matter   **asunto** *m.*; **materia** *f.*
mature *adj.*   **maduro**
maturity   **madurez** *f.*
meal   **comida** *f.*
mean *adj.*   **cruel, vil; bajo;**
v. **querer decir, significar**
meaning   **sentido** *m.*, **significado**
m.
means   **medios** *m. pl.*
medal   **medalla** *f.*
meddle   **meterse en**
meet *v.*   **encontrarse con, reunirse
con; conocer**
meeting   **reunión** *f.*
melt   **derretir, disolver**
melting pot   **crisol** *m.*
member   **miembro** *m.*, **socio** *m.*

menu   **lista** *f.*
merchandise   **mercancía** *f.*
message   **mensaje** *m.*, **recado** *m.*
midnight   **medianoche** *f.*
mind   **mente** *f.*
mine *pron.*   **mío**
miserly   **tacaño**
misinterpret   **malinterpretar**
miss *v.*   **faltar, echar de menos**
missing   **extraviado, perdido**
mistress   **amante** *f.*, **querida** *f.*;
ama (de casa) *f.*
monarch   **monarca** *m.*
monk   **monje** *m.*
monkey   **mono** *m.*
month   **mes** *m.*
monthly   **mensual**
moon   **luna** *f.*
moral   **moraleja** *f.*
more   **más**
moreover   **además**
morning   **mañana** *f.*
mortgage   **hipoteca** *f.*
motto   **lema** *m.*
mount   **montar** *v.*
mouth   **boca** *f.*
move *v.*   **mover, trasladar; mudar
(de casa);** to move away
alejarse
movie   **película** *f.*; movie
screen   **pantalla** *f.*; movie
theater   **cine** *m.*,
mud   **barro** *m.*, **lodo** *m.*
museum   **museo** *m.*
must   **tener que** + *inf.*;
(probability) **deber de** + *inf.*
mustache   **bigote** *m.*
mutual   **mutuo**

N

name   **nombre** *m.*; *v* **nombrar**
native *adj.*   **nativo, indígena**
nature   **naturaleza** *f.*
near   **cerca de, junto a, próximo a**
Near East   **Cercano Oriente** *m.*,
Levante *m.*

need *v.* **necesitar**
needle **aguja** *f.*
needlework **costura** *f.*
neighbor **vecino** *m.*
neighborhood **barrio** *m.*; **vecindad**
f., **vecindario** *m.*
neither **ni; ni . . . tampoco;**
neither one (of two) **ninguno de
los dos**
nerve **nervio** *m.*
nest **nido** *m.*
net **red** *f.*
never **nunca, jamás; en mi vida**
nevertheless **sin embargo; no
obstante**
new **nuevo**
news **noticias** *f. pl.*
newspaper **periódico** *m.*
next *adj.* **próximo; siguiente;** *prep.*
al lado de, junto a
night **noche** *f.*
nightfall **anochecer** *m.*
nightmare **pesadilla** *f.*
no: no doubt **sin duda;** no
one **nadie**
noise **alboroto** *m.*; **ruido** *m.*
noisy **ruidoso, turbulento**
none **ninguno**
nonsense **tonterías** *f. pl.*,
disparate *m.*
not yet **todavía no**
note **nota** *f.*; **apunte** *m.*
nothing **nada**
notice *v.* **fijarse en, notar;
percibir**
noun **sustantivo** *m.*
nourish **nutrir**
nourishment **alimento** *m.*;
alimentación *f.*, **nutrición** *f.*
now **ahora;** right now **ahora
mismo**
nowadays **hoy en día**
number **número** *m.*; **cifra** *f.*
nurse **enfermera** *f.*
nutrient **nutrimento** *m.*
nutritious **nutritivo**

O

object *v.* **oponerse a, tener
inconveniente en**
objection **inconveniente** *m.*
obtain **conseguir, obtener**
of: of course **claro que sí, cómo
no, desde luego, por supuesto;**
of flesh and blood **de carne y
hueso**
offer **oferta** *f.*; *v.* **ofrecer**
office **despacho** *m.*, **oficina** *f.*;
(*med.*) **consultorio** *m.*
officer **oficial** *m.*
official *adj.* **oficial; funcionario** *m.*
often **a menudo, muchas veces**
oil **aceite** *m.*, **petróleo** *m.*
ointment **ungüento** *m.*
old **anciano; antiguo; viejo;** old
fashioned **anticuado**
olive **aceituna** *f.*; olive oil **aceite
de oliva** *m.*
on **acerca de; encima de, sobre;**
on one's shoulders **a cuestas;**
on purpose **de propósito;** on
the contrary **al contrario;** on
the other hand **en cambio**
one: one third **tercio** *m.*; one's
own **propio**
only *adj.* **único;** *adv.* **solamente,
sólo**
open *adj.* **abierto;** *v.* **abrir**
oppose **oponer**
opposite *prep.* **en frente de**
or **o, u**
order **orden** *f.* (*command*); **pedido**
(*commercial*) *m.*; **orden** *m.*
(*arrangement*)
origin **origen** *m.*, **procedencia** *f.*
orphan **huérfano** *m.*
other **otro; demás**
outfit **equipo** *m.*; **traje** *m.* (*clothes*)
outside *adj.* **externo;** *adv.* **afuera;**
prep. **fuera de**
overcome *v.* **superar, vencer**
overlook *v.* **pasar por alto**
owe **deber**
owner **dueño** *m.*

P

pain **dolor** *m.*; **pena** *f.*
paint **pintura** *f.*; *v.* **pintar**
pair **par** *m.*; **pareja** *f.*
pants **pantalones** *m. pl.*
paragraph **párrafo** *m.*
part **parte** *f.*; (*theater*) **papel** *m.*
participate **participar**
partner **pareja** *f.*; **socio** *m.*
pass **permiso** *m.*; *v.* **pasar**
passage **pasillo** *m.*; **viaje** *m.*
past **pasado** *m.*
pat **golpecito** *m.*; *v.* **dar palmaditas**
path **camino** *m.*, **senda** *f.*
patience **paciencia** *f.*
patient *adj.* **paciente; paciente** *m. or f.*; to be patient **tener paciencia**
pay **paga** *f.*, **sueldo** *m.*; *v.* **pagar;** to pay attention **prestar atención, hacer caso**
payment **pago** *m.*
peace **paz** *f.*; **serenidad** *f.*, **tranquilidad** *f.*
peasant **campesino** *m.*
pen **pluma** *f.*
pendant **pendiente** *m.*
pendent **pendiente**
penknife **navaja** *f.*
people **gente** *f.*
pepper **pimienta** *f.*
perform **cumplir, desempeñar, ejecutar**
perhaps **quizá(s), tal vez**
persecute **perseguir**
persevere **persistir**
persist **insistir; empeñarse en**
perspiration **sudor** *m.*
pertain **pertenecer**
petroleum **petróleo** *m.*
pick *v.* **escoger; picar;** to pick a quarrel with **meterse con, tomarla con;** to pick up **levantar**
picture **cuadro** *m.*; **fotografía** *f.*; **pintura** *f.*
piece **pedazo** *m.*; **pieza** *f.*, **trozo** *m.*

pill **cápsula** *f.*, **píldora** *f.*, **pastilla** *f.*
pirate **corsario** *m.*, **pirata** *m.*
pity **lástima** *f.*, **misericordia** *f.*; *v.* **apiadarse de, compadecerse de**
place **lugar** *m.*; **sitio** *m.*; *v.* **poner**
plain *adj.* **llano; sencillo, sin adornos, natural; llanura** *f.*
plan **plan** *m.*; *v.* **planear**
plane **nivel** *m.*; **plano** *m.*
plantation **hacienda** *f.*
play (*theater*) **comedia** *f.*, **drama** *m.*, **función** *f.*; **pieza** *f.*; **juego** *m.*, **jugada** *f.*; *v.* **jugar; tocar (un instrumento)**
please (*form of courtesy*) **haga el favor de, por favor, sírvase, tenga la bondad de;** *v.* **agradar, complacer, gustar**
pleasure **gusto** *m.*, **placer** *m.*
plot **parcela** *f.*, **porción** *f.* (de terreno); **conjura(ción)** *f.*, **conspiración** *f.*; **intriga** *f.*, **trama** *f.*
poet **poeta** *m.*
poetry **poesía** *f.*
point **punta** *f.*; **punto** *m.*; **fin** *m.*, **objeto** *m.*; *v.* **apuntar, indicar, señalar**
policy **política** *f.*; **póliza** *f.* (de seguros, etcétera)
polite **cortés**
poor **pobre**
population **población** *f.*
pork **carne de cerdo** *f.*, **pernil** *m.*
possess **poseer**
poster **cartelón** *m.*
pound **libra** *f.*
poverty **pobreza** *f.*
power **poder** *m.*; **potencia** *f.*
powerful **poderoso**
prayer **oración** *f.*
precious **precioso, de gran valor**
predict **profetizar, pronosticar**
prejudice **prejuicio** *m.*
prescribe **recetar**
prescribed **prescrito**
prescription **receta** *f.*
present *adj.* **actual, corriente, presente**
pretty **bonito, lindo**

previous **previo, anterior**
previously **antes, anteriormente,
de antemano**
price **precio** *m.*
pride **orgullo** *m.*
priest **cura** *m.,* **sacerdote** *m.*
principal *adj.* **esencial, principal**
principle **principio** *m.*
prize **premio** *m.*
procedure **procedimiento** *m.*
professor **catedrático** *m.*
project **proyecto** *m.; v.* **proyectar**
promise **promesa** *f.; v.* **prometer**
promote *v.* **fomentar**
proof **prueba** *f.*
property **propiedad** *f.,* **bienes** *m.
pl.*
propose **proponer; declararse (a
una mujer)**
proprietor **dueño** *m.,* **propietario**
m.
protect **proteger**
proud **orgulloso**
prove **probar**
provide **proveer;** provided
that **con tal que**
psychologist **(p)sicólogo** *m.*
pull *v.* **tirar**
punish **castigar**
purchase **compra** *f.; v.* **comprar**
purpose **propósito** *m.;* on
purpose **de propósito**
push **empuje** *m.; v.* **empujar**
put **poner;** to put in **meter;** to
put one's foot in **meter la pata**

Q

quality **cualidad** *f.* (*characteristic*);
calidad *f.* (*grade*)
quarrel **disgusto** *m.; v.* **pelear,
reñir**
question **pregunta** *f.;* **asunto** *m.*
quiet **calma** *f.,* **tranquilidad** *f.,*
silencio *m.; v.* **callar**
quite **enteramente, bastante**
quota **cuota** *f.*

R

race **carrera** *f.;* **raza** *f.*
rage **furor** *m.,* **ira** *f.,* **rabia** *f.;
v.* **rabiar**
rain **lluvia** *f.; v.* **llover**
raincoat **impermeable** *m.*
raise **aumento** *m.; v.* **aumentar;
alzar, levantar, subir; criar**
rate **tarifa** *f.,* **tasa** *f.;* **velocidad** *f; v.*
clasificar; at any rate **de todos
modos**
rather **bastante; más bien**
raw **crudo;** raw material **materia
prima** *f.*
read **leer**
reader **lector** *m.*
reading **lectura** *f.*
ready *adj.* **listo**
realize **darse cuenta de; realizar**
really **de veras, verdaderamente**
reason **razón** *f.;* **causa** *f.;* **motivo**
m.
rebel *adj.* **rebelde;** *v.* **rebelarse**
rebellious **rebelde**
receipt **recibo** *m.*
recent **reciente**
recently **recién, recientemente**
recognize **reconocer**
record **disco** *m.; v.* **apuntar,
grabar;** record
player **tocadiscos** *m.*
reflect **reflejar**
refuse *v.* **negarse a; rechazar,
rehusar**
registration **martrícula** *f.*
reign **reino** *m.; v.* **reinar**
reject *v.* **rechazar**
relate **relacionar**
relative *adj.* **relativo; pariente** *m.*
religious **religioso, devoto;**
religious instruction
(Catholic) **catequismo** *m.;*
religious offering **ofrenda** *f.*
remain **quedar**
remember **acordarse de,
recordar**
remind **recordar**
rent **alquiler** *m.; v.* **alquilar**

repair **reparación** *f.; v.* **reparar**
replace **reemplazar**
repress **reprimir**
reproach **oprobio** *m.;* **reproche** *m.;*
  v. **reprochar, echar en cara**
request **petición** *f.; v.* **pedir,**
  rogar, solicitar
requirement **requisito** *m.*
resemble **(a)semejarse a,**
  parecerse a
resolve *v.* **resolver**
resolved **resuelto**
resort **lugar de veraneo** *m.;*
  v. **acudir, recurrir**
resource **recurso** *m.*
rest **descanso** *m.; v.* **descansar**
result **resultado** *m.; v.* **resultar**
retail **al detalle**
return **regreso** *m.,* **vuelta** *f.;*
  v. **regresar, volver**
revive **resucitar**
reward **premio** *m.,* **recompensa** *f.;*
  v. **premiar, recompensar**
rib **costilla** *f.*
rice **arroz** *m.*
rich **rico; adinerado, acomodado**
riches **riqueza** *f.*
right *adj.* **correcto; justo, recto;**
  derecho *m.;* to the right **a la**
  derecha; right now **ahora**
  mismo
ring **anillo** *m.,* **sortija** *f.*
riot **motín** *m.*
risk **riesgo** *m.; v.* **arriesgar**
rite **rito** *m.*
river **río** *m.*
role **papel** *m.;* **parte** *f.*
roll **rollo** *m.;* **lista** *f.*
root **raíz** *f.*
rule **gobierno** *m.,* **mando** *m.;*
  v. **gobernar, mandar**
ruler **gobernador** *m.,* **soberano** *m.;*
  regla *f.* (*measurement*)
run *v.* **correr**

S

sacred **sagrado**
sad **triste**

sadness **tristeza** *f.*
safe *adj.* **seguro;** safe and
  sound **sano y salvo**
said **dicho**
salary **paga** *f.,* **sueldo** *m.*
sale **liquidación** *f.,* **venta** *f.*
sales volume **volumen de ventas**
  m.
salesman **vendedor** *m.*
salt **sal** *f.*
same **mismo**
sample **muestra** *f.*
sauce **salsa** *f.*
say **contar, decir**
saying **dicho** *m.*
scarce **escaso**
scarcely **apenas, siquiera**
scarcity **carestía** *f.;* **escasez** *f.*
scare *v.* **asustar, espantar,**
  amedrentar
scarf **bufanda** *f.*
schedule **horario** *m.*
scholarship **beca** *f.;* **erudición** *f.*
school **escuela** *f.;* **colegio** *m.*
scientist **científico** *m.*
scold *v.* **regañar**
seaman **marinero** *m.*
seamstress **costurera** *f.*
search **búsqueda** *f.; v.* **buscar**
season **estación** *f.;* **temporada** *f.*
seat **asiento** *m.; v.* **sentar**
second **segundo** *m.*
security **seguridad** *f.*
sedative **sedante** *m.*
see *v.* **ver**
seed **semilla** *f.*
seem **parecer; verse**
seize **coger**
self **mismo;** self-absorbed
  ensimismado; self-confident
  seguro de sí mismo, confiado;
  self-defeating **contraproducente;**
  self-discipline **autodisciplina** *f.*
selfish **egoísta**
selfishness **egoísmo** *m.*
sell **vender**
send **enviar, mandar**
sense **sentido** *m.;* common

sense **sentido común**
sensible **sensato**
sensitive **sensible, sensitivo**
separate *adj.* **separado, distinto;**
v. apartar, separar
serf **siervo** *m.*
servant **criado** *m.*
set **grupo** *m.;* **juego** *m.,* **serie** *f.; v.*
poner, colocar, asentar
sew *v.* **coser**
shade **sombra** *f.*
shadows **tinieblas** *f. pl.*
shake *v.* **manear, hacer temblar;**
to shake hands **estrechar la**
mano
shame **vergüenza** *f.*
shanty **casucha** *f.*
share *v.* **compartir**
sheep **oveja** *f.*
shell **concha** *f.;* **cáscara** *f.* **(de**
nuez o de huevo); vaina *f.* **(de**
legumbres)
shellfish **mariscos** *m. pl.*
shine *v.* **brillar; lustrar; lucir**
ship **barco** *m.; v.* **despachar**
shipment **envío** *m.,* **despacho** *m.*
shirt **camisa** *f.*
shock **choque** *m.; v.* **chocar**
shoe **zapato** *m.*
shoot *v.* **fusilar, tirar**
short **corto**
shout *v.* **gritar**
show **exhibición** *f.* **exposición** *f.;*
v. **mostrar, enseñar**
sick **enfermo**
sickly **enfermizo**
side **lado** *m.*
silk **seda** *f.*
silver **plata** *f.*
silverware **vajilla de plata** *f.*
similarity **semejanza** *f.*
simple **sencillo; ordinario; fácil**
sin **pecado** *m.; v.* **pecar**
since *prep.* **desde;** *conj.* **ya que**
sing **cantar**
single *adj.* **único; simple; solo;**
soltero (*unmarried*)
sister **hermana** *f.*
sister-in-law **cuñada** *f.*

sit **sentarse**
size **tamaño** *m.,* **medida** *f.*
skill **destreza** *f.*
skirt **falda** *f.*
sleeve **manga** *f.*
slope **cuesta** *f.*
slow *adj.* **lento, despacio**
slowly **lentamente**
small **pequeño**
smell *v.* **oler**
smile **sonrisa** *f.; v.* **sonreír**
smoke **humo** *m.; v.* **fumar**
snow **nieve** *f.; v.* **nevar**
so *adv.* **tan;** *pron.* **así;** so
much **tanto**
soap **jabón** *m.*
soar **remontar**
soft **blando; suave**
soldier **soldado** *m.*
some **alguno; cierto**
somebody **alguien**
something **algo**
son **hijo** *m.*
son-in-law **yerno** *m.*
song **canción** *f.*
soon **pronto**
soul **alma** *f.,* **ánimo** *m.*
sound **sonido** *m.; v.* **sonar**
sour *adj.* **amargo, agrio**
source **fuente** *f.*
spark **centella** *f.;* **chispa** *f.;* spark
plug **bujía** *f.*
speech **discurso** *m.;* **lenguaje** *m.*
spend **gastar; pasar (tiempo)**
spicy **picante**
spoon **cuchara** *f.*
sport **deporte** *m.; adj.* **deportivo**
spring **primavera** *f.*
square *adj.* **cuadrado**
squeeze *v.* **apretar**
stain **mancha** *f.*
staircase **escalera** *f.*
starch **almidón** *m.*
starched **almidonado**
start **comienzo** *m.,* **principio** *m.;*
arranque *m.* **(de un motor); v.**
arrancar; comenzar, empezar
stay *v.* **parar, detener; quedarse;**
to stay in bed **guardar cama**

step **paso** *m*.
stereotype **arquetipo** *m*.
still *adj*. **quieto**; *adv*. **aún, todavía**
stir *v*. **agitar**; to stir up **alborotar**
stockings **medias** *f*. *pl*.
stop *v*. **detener, parar**
store **tienda** *f*.
storm **tempestad** *f*.
street **calle** *f*.
strike **huelga** *f*.; *v*. **golpear, pegar**
strive **esforzarse**
strong **fuerte**
stupid **tonto, estúpido**
stupidity **necedad** *f*.
style **moda** *f*.; **estilo** *m*.
subconscious *adj*. **subconsciente**
subject **súbdito** *m*.; **materia** *f*.,
  asignatura *f*.; **asunto** *m*.; *adj*.
  sujeto
submissive **sumiso**
subsidize **subvencionar**
subtle **sutil**
subway **subterráneo** *m*.
such **tal**
suddenly **de repente**
suffer **sufrir; padecer**
suffice **bastar**
sugar **azúcar** *m*.
suggest **sugerir**
suggestion **sugerencia** *f*.
suitcase **maleta** *f*.
summary **resumen** *m*.
summer *adj*. **veraniego; verano** *m*.
sun **sol** *m*.
supper **cena** *f*.
support **sustento** *m*.; *v*. **apoyar,
  sostener**
sure **seguro**
surface **superficie** *f*.
surgery **cirugía** *f*.
surgical **quirúrgico**
surprise **sorpresa** *f*.; *v*. **sorprender**
surround **rodear**
survive **sobrevivir**
swim *v*. **nadar**
symptom **síntoma** *m*.

T

tail **cola** *f*.
take *v*. **llevar, tomar**; to take
  advantage of **aprovecharse de**;
  to take away **quitar**; to take
  care of oneself **cuidarse**; to
  take into account **tomar en
  cuenta**; to take leave
  of **despedirse de**; to take
  off **quitarse**; to take
  out **sacar**; to take
  place **ocurrir, tener lugar**; to
  take a walk **dar un paseo (una
  vuelta)**
tale **cuento** *m*.
tall **alto**
tape **cinta** *f*.; tape
  recorder **grabadora** *f*.
task **tarea** *f*.
taste **gusto** *m*., **sabor** *m*; *v*.
  saborear; probar
tasty **sabroso**
teach **enseñar**
teacher **maestro** *m*., **profesor** *m*.
teaching **enseñanza** *f*., **instrucción**
  f.
tear **lágrima** *f*.; *v*. **rasgar**
tell **contar, decir**
temperate **templado**
tender *adj*. **tierno**
thank **dar gracias, agradecer**;
  thank you **gracias**
theme **tema** *m*.
then **entonces; después, luego**
there **allí, allá**
thesis **tesis** *f*.
thin **delgado, flaco**
thing **cosa** *f*.
think **pensar, contemplar,
  meditar, reflexionar**
third **tercer**
this **este**; this year **hogaño**
thought **pensamiento** *m*.
threat **amenaza** *f*.
threaten **amenazar**
throw *v*. **arrojar, echar**
thus *adv*. **así**; *conj*. **pues; por eso**

ticket **billete** *m.*, **boleto** *m.*
tie **corbata** *f.*; *v.* **atar**
tier **fila** *f.*
time **hora** *f.*; **vez** *f.*; **tiempo** *m.*
tip **propina** *f.*
tire **llanta (de un automóvil)** *f.*; *v.*
  cansar
tired **cansado**
toast **tostada** *f.*; *v.* **tostar; brindar**
today **hoy**
together **juntos**
too **demasiado**
torch **antorcha** *f.*
touch **toque** *m.*; *v.* **tocar**
tour **excursión** *f.*
tourist **turista** *m. or f.*
towards **hacia**
town **aldea** *f.*, **pueblo** *m.*
toy **juguete** *m.*
trade **cambio** *m.*, **comercio** *m.*; *v.*
  cambiar
trademark **marca** *f.*
trail **pista** *f.*, **huella** *f.*; *v.* **arrastrar**
train **tren** *m.*; *v.* **entrenar; enseñar**
trait **rasgo** *m.*
trap **trampa** *f.*; *v.* **atrapar**
travel *v.* **viajar**
treat **deleite** *m.*; *v.* **tratar de;**
  convidar
trick **truco** *m.*; *v.* **engañar**
trigger **gatillo** *m.*
troops **tropas** *f. pl.*
trouble **mal** *m.*, **inquietud** *f.*,
  perturbación *f.*; *v.* **incomodar,**
  molestar; inquietar
trousseau **ajuar** *m.*
truck **camión** *m.*
trust **confianza** *f.*; *v.* **confiar (en);**
  fiarse (de)
truth **verdad** *f.*
try **prueba** *f.*; *v.* **probar, procurar,**
  tratar (de)
twist *v.* **torcer**

U

unbearable **insoportable**
unbelievable **increíble**

uncertain **incierto**
undeniable **innegable**
under **debajo de**
underdeveloped **subdesarrollado**
understanding **comprensión** *f.*
undertake **meterse a**
uneasiness **inquietud** *f.*
unfaithful **infiel**
unforgettable **inolvidable**
unfortunately **desafortunadamente,**
  desgraciadamente, por
  desgracia
ungrateful **ingrato**
unhappiness **infelicidad** *f.*
unknown **desconocido**
unrealistic **inverosímil**
unstable **inestable**
upset *v.* **trastornar**
urine **orina** *f.*
use **uso** *m.*; *v.* **emplear, usar,**
  utilizar
useful **útil**
useless **inútil**

V

vain **vano**
valid **válido**
validity **validez** *f.*
value **valor** *m.*
varied **variado**
variety **variedad** *f.*
various **varios, algunos**
vegetable **legumbre** *m.*; **vegetal**
  m., **verdura** *f.*
verify **averiguar, comprobar**
very **muy;** —**ísimo**
village **aldea** *f.*
vogue **boga** *f.*, **moda** *f.*
voice **voz** *f.*

W

waiter **camarero** *m.*, **mozo** *m.*
walk **paseo** *m.*, **camino** *m.*;
  v. **caminar**
wall **pared** *f.*

want **necesidad** *f.*; *v.* **necesitar,
desear, querer**
war **guerra** *f.*
warm *adj.* **caliente; caluroso**
warn **advertir**
wash *v.* **lavar;** to wash
dishes **fregar platos**
watch **reloj** *m.*; *v.* **mirar**
wax **cera** *f.*
weak **débil**
wear **llevar, usar; ponerse**
weave *v.* **tejer**
wedding **boda** *f.*
week **semana** *f.*
weigh **pesar**
weight **peso** *m.*; gross
weight **peso bruto**
welcome **bienvenida** *f.*; *v.* **dar la
bienvenida, recibir;** You are
welcome **De nada, No hay de
qué**
welfare **beneficio** *m.*; **bienestar** *m.*
well: well-being **bienestar** *m.*;
well-educated **instruido**
west **oeste** *m.*
western **occidental**
wet *adj.* **mojado;** *v.* **mojar**
wheat **trigo** *m.*
when **cuando**
whenever **cuandoquiera**
where **donde**
wherever **dondequiera, en
cualquier parte**
while *conj.* **mientras (que); rato** *m.*
whim **capricho** *m.*
white collar **cuello duro** *m.*
wholesale **al por mayor**
who **quien**
whose *adj.* **cuyo; ¿De quién?**
wide **ancho**
widow **viuda** *f.*
wild **fiero, feroz, salvaje;** wild
beast **fiera** *f.*
will **voluntad** *f.*
win **ganar**
wind **viento** *m.*
window **ventana** *f.*

wine **vino** *m.*
wineglass **copa** *f.*
winter **invierno** *m.*
wise **sabio**
wish **deseo** *m.*; **anhelo** *m.*; *v.*
anhelar, desear
withdraw **retirar; apartarse de;
alejarse de**
withdrawal **alejamiento** *m.*
within **dentro de**
without **sin**
wolf **lobo** *m.*
woman **mujer** *f.*
wonder **maravilla** *f.*; *v.* **admirarse
de**
wool **lana** *f.*
word **palabra** *f.*; obscene
word **palabrota** *f.*
work **labor** *f.*; **trabajo** *m.*; **obra** *f.*;
v. **trabajar; obrar; labrar**
worker **obrero** *m.*, **trabajador** *m.*
workshop **taller** *m.*
world **mundo** *m.*; World
War **Guerra Mundial**
worry **preocupación** *f.*;
v. **preocuparse**
worse **peor**
worth **valor** *m.*; to be worth **valer**
worthy **digno**
wrist **muñeca** *f.*
wrong *adj.* **equivocado;
incorrecto;** *v.* **agraviar**

X

x-ray **radiografía** *f.*; *v.* **radiografiar**

Y

yesterday **ayer**
young **joven**
youth **juventud** *f.*

Z

zoo **jardín zoológico** *m.*

Text Permissions

Page 3: "La moda", revista *Tú*, año 6, número 10, octubre 1985.
Page 57: "Aprenda a leer el menú", revista *Tú*, año 6, número 10, octubre 1985.
Page 75: "El amor y el matrimonio", Adaptado de « Consultorio sentimental », El *Diario*, Vol. XXIX, 4 de octubre de 1978, pág. 28.
Page 149: Porfirio López Lira, "Un inmigrante poeta", revista *Nueva York Hispano*, 1974.

Realia Permissions

Pages xi, 30, 129: Reproducido con autorización del diario ABC, de Madrid (España), 6 de octubre de 1985.

Photo Credits

Chapter Openers: 2. Carl Frank/Photo Researchers; 3. AP/Wide World;
4. Barbara Rios/Photo Researchers; 5. Beryl Goldberg; 6. Beryl Goldberg;
7. Arvind Garg/Photo Researchers; 8. Owen Franken/Stock, Boston;
9. Bohdan Hrynenych/Stock, Boston; 10. J.E. Pasquier/Rapho/Photo Researchers; 11. Associated Press; 12. Mimi Forsyth/Monkmeyer Press;
13. Jim Fox/Photo Researchers; 14. Carl Frank/Photo Researchers.
Page 68: Peter Menzel/Stock, Boston.

Cover

Pablo Picasso, *The Bird Cage*; courtesy of Bridgeman/Art Resource, New York, NY